南开大学外国语学院学术论丛
总主编　阎国栋

浅井了意假名草子与汉文典籍关系研究

蒋云斗　著

南开大学出版社
天　津

图书在版编目(CIP)数据

浅井了意假名草子与汉文典籍关系研究 / 蒋云斗著
. —天津：南开大学出版社,2023.3
(南开大学外国语学院学术论丛 / 阎国栋总主编)
ISBN 978-7-310-06313-0

Ⅰ.①浅… Ⅱ.①蒋… Ⅲ.①日语－假名－关系－汉语－古籍研究 Ⅳ.①H36②G256.2

中国版本图书馆 CIP 数据核字(2022)第 199180 号

版权所有　侵权必究

浅井了意假名草子与汉文典籍关系研究
QIANJING LIAOYI JIAMING CAOZI YU HANWEN DIANJI GUANXI YANJIU

南开大学出版社出版发行
出版人：陈　敬
地址：天津市南开区卫津路 94 号　　邮政编码：300071
营销部电话：(022)23508339　　营销部传真：(022)23508542
https://nkup.nankai.edu.cn

天津创先河普业印刷有限公司印刷　全国各地新华书店经销
2023 年 3 月第 1 版　　2023 年 3 月第 1 次印刷
230×170 毫米　16 开本　14.75 印张　2 插页　205 千字
定价：88.00 元

如遇图书印装质量问题，请与本社营销部联系调换，电话：(022)23508339

总　序

阎国栋

　　时光荏苒，暑往寒来。在度过百年华诞校庆之后，南开大学外国语学院的学术成果以崭新的面貌、崭新的课题，继续以丛书的形式为学科建设添砖加瓦。

　　南开外语学科是我国历史最为悠久、专业最为完备、学术积淀最为深厚的外语学科之一，在海内外拥有良好的知名度和美誉度。在出席1919年9月25日南开大学开学典礼的不到10名教师中，就有两位是英文教师，她们是司徒如坤教授和美籍教师刘易斯（Lewis）女士。南开初以"文以治国，理以强国，商以富国"的理念设文理商三科，所有课程分为文言学、数理、哲学及社会科学、商学四组。各科学生前两年不分系，第三年开始选择专修组。其中文言学组包括国文、英文、法文、德文、日文五学门。也就是说，南开在建校之初便设立了四个语种的"外语专业"。20世纪二三十年代在南开任教的外语老师，除英文教授司徒如坤、刘易斯、司徒月兰、万德尔（Van Gon）和楼光来外，还有日文教授曾克熙、李宗武，法文教授白芝（Baise）、刘少山、许日升和德文教授崔子丹、段茂澜（陈省身先生的德文老师）等。学生在哪个专修组中所修课程获得50绩点（类似现在的学分），便可以哪个学门（专业）的身份毕业。在1923年毕业的第一届学生中，就有黄肇年和马福通两位同学以英文专业毕业生的身份毕业。

　　1931年，南开大学成立英文系，毕业于美国内不拉斯加大学并享有"桂冠诗人"之誉的陈逵教授任系主任，次年由柳亚子先生之子、美国耶鲁大学博士、著名学者柳无忌先生接任。1932年底，美国加利福尼亚大学硕士司徒月兰女士来南开任教。1937年抗日战争全面爆发后，英文系随学校南迁昆明，与清华大学外国语文学系和北京大学外国文学系组成著名的西南联合大学外国语文学系。

1949年，中华人民共和国成立后，南开大学英文系获得新生。1949年增设俄文专业，英文系遂改名为外文系。1959年，周恩来总理回母校视察，在外文系教室与师生亲切交谈，全系师生受到莫大鼓舞。1972年外文系增设日语专业。1979年成立俄苏文学研究室，次年成立英美文学研究室，后来又先后成立了日本文学研究室和翻译中心。

1997年10月，南开大学外国语学院成立，由原外文系（包括英语、俄语和日语三专业）、国际商学院的外贸外语系、旅游学系的旅游英语专业和公共外语教学部组成。2002年经教育部批准增设法语专业，2003年增设德语专业，2010年增设翻译专业，2014年增设西班牙语专业，2017年增设葡萄牙语、意大利语专业，2019年增设阿拉伯语专业。自此，学院的本科专业涵盖了联合国工作语言（英语、法语、俄语、阿拉伯语、西班牙语）和"一带一路"沿线国家的主要语言，基本具备了更好地服务国家与社会，为南开大学的国际化助力的学科基础。

2021—2022年，英语、日语、俄语、意大利语专业相继成为国家级一流本科专业建设点，翻译、德语、法语、西班牙语和葡萄牙语专业入选一流本科专业建设点。2022年，经学校批准，学院与原公共英语教学部实现深度融合，建立公共外语教学部，自此，"十系一部"（英语系、俄语系、日语系、法语系、德语系、翻译系、西班牙语系、葡萄牙语系、意大利语系、阿拉伯语系及公共外语教学部）的新发展格局最终形成。

2017年，南开大学拔尖人才培养计划"外语专业与人文社科专业双向复合国际化人才培养项目"正式启动，实现了"外语+专业"和"专业+外语"人才培养模式的实质性创新，使南开大学在高素质国际化人才培养方面走在了全国前列。

在研究生培养方面，1980年我国实行学位制度以后，南开大学英语语言文学学科和俄语语言文学学科获批硕士学位授予权；1986年，日语语言文学学科获批硕士学位授予权。1990年，经国务院学位委员会批准，英语语言文学学科获得博士学位授予权。2003年，获批外国语言学与应用语言学硕士学位授予权。2007年，获批英语翻译硕士专业学位（MTI）授予权。2011年，国务院学位委员会批准学院外国语言文学学科为博士学位授权一级学科，俄语和日语学科获批博士学位授予权。2014年，获批日语翻译硕士专业学位（MTI）授予权。2015年起，南开大学—格拉斯哥大学联合研究生院开始招收翻译与专业实践硕士研究生，由中英双方共同授课和培养。2017年，增设德语语言文学专业硕士点，2021年，增设国别和区域研究方向硕士点，2022年增设法语语言文学专业硕士点，增设MTI俄语口译和法语笔译。自此，学院形成了全方位多领域的高层次外语专业人才培养体系。

近年来，学院始终坚持立德树人的根本立场，发扬南开外语学科的优良传统，不忘初心使命，团结全院师生，锐意进取，努力谋求更快更好的发展。学院主动对标国家需要，积极为扩大改革开放、"一带一路"倡议、构建人类命运共同体、讲好中国故事服务；以"外语专长，人文素养，国际视野，中国情怀，南开特色"之培养理念实现"涉外事务的从业者，国际问题的研究者，人类文明的沟通者，语言服务的提供者"的人才培养目标，努力将学院建设成为中国复合型国际化人才的培养基地和样板。

学院持续推动国际化人才培养，已与美国、英国、加拿大、日本、德国、法国、俄罗斯、乌克兰、奥地利、西班牙、葡萄牙、意大利、巴西、埃及等国的高水平大学建立了密切的合作关系，仅院级交流项目就多达30余项，大大开阔了学生的国际视野，显著提升了学生的跨文化交际能力。学院与英国格拉斯哥大学、布里斯托大学、伦敦大学亚非学院以及日本金泽大学的联合研究生院项目也相继启动，持续为本科毕业生提供更多更好的留学深造资源。

学院以服务国家战略为指导思想，进一步深化基础研究，加强应用研究，促进外国语言文学学科与其他学科的融合，大力开展跨学科和跨文化研究，加强国别与区域问题研究。为了整合学院学术力量，激发教师的学术活力，凸显南开外语学科优势和特色，学院不断完善科研管理机制，于2016年组建7个跨语种研究中心（语言学研究中心、外国文学研究中心、翻译学研究中心、区域国别研究中心、中华文化国际传播研究中心、外语教育与教师发展研究中心以及东亚文化研究中心）。各中心在组织申报各类各级科研项目、举办国内国际学术会议、邀请国内外知名学者讲学和推动国际学术合作方面做了大量工作。近十年来学院先后获得数十个国家社科基金和教育部人文社科基金立项，其中包括三项国家社科基金重大项目。

经过长期的积淀和持续努力，学院在语言学、外国文学、翻译学、跨文化研究、国别和区域研究以及文学和社科文献翻译等领域凝聚了一批优秀的学者，取得了丰硕的成果。在语言学领域，学院在音系学理论和中国少数民族语言音系及形态、"赋权增能"型外语教学理路与实践模式以及外语教育学学科构建等方面的研究形成了鲜明的南开特色。在外国文学研究领域，美国文学地理和空间、俄罗斯戏剧、大江健三郎以及中外文学关系等方面的成就为学院赢得了新的优势。在翻译学科领域，学院在中华典籍外译、术语翻译数据库、中国翻译思想史、本地化和语言服务、中外诗歌翻译等方面一直保持着领先地位。与此同时，以国际汉学研究、欧洲问题研究、美国问题研究、俄罗斯问题研究、拉丁美洲问题研究、日本问题研究为重点的国别与区域研究方兴未艾，正在不断丰富着外语学科的内涵。

这套"南开大学外国语学院学术论丛"将收录学院教师除国别与区域研究方向以外的优秀学术成果，其中的每一部著作都是南开外语人为促进外语学科发展和中国学术繁荣不断努力前行的见证。

2022年9月18日于天津

目 录

绪 论 ··· 1

第一章 浅井了意生平研究 ·· 27
 第一节 浅井了意生平考述 ·· 27
 第二节 浅井了意的家族与师承 ··· 41
 第三节 文献中的浅井了意形象 ··· 45
 第四节 浅井了意的作品 ··· 53
 本章小结 ·· 61

第二章 《堪忍记》《狗张子》所涉汉文典籍研究 ················· 63
 第一节 《堪忍记》研究 ··· 64
 第二节 《狗张子》研究 ··· 81
 本章小结 ·· 92

第三章 《伽婢子》所涉汉文典籍新考 ···································· 93
 第一节 《伽婢子》出典研究问题所在 ····························· 94
 第二节 《伽婢子》与《五朝小说》出典新证 ················· 96
 第三节 《伽婢子》与《燕居笔记》关系研究 ··············· 102
 第四节 《伽婢子》与《剪灯丛话》关系研究 ··············· 113
 本章小结 ·· 126

第四章 浅井了意的翻案方法 ·· 127
 第一节 浅井了意所用汉文典籍 ······································ 127
 第二节 浅井了意假名草子中汉诗的翻案方法 ··············· 137
 第三节 浅井了意假名草子中儒生形象的塑造 ··············· 152
 本章小结 ·· 161

终 章 ··· 163

附录一 浅井了意著作年表 ……………………………………168
附录二 《堪忍记》出典关系对照表 …………………………173
附录三 《狗张子》出典关系对照表 …………………………192
附录四 《伽婢子》出典关系对照表 …………………………199
参考文献 ………………………………………………………203
后　记 …………………………………………………………227

绪　论

一、选题缘由与主要依据

　　近世是日本历史上最长的和平时期，和平的环境促进了社会经济的稳定发展，孕育了繁荣的思想文化，催生了新的文学样式——假名草子。假名草子对御伽草子有着较好的继承，对浮世草子的影响很大，在日本文学史上具有承上启下的关键作用。在众多假名草子作家中，最善用汉文典籍的当属浅井了意。浅井了意的假名草子作品存世数量庞大、种类最全，所涉汉文典籍数量最多。作品题材广泛、创作手法灵活多变。因此，对了意的作品进行深入研究，对于系统地解读假名草子将起到极大的推动作用。本研究将浅井了意（？—1691）的假名草子作品作为主要研究对象，重点研究浅井了意假名草子与汉文典籍的关系。选取了意假名草子作品中最具代表性的《堪忍记》（1655）、《伽婢子》（1666）、《狗张子》（1692）三部作品作为研究主线，将其他作品作为文学研究资料对比分析。在充分考辨以上三部作品所涉汉文典籍的基础上，从所涉汉文典籍的种类、作品中汉诗的翻案方法以及儒生形象的塑造等方面进行论述，力争解明浅井了意假名草子同汉文典籍的关系。

　　首先，浅井了意假名草子存世数量庞大、种类繁多。日本到了近世，社会发展进入到一个相对稳定的和平时期，印刷技术的不断革新，出版行业的迅速发展，为文学作品的出版与普及提供了有力保障，假名草子能够大量存世也得益于此。《假名草子研究文献目录》[①]所记载的假名草子数量就达 380 余部，了意作品的数

[①] 深沢秋男、菊地真一：『仮名草子研究文献目録』，東京：和泉書院，2004 年，第 3-51 頁。

量为36部，占假名草子总量的近十分之一，其作品涵盖所有假名草子类别。其次，浅井了意假名草子在日本文学史上具有特殊位置。假名草子处在从御伽草子到浮世草子的过渡期，早期作品多采用直接引用或"翻译"汉文典籍与日本典籍的创作手法，常被批评为"创新度不高""是一种文学性较低的文学样式"。当假名草子作家开始使用"翻案"手法进行创作后，作品在创新性方面有了较大提升，研究翻案作品可探察出日本近世文人对汉文典籍及其内容的立场和态度。了意的《伽婢子》（1666）是最早进入文学研究者视野的假名草子，《狗张子》（1692）是假名草子时代的收官之作，《伽婢子》与《狗张子》所涉汉文典籍题材广泛、翻案手法灵活多变，可谓翻案作品之白眉。深入研究了意的作品，可以间接推动假名草子的系统研究。最后，浅井了意假名草子所涉汉文典籍最多。假名草子的一个重要特征是对汉文典籍进行翻译或翻案。目前存世的假名草子作品中，了意的作品数量最多，涉及的汉文典籍数量也最多。已基本确定的了意曾使用过的汉文典籍包括《列女传》（汉）、《太平广记》（宋）、《太平御览》（宋）、《迪吉录》（明）、《明心宝鉴》（明）、《天中记》（明）、《五朝小说》（明）、《剪灯新话》（明）、《剪灯余话》（明）、《燕居笔记》（明）等中国汉文典籍以及《三纲行实图》（李朝）、《金鳌新话》（李朝）、《剪灯新话句解》（李朝）等朝鲜汉文典籍，既有类书又有当时流行的小说集。

综上所言，关于浅井了意假名草子的研究具有十分重要的意义，将了意的假名草子放入比较文学视阈中，研究其与汉文典籍的关系意义深远。浅井了意研究始于19世纪末期，在20世纪90年代出现研究高潮，在作品出典研究、了意的佛书及思想、了意生平研究以及了意作品翻刻等方面都取得了丰硕的成果。21世纪以降，除了意笔迹学研究取得较大进展外，了意的创作意图、翻案方法、作品的出典、了意生平等问题的研究成果寥若晨星。2007年开始出版的《浅井了意全集》①亦并未每年如期刊行，浅井了意研究进入低迷期。国内关于浅井了意的研究集中在《伽婢子》，多围绕《伽婢子》与剪灯系作品的关系展开，尚无系统全面地解读了意假名草子与汉文典籍关系的研究成果。因此，有必要以中国研究者的视角，将了意的假名草子放到东亚视阈下比较分析。本研究意在针对目前先行研究中的弱点及盲点，进行系统的综合性研究，对作品所涉汉文典籍、内容、题材、思想、翻案手法等进行整体深入的分析。解明了意如何活用汉文典籍进行翻案，析出潜隐于作品背后的创作理念与翻案技巧，探明了意对汉文典籍及其内容的态度。

二、研究对象和相关概念界定

本章将对"假名草子""翻案""汉文典籍"进行概念界定。

（一）假名草子

假名草子是日本文学史上一种重要的文学样式，在日本近世（1603—1867）②初期兴起、隆盛、消失。假名草子已有四百余年的历史，但时至今日对其概念的界定仍有诸多论说。假名草子在近世

---

① 《浅井了意全集》丛书分为"假名草子编"与"佛书编"两部分。其中"假名草子编"11卷、"佛书编"7卷，自2007年开始出版。据岩田书院刊行计划，"假名草子编"第6卷将收录浅井了意的和制类书类作品《新语园》，目前《浅井了意全集》"假名草子编"已经出版到第5卷（2015年9月），"佛书编"出版到第3卷（2010年4月）。参见：浅井了意全集刊行会編：『浅井了意全集』(仮名草子編1)，東京：岩田書院，2007年；浅井了意全集刊行会編：『浅井了意全集』(仮名草子編2)，東京：岩田書院，2011年；浅井了意全集刊行会編：『浅井了意全集』(仮名草子編3)，東京：岩田書院，2011年；浅井了意全集刊行会編：『浅井了意全集』(仮名草子編4)，東京：岩田書院，2013年；浅井了意全集刊行会編：『浅井了意全集』(仮名草子編5)，東京：岩田書院，2015年；浅井了意全集刊行会編：『浅井了意全集』(仏書編1)，東京：岩田書院，2009年；浅井了意全集刊行会編：『浅井了意全集』(仏書編2)，東京：岩田書院，2009年；浅井了意全集刊行会編：『浅井了意全集』(仏書編3)，東京：岩田書院，2010年。

② 如何定义日本文学史上的"近世"，学界仍有诸多论争。通常指始于德川家康被任命为"征夷大将军"的庆长八年（1603），止于大正奉还的庆应三年（1867），共计两百余年的时间，即日本政治史上的"德川幕府时代"或日本历史上的"江户时代"。参见：日本古典文学大辞典編集委員会編：『日本古典文学大辞典』，東京：岩波書店，1986年，第520頁；李卓等：《日本近世史》，北京：昆仑出版社，2016年，前言第1-11页。

刊行的"书籍目录"①中被列至"假名和书"或"假名书"条目下。如：延宝二年（1674）版《新板增补书籍目录》②就将《可笑记》《堪忍记》《浮世物语》等89部作品收录于"假名和书"这一条目，贞享二年（1685）版《广益书籍目录》③的"假名和书"一条共收《可笑记》《堪忍记》《浮世物语》等94部作品。与上述两书不同，天和元年（1681）版《新增书籍目录》④将假名草子与物语、和歌集等作品混入"假名（书）"一条。将假名草子归类于"假名和书"或"假

---

① 日本近世各大书肆销售图书时所使用的出版书籍目录，日本最早的书籍目录为宽文（1661—1672）初年出版的《和汉书籍目录》。参见：弥吉光長：『弥吉光長著作集』（第3巻 江戸時代の出版と人），東京：日外アソシエーツ株式会社，1980年，第65頁。

②《新板增补书籍目录》刊行者为京都著名书商西村市良右卫门，刊行时间约为延宝二年（1674）。全书共分为天台宗、当宗、俱舍、律宗、华严、法相、真言、禅宗、净土、一向宗、假名佛书、儒书、文集并书简、诗并连句、神书并有职、历书并占书、军书、铁炮书马书、医书、假名和书、歌书并物语、连俳书、俳谐书、女书、谣本、算书、盘上书、茶汤书并华书、躾方书并料理书、名所记、名画记、狂歌集并咄本、舞本并草纸、往来书并手本、石摺并笔道书、挂物等36类。其中收录《可笑记评判》（署名为"浅井松云了意"）、《堪忍记》（署名为"浅井松云了意"）、《孝行物语》（署名为"浅井松云了意"）、《浮世物语》（署名为"松云了意"）、《八百町记》（署名为"如儒子作浅井松云加笔"）、《晴明物语》（署名为"浅井松云了意"）6部浅井了意作品。本研究所用版本为日本国立国会图书馆藏本。参见：西村市良右衞門：『新板増補書籍目録』，京都：延宝二年（1674）。日本国立国会图书館デジタルコレクション，書誌ID：000007297804。

③《广益书籍目录》刊行者为京都著名书商西村市良右卫门，刊行时间约为贞享二年（1685）。全书共分为天台宗、当宗、俱舍宗、律宗、华严宗、法相宗、真言宗、禅宗、僧传、净土宗、一向宗、法语、儒书经书、文集并书翰假、历代并传记、故事、杂书、诗集并连句、字书、神书并有职、历占书、军书、医书、假名和书、歌书并狂歌、连歌书、俳谐、女书、谣书、系竹书、算书、盘上书、茶汤书、立花书、躾方书、料理书、名所记、纪行、雏形并绘尽、咄本、舞并草纸、物语书、好色并乐事、往来并手本、石摺并笔道书、挂物并图等46类。其中收录《大倭二十四孝》（署名为"了意"）、《可笑记评判》（署名为"了意"）、《堪忍记》（署名为"了意"）、《孝行物语》（署名为"了意"）、《浮世物语》（署名为"了意"）、《晴明物语》（署名为"了意"）6部浅井了意作品。本研究所用版本为日本国立国会图书馆藏本。参见：西村市良右衞門：『広益書籍目録』，京都：貞享二年（1685）。日本国立国会图书館デジタルコレクション，書誌ID：000011009319。

④《新增书籍目录》刊行者为京都著名书商山田喜兵卫，刊行时间约为天和元年（1681）。全书按伊吕波歌顺序检索，共分儒书、医书、假名、佛书四大门类，假名草子作品与物语、和歌集类作品混编在假名这一门类中。收录《伊势物语抒海》（署名为"松云了意"）、《本朝女鉴》（署名为"松云了意"）、《法华利益物语》（署名为"松云了意"）等假名草子作品。本研究所用版本为日本国立国会图书馆藏本。参见：山田喜兵衛：『新増書籍目録』，京都：天和元年（1681）。日本国立国会图书館デジタルコレクション，書誌ID：000007297805。

名（书）"，其初衷可以理解为以假名来区别用真名（汉字）书写的汉文书籍。这是日本近世时期出版书肆对假名草子最早的理解，也是各大出版商关于假名草子最初、最朴素的解读。但假名草子究竟是什么的问题仍未得到解答，关于假名草子在文学史上的意义更无从论及。下面笔者将以时间为轴，分析中日两国关于假名草子概念的研究。

1. 日本学者关于假名草子概念的研究

从文学意义的角度提出假名草子概念的第一人是水谷不倒，他在与坪内逍遥合著的《近世列传体小说史》（1897）中对假名草子进行了详细阐释。《近世列传体小说史》全书共分为三章，[①]第一章为德川文学起源，共设历史文学、古代文学注释、佛教文学、中国文学的翻译与浅井了意的《伽婢子》、外国文学的传入与伊索寓言的翻译五部分。第二章为假名草子，分为假名草子的名称与假名草子作者传两部分，共列如儡子、铃木正三、山冈元邻、浅井了意四位作家。第三章为浮世草子，分为浮世草子的名称、作者传、八文字屋的作者、教训及怪谈类作品的作者四部分。水谷不倒首次指明假名草子的存在时间为"宽永至延宝凡五十年间"[②]，并认为假名草子在创作上最大的特点是对汉籍、经书以及古文进行翻案，用假名将原典改写为通俗易懂的文章，以达到启蒙教化之目的。水谷不倒认为，宽文（1661—1672）时期的草子类作品多用假名或使用最常用的汉字进行写作，其目的完全是为了文学的普及，因此将这一时期的草子类作品称为"假名草子"。[③]水谷不倒将假名草子引入近代文学研究者的视野并对假名草子加以解释，但对假名草子的出现时间与种类等问题并未做深入解读。他在同书第一章第四节指出《伽婢子》是对《剪灯新话》的翻译，[④]这说明水谷不倒对假名草子创作手法的理解仍有偏颇。

[①] 水谷不倒撰、坪内逍遥阅：『近世列伝体小説史』，東京：春陽堂，1897年，目次第5-8頁。

[②] 宽永年间为1624—1643年，延宝年间为1673—1680年。

[③] 水谷不倒撰、坪内逍遥阅：『近世列伝体小説史』，東京：春陽堂，1897年，第12頁。

[④] 水谷不倒撰、坪内逍遥阅：『近世列伝体小説史』，東京：春陽堂，1897年，第7頁。

藤冈作太郎在《日本文学史教科书》(1901)中将假名草子称为"假名草纸",并将假名草子作品引入学校课堂。①藤冈作太郎将江户时期新出现的小说类作品统称为"假名草纸",他认为假名草纸比御伽草纸稍稍前进了一步,皆为教化妇孺、宣扬儒佛教义的通俗读物。代表作家有铃木正三、浅井了意等。②此后,藤冈作太郎在《近代小说史》③(1905)第一编"假名草纸的时代"一章中详细回答了何为假名草纸的问题。藤冈作太郎认为假名草纸其名是为区别元禄时期④出现的浮世草纸,冠以"假名"二字一是为区别汉文学,二是因所用文字是妇幼皆通的假名,三是为了区别镰仓时代⑤的御伽草纸,⑥"草纸"二字是为了区别平安时代⑦的"物语"。⑧藤冈作太郎并未解释为何将"草子"称为"草纸",藤冈作太郎还强调假名草纸具有启蒙性与实用性的特征,将假名草纸分为①教训类;②军书与名所记类;③小说类。⑨朝仓无声在《日本小说年表》⑩(1906)中称假名草纸为"过渡时代小说"⑪,此书是继元禄时期书籍目录之后收录假名草子最多最全的书籍。书中共列举假名草子271部,其中了意的作品数量最多(共计9部),7部作品署名为"浅井了意",1部作

---

① 据《日本文学史教科书》凡例,此书是为中学校、师范学校、高等女校所编写的。参见:藤冈作太郎:『日本文学史教科書』,東京:開成館,1901年,凡例。
② 藤冈作太郎:『日本文学史教科書』,東京:開成館,1901年,第66-67頁。
③ 据芳贺矢一与藤井乙男为《东圃遗稿》第四卷所作之凡例可知,藤冈作太郎的《近现代小说史》实为其1905年在东京大学讲授日本文学史时的讲义。参见:藤冈作太郎:『近代小説史』(東圃遺稿卷4),東京:大倉書店,1917年,凡例第1頁。
④ 元禄时期始于1688年止于1704年。
⑤ 镰仓时代是指自1185年至1333年,大约150年的历史时期。
⑥ 又名"御伽草子"。由于中世武家及庶民阶层的地位上升,为满足他们对各种新旧趣味、教养和娱乐的需求,就出现了具有启蒙性、娱乐性的小说和剧本,这就是御伽草子。该名称源于享保年间(1716—1735)涉川清右卫门出版的23篇物语画册丛书名,又称室町物语、物语草子、中世小说等。后来过渡到江户的假名草子、浮世草子。参见:张龙妹编:《日本古典文学大辞典》,北京:人民文学出版社,2005年,第152頁。
⑦ 平安时代是指自794年至1192年,大约400年的历史时期。
⑧ 藤冈作太郎:『近代小説史』(東圃遺稿卷4),東京:大倉書店,1917年,第14-15頁。
⑨ 藤冈作太郎:『近代小説史』(東圃遺稿卷4),東京:大倉書店,1917年,第14-70頁。
⑩ 朝倉無声:『日本小説年表』,東京:金尾文淵堂,1906年,第25-32頁。
⑪ 朝倉無声:『日本小説年表』,東京:金尾文淵堂,1906年,目次第1頁。

品署名为"瓢水子",1部作品署名为"瓢水子松云"。①芳贺矢一在《国文学历代选》②(1908)中亦将假名草子称为"假名草纸",选刊了《可笑记》中的3则短篇故事与《狗张子》中的1则长篇故事。朝仓无声与芳贺矢一在书中仅是列举了多部假名草子作品,但对何为假名草子的问题未作论述。

《国文学发达史》(1916)也将假名草子作为独立一章进行解读。《国文学发达史》是根据永井一孝在早稻田大学文学科的讲义录整理而成,书中明确指出最能代表近世初期小说的当属假名草子。③永井一孝认为假名草子内容多取材于教训或弘法之书,兼有启蒙之目的,文辞优美,主旨清晰,可将其视作小说。其文体是普通民众都能读懂的假名文体,故命名为"假名草子"。④此外,他认为假名草子作家中最值得关注的是浅井了意,并列举其《东海道名所记》《孝行物语》《堪忍记》《本朝女鉴》《大倭二十四孝》《伽婢子》《新语园》《法林樵谈》等作品。永井一孝的论点较水谷不倒多了关于假名草子题材和写作特点的论述,但他同样认为《伽婢子》仅是对《剪灯新话》的简单翻译⑤,并未关注到了意独特的翻案手法。

藤井乙男在《江户文学研究》(1921)中亦将假名草子称为"假名草纸"。第三章"假名草纸作家"中指出假名草纸尚不可称为"纯粹的小说",它仅是传承了足利时代⑥御伽草纸体系,除二三恋爱小说之外皆是基于儒佛两教教义,用假名写成的具有教育意义的随笔

---

① 署名为浅井了意的作品分别是《堪忍记》《孝行物语》《东海道名所记》《本朝女鉴》《锦木》《大倭二十四孝》《三井寺物语》。署名为瓢水子的作品仅有《可笑记评判》1部。署名为瓢水子松云的作品仅有《伽婢子》1部。参见:朝倉無聲:『日本小説年表』,東京:金尾文淵堂,1906年,第26-28頁。据北条秀雄的《浅井了意》(1944)所考《锦木》并非浅井了意所作。参见:北条秀雄:『浅井了意』,東京:三省堂,1944年,第164頁。

② 芳賀矢一:『国文学歴代選』,東京:文会堂,1908年,第672-681頁。

③ 永井一孝述:『国文学発達史』(早稲田大学第二十二回文学科講義録),東京:早稲田大学出版部,1916年,第277頁。

④ 永井一孝述:『国文学発達史』(早稲田大学第二十二回文学科講義録),東京:早稲田大学出版部,1916年,第277-278頁。

⑤ 永井一孝述:『国文学発達史』(早稲田大学第二十二回文学科講義録),東京:早稲田大学出版部,1916年,第280頁。

⑥ 足利时代通常指1336年至1573年的历史时期。

性杂谈。藤井乙男在书中列举浅井了意等7位假名草纸代表作家及作品，所举了意的作品为《伽婢子》与《浮世物语》两部。至此关于究竟是"假名草子"还是"假名草纸"仍未有定论。"草子"与"草纸"的日文发音皆为"そうし"，明治二十四年开始出版的《言海》中"そうし"对应的汉字有"草子""草纸"二种，词义分别为①草稿；②物语等书籍总称或泛指书籍；③习字用的本子。[②]据此可知"草子"与"草纸"意义相近，并无根本区别，在假名草子研究初期用"草子"还是"草纸"并无定论。其后除《假名草纸上下卷》[③]（1925）、《日新修日本小说年表》[④]（1926）、《变态文献丛书·追记》[⑤]（1928）、《东北帝国大学附属图书馆和汉书别置本目录》[⑥]（1936）等著作外，学界开始普遍使用"假名草子"。在这一时期，《近世国文学史》（1911）中也提及假名草子，但并未将假名草子单列一节讲解，仅以"西鹤浮世草子附假名草子"的形式出现，可见20世纪初期学界对假名草子的认知度不高。[⑦]《稀书解题：诸家藏珍》[⑧]（1919）也列举了30部假名草子。上述二书关于假名草子的概念等问题并无详细论述，故本书不做详细评述。1926年以降，铃木敏也[⑨]、岩城准太郎[⑩]、尾

---

① 藤井乙男：『江戸文学研究』，京都：内外出版株式会社，1921年，第27頁。
② 大槻文彦編：『言海』，東京：印刷局，1889—1891年，第383頁。《言海》中没有收录"假名草子"与"假名草纸"词条。另，《日本国语大辞典》中"そうし"对应的汉字有"草纸""草子""冊子""双紙""造紙"五种，词义分别为①装订成册的书；②物语、日记、歌书等用和文（假名）标注的书籍总称；③信笔写的原稿，草稿或便笺；④御伽草子草双纸等绘本或有插画的小说的总称，或广义上带有通俗小说特点的小说。草本；⑤习字用的本子。仿写本。参见：日本国語大辞典第二版編集委員会、小学館国語辞典編集部：『日本国語大辞典』第八巻，東京：小学館，2001年，第253-254頁。
③ 水谷弓彦編：『仮名草紙上下卷』，東京：太洋社，1925年。
④ 朝倉無声：『新修日本小説年表』，東京：春陽堂，1926年，第28頁。
⑤ 石川巖：『変態文献叢書』（追加第2巻），東京：文芸資料研究会，1928年，第45頁。
⑥ 東北帝国大学附属図書館編：『東北帝国大学附属図書館和漢書別置本目録』，仙台：東北帝国大学附属図書館，1936年，第75頁。
⑦ 佐々政一：『近世国文学史』，東京：聚精堂，1911年，第39頁。
⑧ 稀書複製会編：『稀書解題：諸家珍藏』，東京：米山堂，1919年，第9-14頁。
⑨《近世日本小说史·前编》第一编"假名草子的时代"。参见：鈴木敏也：『近世日本小説史·前編』，東京：内外出版，1926年，第75-241頁。
⑩ 岩城準太郎：『新講日本文学史』，東京：目黒書店，1926年，第202-217頁。

崎久弥[①]、藤村作[②]、岛津久基[③]等关于何为假名草子皆有论述，但与先行研究相比并无更新的论断。

1942年颖原退藏明确指出实用性与通俗性是假名草子最本质的特征，假名草子是以启蒙教化为目的兼具文艺性的作品，[④]这一论断明确了假名草子的本质特征。研究者开始关注假名草子的分类问题，颖原退藏根据作品内容将假名草子分为①启蒙类；②教化类；③娱乐类三种。[⑤]山崎麓在《小说史》（1946）中将假名草子分为①恋物语；②滑稽小说；③怪异小说；④教训小说；⑤实录小说五种，分类更加细化。[⑥]野田寿雄的分类方法较为独到，细化了每大类作品所包含的小类作品。认为启蒙教训类作品包含教义问答、随笔、女训、说话集四类，娱乐类作品包含中世风物语、说话集、翻译、拟物语四类，实用主义作品包含见闻类和评判类两种。[⑦]晖峻康隆在《岩波讲座日本文学史》[⑧]（1958）中围绕假名草子的定义、假名草子的分类、假名草子的作者与读者、假名草子的特质四个方面展开论述。他认为假名草子应分为娱乐性作品、面向普通百姓的作品（向下性作品）、面向武士阶层的作品（向上性作品）三大类。笑话、怪异奇谈等作品属于娱乐性作品；启蒙教化、宣扬儒佛教义、女训、日本

---

① 《软派漫笔》第二十三章"假名草子一斑"。参见：尾崎久弥：『軟派謾筆』，東京：春陽堂，1926年，第218-221頁。

② 《日本文学史概说》第二章第一节"假名草子与井原西鹤"。参见：藤村作：『日本文学史概説』，東京：中興社，1926年，第154頁。

③ 《国文学的新考察》中世文学第一节"御伽草子、假名草子、舞本"。参见：岛津久基：『国文学の新考察』，東京：至文堂，1941年，第270-291頁。

④ 穎原退藏：「江戸時代前期の小説」，『穎原退藏全集』（17卷），東京：中央公論社，1975年，第8頁。此文最早发表于1942年的《江户文艺》。

⑤ 穎原退藏：『穎原退藏全集』（17卷），東京：中央公論社，1975年，第14頁。此文以1942年发表在《江户文艺》上的《江户时代前期的小说》为底本。

⑥ 山崎麓：『小説史』，東京：雄山閣，1946年，第105-120頁。

⑦ 深沢秋男編：『仮名草子研究叢書』（第2卷雜誌論文集成2），東京：クレス出版，第281-291頁。原文刊载情况：野田寿雄：仮名草子の世界，『国語国文学』（279），1947年7月。

⑧ 晖峻康隆：『岩波講座日本文学史』（第七卷近世），東京：岩波書店，1958年，仮名草子：第1-44頁。

古典释译等面向普通百姓的作品应属"向下性"作品；书翰体文学、名所记文学、评判记文学、男色文学这种作品的读者多为武士阶层，应划归到"向上性"作品群中。①晖峻康隆认为假名草子中有大量满足武士等上层社会读者需要的作品，这颠覆了假名草子的读者仅是普通百姓的论断。

从"假名草纸"与"假名草子"混用，到普遍使用"假名草子"。②目前学术界已基本认为假名草子是用假名书写的，以启蒙教化为目的兼具文艺性的通俗读物，其读者层既包含普通民众，也包含武士阶层。《日本古典文学大辞典》③（1986）中关于假名草子的定义及分类也是基于上述观点形成的，并无独特创新之处。日本学术界历经近一个世纪的研究，假名草子的概念及分类方法已经基本确定。

2. 中国学者关于假名草子概念的研究

中国学者关于假名草子的研究与日本相比起步较晚，有些关键论点值得关注，如严绍璗指出：

> 江户时代初期的八十年，曾经出现了一种用**假名创作**的**通俗性文艺读物**，称为"假名草子"。如《假名烈女传》《可笑记》《二人比丘尼》《棠阴比事物语》和《御伽婢子》等。这一类作品的文体近于散文，却具有一些故事情节，其内容主要是怪异、恋爱、游览、战记、妓女品评等，主题都是以训诫和因果报应为其宗旨。这类读物深受町人社会的欢迎。它们构成了日本江户时代小说的雏形。④

---

① 晖峻康隆：『岩波講座日本文学史』（第七卷近世），東京：岩波書店，1958年，仮名草子：第1-44頁。
② 《日本国语大辞典》《日本古典文学大辞典》中均使用"假名草子"。参见：日本国語大辞典第二版編集委員会・小学館国語辞典編集部：『日本国語大辞典』第三卷，東京：小学館，2001年，第868頁；日本古典文学大辞典編集委員会：『日本古典文学大辞典』，東京：岩波書店，1986年，第377-378頁。
③ 日本古典文学大辞典編集委員会：『日本古典文学大辞典』，東京：岩波書店，1986年，第377-378頁。
④ 严绍璗：明代俗语文学的东渐和日本江户时代小说的繁荣，《北京大学学报》（哲学社会科学版），1985年第3期，第9页。

严绍璗对假名草子的概念、分类以及题材来源进行了论述，指出假名草子是江户小说的雏形，明确了假名草子在日本文学史上的意义。吕元明认为"在西鹤之前流行的町人小说是假名草子，这是一种文字单纯、具有教训与启蒙思想的小说。它是町人文学之始。"[①]李树果认为"假名草子是以仿古体的假名文体撰写的庶民性通俗读物。以对庶民进行启蒙、教诲和娱乐为目的，是江户初期的短篇小说。"[②]他忽视了假名草子题材丰富种类繁多的特点。马兴国指出"假名草子是江户时代初期出现的一种以短篇物语、小说为主，包括有说话、随笔等的文学体裁。其主要特点是行文或用日文字母（假名），或夹杂假名，是以妇女儿童庶民为对象，具有启蒙、教育、娱乐性质的普及读物。"[③]上述四种论点皆未讨论假名草子题材丰富种类繁多的特点，未论及假名草子的读者阶层也包含武士阶层这一特征（即向上性特征）。国内出版的日本文学史丛书与教材中对假名草子进行详细论述的不多，《日本文学史·近古卷》中对假名草子的解读值得关注：

所谓"假名草子"，是用假名书写的通俗读物类，目的在于将文学普及于大众。其名称是对应当时流行的以汉文书写的学术书而言。作为文学史上的名称，最早见之于水谷不倒的《近世列传体小说史》（1897），以区别于此前的御伽草子和此后的浮世草子。

（中略）

确切地说，假名草子并非通俗小说，而是通俗读物。此外还编译、改写外国以上三类类似的读物，也成为假名物语的一种形体。[④]

---

① 吕元明：井原西鹤创作简论——日本江户一代历史的伟大描绘者，《日本研究》，1985年第2期，第59页。

② 李树果：从《英草子》看江户时代的改编小说，《日语学习与研究》，1987年第3期，第45页。

③ 马兴国：唐传奇小说与日本江户文学，《日本研究》，1991年第4期，第76页。

④ 叶渭渠、唐月梅：《日本文学史》（近古卷），北京：昆仑出版社，2004年，第464-466页。

在阐明假名草子定义的同时，此书将假名草子分为《可笑记》《浮世物语》等启蒙教训性作品，《恨之介》等娱乐性作品，《东海道名所记》《江户名所记》等实用性作品，并明确指出启蒙教训性作品在诸多作品中占据着主导地位。①上述论点对假名草子的概念、类别划分、作品分类等问题均作出了较为详细的解读，但最后又将假名草子混称为"假名物语"。另举《日本古典文学大辞典》中的解释，摘录全文如下：

假名草子：**物语**的一种形式。【产生】产生于江户初期。作为文学史上的一个术语，始用于水谷不倒的《近世列传体小说史》。【发展】是连结室町御伽草子和井原西鹤之后的浮世草子之间的过渡期文学作品。元禄期后由于印刷技术的进步，书籍大量出版，再加上幕府初期政治安定，鼓励文化活动，从德川幕府建立以后到天和期左右，假名草子流行了大约八十年。内容上可分成启蒙教训类、教义问答类、随笔类、女性训诫类、说话集类、翻译类、娱乐类、中世风格类、拟物语类、实用类、见闻记录类、名所类、评判类等。其多样性反映了近世町人对新知识、新思想近乎贪婪的追求，是近世町人文学的萌芽。其中综合了百科全书、评判记、教养书、笑话、奇谈等要素且富文学性的作品值得关注。【特点】用假名创作散文，文字平易，富有小说性和自由的批判精神，表现了对神秘的权威和传统形式的反抗。［吴志虹］②

上述关于假名草子的解释，是国内关于假名草子的概念、发展、分类及特点最为详尽的论断。

综上，自20世纪80年代起，中国学者关于假名草子概念的界定愈发明确。但未明确界定假名草子的出现时间，而且均忽视了假名草子的读者阶层也包含武士阶层这一特征（即向上性特征）。

---

① 叶渭渠、唐月梅：《日本文学史》（近古卷），北京：昆仑出版社，2004年，第465-466页。
② 张龙妹编：《日本古典文学大辞典》，北京：人民文学出版社，2005年，第192页。

3. 本研究中假名草子的概念

笔者将从假名草子的时间界限、作品种类与特征、书写文字、读者阶层四个方面阐释本研究中假名草子的概念。

第一，时间界限。假名草子是日本近世初期[①]草子类作品的总称，以《恨之介》（1609—1617）问世为始，以浅井了意《狗张子》（1692）的梓行为终。[②]

第二，作品种类与特征。从日本文学发展史的角度来看，特指御伽草子之后浮世草子之前出现的蒙书、小说、随笔、地志、游记、纪实性报告文学等文学作品。具有启蒙性、教化性、娱乐性、实用性等特征。从文风上看早期假名草子作品继承了御伽草子的趣味性、启蒙性、娱乐性等特点，对其后出现的浮世草子作品也有较大影响。

第三，书写文字。假名草子大多使用假名书写，但亦有以汉字为主的作品，如《新语园》等和制类书。[③]假名草子的书写文字并不局限为假名一种，也包含汉字。

第四，读者阶层。分为普通民众与武士阶层。由于读者层的需求日益提高，假名草子作家在题材的选择上更加广泛，逐渐开始对汉文典籍进行"翻案"创作，创作手法愈加娴熟。

（二）翻案

"翻案"的创作手法在近代日本文学史上就曾引起讨论。须和文孝的《诗歌类聚考》[④]（1885）从诗歌创作手法的角度讨论翻案创作手法，岛津木公《作文法》[⑤]（1891）、岸上操《作文自在》[⑥]（1896）、

---

① 庆长时期（1596—1615）至天和（1681—1684）初年。
② 也有学者主张以井原西鹤的浮世草子代表作《好色一代男》（1682）梓行为终。
③ 通常认为以汉字为主的《新语园》不属于假名草子，但随着研究的不断深入，已经将《新语园》归入假名草子。如《假名草子集成》第 40 卷与第 41 卷就将《新语园》收录其中，此外《浅井了意全集》也将其收录至"假名草子编"第 6 卷。参见：花田富二夫等编：『仮名草子集成』（第 40 卷），東京：東京堂出版，2006 年；花田富二夫等编：『仮名草子集成』（第 41 卷），東京：東京堂出版，2007 年。
④ 須和文孝：『詩格類聚考』，鳥取：須和文孝出版，1885 年，第 51 頁。
⑤ 島津木公：『作文法』，東京：大華堂，1891 年，第 105-106 頁。
⑥ 岸上操編：『作文自在』，東京：博文館，1896 年，第 109-110 頁。

宫崎来城《作文独习自在》①（1904）等皆专设一节讲解翻案法在作文写作时的应用。坪内逍遥在《关于翻案》（1895）中指出翻案是将原作中的事与人进行严密地"日本化"，要点有三：一是将原作中的人物、习性、行为等全部进行日本化；二是将原作中的事件全部日本化；三是将事件的关联、感情、德操以及其他的一切都进行最严密地日本化。但要注意翻案的技巧，若只简单地进行日本化便会蒙上剽窃或不精的恶名。②逍遥认为文学创作中的翻案是一个日本化的过程，但要注意保持作者的立场，否则便会背上剽窃之骂名。中国学者基于自身立场也提出许多论点，其中周以量在系统梳理中国诗学中的"翻案"与日本"翻案"溯源的基础上，分析日本近世翻案文学流行的原因，得出"改编已有的诗文并赋予新的创作以新的活力的方法已经为'翻案'的术语化打下了基础"③、"自14世纪起，在日语语境中'翻案'一词具有了学术性特征，它作为改编前人诗文的一种方法为人们所运用"④的结论。他还指出"经过近世初期怪异小说方面的'翻案'实践——浅井了意的《伽婢子》是这方面最突出的成就，到18世纪中叶时，'翻案'已经完全成为近世文坛最引人注目的创作方法，一直延续到近代初期"⑤。可见"翻案"手法在日本近世文学中的重要地位。张哲俊认为：

> 翻案文学主要是以一两篇作品为底本重新创作，在相当大的程度上保留着原作的内容。母题与嬗变现象是指同一故事题材的作品系列，这一作品系列有继承，也有变异，变异因素是相当多的。另外翻案文学一般是指叙事文学，母题与嬗变对于文类的形式没有规

---

① 宫崎来城：『作文独習自在』，東京：大学館，1904年，第119-120頁。
② 坪内逍遥：『逍遥選集』（第2卷），東京：春陽堂，1926年，第717-718頁。底本为坪内逍遥1895年发表的《关于翻案》。
③ 王志松编著：《文化移植与方法：东亚的训读翻案翻译》，桂林：广西师范大学出版社，2013年，第140-169页。
④ 王志松编著：《文化移植与方法：东亚的训读翻案翻译》，桂林：广西师范大学出版社，2013年，第140-169页。
⑤ 王志松编著：《文化移植与方法：东亚的训读翻案翻译》，桂林：广西师范大学出版社，2013年，第140-169页。

定性要求，抒情文学或叙事文学、诗歌、小说、戏曲，都可以列入母题与嬗变现象。①

张哲俊主张翻案作品在相当大的程度上保留着原作的内容强调"母题"与"继承性"，这是与坪内逍遥的论点最大的不同之处。但从了意的翻案作品来看，了意所用翻案之底本不局限于一两种，有时多达三四种甚至更多，而且很多时候改写的幅度极大。丁莉认为："'翻案'一语最早应该是用于对诗歌的改写与改编。日语语境中，在提到对中国诗歌进行改写、改编的和歌时，往往使用'翻案'这一术语。"②

除上述在日本文学语境中讨论的翻案外，在中国文学语境中的"翻案"也值得关注，如刘成国认为：

> 文学作品中所谓的"翻案"，主要指利用咏史诗、史论、历史剧等各种体裁形式，以及诸如翻案法等多种艺术技巧，来推翻前代或同时代对某些历史人物、历史事件的定评和共识。由此而产生的翻案文学，在中国文学史上可谓源远流长。③

刘成国认为中国翻案文学的最大特征是推翻前代或同时代对某些历史人物、历史事件的定评和共识。这与以改写、改编、元素置换为主要特色的日本翻案文学的手法不同，因此在讨论日本翻案文学时必须与中国翻案文学区别研究。

本研究所指的翻案为：以一部或多部作品为原典，对原作品中的人物、情节、环境等进行改写、置换或剔除原作品中的外国元素，大量植入日本元素，进行日本化的文学创作手法。

（三）汉文典籍

汉文典籍通常指用汉字书写的典籍④，同处在汉字文化圈的日

---

① 张哲俊：《东亚比较文学导论》，北京：北京大学出版社，2007年，第385页。
② 丁莉：《永远的"唐土"：日本平安朝物语文学的中国叙述》，北京：北京大学出版社，2016年，第231-236页。
③ 刘成国：论王安石的翻案文学，《浙江学刊》，2014年第2期，第105页。
④ 张伯伟：域外汉籍与中国文学研究，《文学遗产》，2003年5月，第131页。

本、朝鲜等国也有各自的汉文典籍。本研究中的汉文典籍既包含中国古代典籍、朝鲜和日本的汉文典籍，也包含朝鲜文人对中国典籍所作的选本、校注本、点评本等。重点研究已传播到日本的汉文典籍，包括《迪吉录》（明）、《五朝小说》（明）、《剪灯新话》（明）、《剪灯余话》（明）、《明心宝鉴》（明）、《燕居笔记》（明）、《剪灯丛话》（明）等中国汉文典籍，也涉及《三纲行实图》（李朝）、《金鳌新话》（李朝）等朝鲜汉文典籍以及《剪灯新话句解》（李朝）等朝鲜人为中国典籍所做的注释类书籍。

三、国内外研究现状

（一）日本的研究现状[①]

"浅井了意"在近世书籍目录中频繁出现，广为近世文人所知，但关于浅井了意的研究却始于19世纪末期，以水谷不倒的《近世列传体小说史》为开端。本节从了意假名草子的内容与创作手法、所涉汉文典籍、佛书及思想、翻刻与校注、了意生平、了意的笔迹学六个方面分析日本的浅井了意研究现状。

第一，假名草子的内容与创作手法研究。日本近代文学研究者中，最早提及浅井了意作品的是水谷不倒，他在《近世列传体小说史》[②]中首次阐述了假名草子的概念，并将了意的《伽婢子》作为标题提至书籍目次部分，列于第一章"德川文学的起源"下。他认为《伽婢子》是对《剪灯新话》的翻译，[③]以《伽婢子》中最著名的《牡丹灯笼》为例进行论述，同时将了意的《狗张子》作为范例列于同一章节。水谷不倒在《假名草子》[④]（1919）中再次将了意的《锦木》[⑤]

[①] 这一部分所讨论的研究成果，不仅包括日本学者的研究成果，也包括中国、韩国学者在日本学术刊物上发表的研究成果。

[②] 水谷不倒撰、坪内逍遥閲：『近世列傳体小説史』，東京：春陽堂，1897年，原文：支那文学の翻訳、浅井了意の『伽婢子』。

[③] 水谷不倒撰、坪内逍遥閲：『近世列傳体小説史』，東京：春陽堂，1897年，第6-7頁。

[④] 水谷弓彦編：『仮名草子』，東京：太洋社，1919年。

[⑤] 《锦木》并非浅井了意所作，此时对了意作品的辨伪研究尚未展开。参见：北条秀雄：『浅井了意』，東京：三省堂，1944年，第164頁。

（1661）、《堪忍记》（1655）以及《浮世物语》（1670）列于假名草子总目录（计 31 篇）中进行推介，了意是唯一一位有 3 部作品入选的作家，一方面不难看出水谷不倒对了意及其作品的推崇，另一方面也可探察出了意及其作品的地位。早期的研究将《伽婢子》视为翻译之作，对了意作品的辨伪、翻案方法等研究皆未涉及。其后，关于了意假名草子的研究仍多集中于《伽婢子》，市古夏生、[①]加藤良辅[②]讨论了《伽婢子》的时代背景的设定方法，常吉幸子[③]考察了了意的创作意图，塚野晶子[④]比较了《伽婢子》与《狗张子》中的"天狗"与"神仙"故事。《堪忍记》[⑤]《新语园》[⑥]《浮世物语》[⑦]《本朝女鉴》[⑧]《可笑记评判》[⑨]《伊势物语抒海》[⑩]《安倍晴明物语》[⑪]《北

[①] 市古夏生：『伽婢子』における場の設定，『国文白百合』，1983 年 3 月，第 31-39 頁。

[②] 加藤良輔：『伽婢子』論：乱世を語る方法，『日本文學誌要』，1993 年 7 月 1 日，第 52-62 頁。

[③] 常吉幸子：『伽婢子』試論：〈作者〉によるひそかな画策と勝利について，『活水論文集』（日本文学科編），1991 年 3 月，第 1-16 頁。

[④] 塚野晶子：『伽婢子』と『狗張子』：「天狗」譚を中心に，『文学・語学』，2014 年 8 月，第 1-13 頁；塚野晶子：『伽婢子』と『狗張子』——神仙譚を中心に，『早稲田大学大学院教育学研究科紀要別冊』（16-2），2008 年，第 1-12 頁。

[⑤] 成海俊：『堪忍記』の思想——『明心宝鑑』からの引用を中心に，『日本思想史研究』（33），2001 年，第 56-69 頁。

[⑥] 花田富二夫：『新語園』と類書——了意読了漢籍への示唆，『近世文芸』（34），1981 年 5 月，第 13-38 頁。

[⑦] 中嶋隆：『浮世物語』の構成と「浮世房」の変身，『国文学研究』（79），1983 年 3 月，第 143-152 頁；谷脇理史：『浮世物語』とカムフラージュ，『早稲田大学大学院文学研究科紀要』（文学・芸術学）（40），1994 年，第 3-20 頁。

[⑧] 青山忠一：『本朝女鑑』論，『二松学舎大学論集』，1972 年 3 月，第 59-84 頁；浜田啓介：『本朝女鑑』の虚構-上-，『国語国文』55（7），1986 年 8 月，第 1-16 頁；浜田啓介：『本朝女鑑』の虚構-下-，『国語国文』55（8），1986 年 8 月第 16-26 頁。

[⑨] 深沢秋男：『可笑記評判』の成立時期，『文学研究』（63），1986 年 6 月，第 10-20 頁。

[⑩] 入口敦志：『伊勢物語抒海』の位置——段の大意を中心にして，『語文研究』（64），1987 年 12 月，第 54-64 頁。

[⑪] 和田恭幸：『安倍晴明物語』の世界（特集＝陰陽師・安倍晴明とその周縁）——（文学・伝説世界の安倍晴明），『国文学解釈と鑑賞』67（6），2002 年 6 月，第 99-104 頁；木村迪子：『安倍晴明物語』構成の手法——法道仙人譚と道満伝承を軸に，『国文』（113），2010 年 7 月，第 11-19 頁。

条九代记》①《狗张子》②等作品的研究亦有出现,但都并未呈现连续研究的态势。

第二,假名草子所涉汉文典籍研究。山口刚最早对《伽婢子》与《狗张子》所涉汉文典籍进行了详细的论考。他指出《伽婢子》的68则故事中有18则翻案自《剪灯新话》,其余应翻案自《剪灯余话》以及《唐人说荟》等小说集。③山口刚除提及《伽婢子》的出典问题,还对《狗张子》中部分作品的出典进行了考察,④他关于《伽婢子》与《狗张子》的出典研究,是了意作品出典研究之开端,为了意假名草子出典问题的研究提供了新的方向。但山口刚的研究仍有不足,他认为《剪灯新话》的续作是《剪灯余话》,而《狗张子》是《伽婢子》的续作,因此《狗张子》所收故事自然应多翻案自《剪灯余话》,这一结论略显草率。麻生矶次⑤与山口刚的论点不同,他明确指出《狗张子》虽被称为《伽婢子》之续篇,但其受《剪灯余话》的影响不深。麻生矶次认为须扩大研究视野,可与《警世恒言》等冯梦龙的作品以及《太平广记》《古今奇观》《古今说海》《唐人说荟》等汉文典籍进行比较研究。他的研究为今后《太平广记》出典论和《五朝小说》出典论的形成奠定了基础。此外,最值得关注的是宇佐美喜三八的《关于〈伽婢子〉的翻案》,⑥宇佐美喜三八在这篇文章中考辨了《伽婢子》68个故事中的62篇所涉的汉文典籍,

---

① 野口文子:『北條九代記』の研究——諸本及び回国使をめぐって,『国文』(98),2002年12月,第11-22頁。

② 土屋順子:『狗張子』の和歌,『大妻女子大學大學院文學研究科論集』(9),1999年3月,第30-52頁。

③ 山口剛:『怪談名作集』(日本名著全集),東京:日本名著全集刊行会,1927年,第29-65頁。

④ 山口剛:『怪談名作集』(日本名著全集),東京:日本名著全集刊行会,1927年,第65-95頁。

⑤ 麻生磯次:『江戸文学と支那文学:近世文学の支那的原拠と読本の研究』,東京:三省堂,1946年,第33-39頁。参見:麻生磯次:『江戸文学と中国文学』,東京:三省堂,1976年。

⑥ 宇佐美喜三八:『和歌史に関する研究』,大阪:若竹出版株式会社,1952年,第316-350頁。

进一步明确了《伽婢子》与《剪灯新话》《剪灯余话》以及《金鳌新话》等剪灯系作品的出典关系，为后世研究《伽婢子》以及了意其他作品打下了坚实的基础。但此文并未解决了意是否使用类书或其他小说集的问题。王健康[①]认为《伽婢子》的出典除已被确认的《金鳌新话》《剪灯新话》《剪灯余话》之外还应包括宋代类书《太平广记》，并进一步论证了《伽婢子》中所隐藏的道教因素。杨永良[②]从《伽婢子》中的长生术这一问题入手，阐明《伽婢子》与《太平广记》的关系，深入发掘《伽婢子》中的道教影响。与王健康、杨永良论点不同，黄昭渊[③]认为《伽婢子》的出典应为明代类书《五朝小说》，同时指出与了意所用《五朝小说》的版本最接近的是林罗山旧藏本，[④]此论点一经发表便得到广泛的关注与认可。此后，关于《五朝小说》的研究也开始逐步深入，花田富二夫考察了《五朝小说》的版本及在日本的流播情况，[⑤]渡边守邦对《伽婢子》所涉《五朝小说》的内容进行了翻刻，连载于《实践国文学》。[⑥]至此，关于《伽婢子》出典研究基本告一段落。

关于《堪忍记》《新语园》《狗张子》等作品所涉汉文典籍的研

[①] 王健康：『太平廣記』と近世怪異小説：『伽婢子』の出典関係及び道教的要素，『芸文研究』(64)，1993年，第1-19頁；王健康：『伽婢子』に見られる浅井了意の中国道教の受容「伊勢兵庫仙境に到る」をめぐって，『日本語日本文学』(四)，1994年，第66-67頁。

[②] 楊永良：『伽婢子』の長生術——道教の辟穀·服餌術，『二松学舎大学人文論叢』，1994年10月，第128-146頁。

[③] 黄昭淵：『伽婢子』と叢書——『五朝小説』を中心に，『近世文芸』(67)，1998年1月，第1-11頁。

[④] 目前认为与浅井了意所用版本最接近的是林罗山旧藏本，现藏于日本内阁文库（索书号：371-0006），本研究所用《五朝小说》版本是明刊林罗山旧藏本。

[⑤] 花田富二夫：『伽婢子』考——五朝小説の諸版と構想の一端に関して，『芸能文化史』(22)，2005年7月，第17-33頁。

[⑥] 渡辺守邦：『五朝小説』と『伽婢子』(一)，『実践国文学』(70)，2006年10月，第10-47頁；『五朝小説』と『伽婢子』(二)，『実践国文学』(71)，2007年3月，第32-60頁；『五朝小説』と『伽婢子』(三)，『実践国文学』(72)，2007年10月，第9-38頁；『五朝小説』と『伽婢子』(四)，『実践国文学』(73)，2008年3月，第13-28頁。

究也开始出现。中村幸彦[①]、小川武彦[②]、成海俊[③]认为《堪忍记》所收大部分故事来源于明代善书《迪吉录》[④]与《明心宝鉴》。[⑤]花田富二夫[⑥]考证了《堪忍记》与类书《新编古今事文类聚》[⑦]之间的关系，他同时指出《新语园》中的故事应来源于《太平御览》《太平广记》《天中记》《新编古今事文类聚》四部类书。[⑧]与上述作品相比，《狗张子》与汉文典籍的关系最为复杂，先后有山口刚[⑨]、麻生矶次[⑩]、

[①] 中村幸彦：『近世小説史の研究』，東京：桜楓社出版，1961 年，第 30-63 頁。

[②] 小川武彦：『堪忍記』の出典上の 1——中国種の説話を中心に，『近世文芸研究と評論』(10)，1976 年 5 月，第 52-68 頁；小川武彦：『堪忍記』の出典上の 2——中国種の説話を中心に，『近世文芸研究と評論』(13)，1977 年 6 月，第 1-12 頁。

[③] 成海俊：『明心宝鑑』の伝承と影響：各国における研究史とその問題点（共同研究「日本思想史と朝鮮」研究報告），『米沢史学』(13)，1997 年 6 月，第 39-51 頁；成海俊：貝原益軒の勧善思想——『明心宝鑑』と関連づけて（特集 韓国の日本研究），『季刊日本思想史』(56)，2000 年，第 20-32 頁；成海俊：『堪忍記』の思想——『明心宝鑑』からの引用を中心に，『日本思想史研究』(33)，2001 年，第 56-69 頁。

[④]（明）颜茂猷：《迪吉录》，本研究所用版本为崇祯四年（1631）刊本，系红叶山文库旧藏，现藏于日本内阁文库，索书号：子 077-0009。

[⑤]（明）范立本编《新刊大字明心宝鉴》，景泰 5 年（1454），筑波大学附属图书馆藏，索书号：口 880-119。本研究所用《明心宝鉴》版本皆为筑波大学藏本。关于《明心宝鉴》的作者，韩国学者认为《明心宝鉴》是高丽忠烈王的儒臣秋适所编著的汉学基本教材，韩国编撰的版本应远早于明代范立本与王衡的刊本，即《明心宝鉴》应为韩国编著并非中国旧编。但经周安邦详细考述此观点实为不妥，周安邦认为《明心宝鉴》确为明代范立本编辑无疑。参见：周安邦：《明心宝鉴》非秋适编著说考述，《逢甲社会学报》，2010 年 6 月，第 22-71 页。

[⑥] 花田富二夫：『堪忍記』周辺考：和・漢堪忍説話の視角を中心に，『大妻国文』(28)，1997 年 3 月，第 79-96 頁；花田富二夫：『仮名草子研究：説話とその周辺』(新典社研究叢書 151)，東京：新典社，2003 年，第 90-122 頁。

[⑦]《新编古今事文类聚》，宋代祝穆编，全书含前集（60 卷附目录 1 卷）、后集（50 卷附目录 1 卷）、续集（28 卷附目录 1 卷）、别集（32 卷附目录 1 卷）。元代富大用模仿祝穆，补撰新集（36 卷附目录 1 卷）、外集（15 卷附目录 1 卷），元代祝渊又补撰遗集。本研究所用版本为日本内阁文库藏本，索书号：别 061-0001。

[⑧] 花田富二夫：『新語園』と類書——了意読了漢籍への示唆，『近世文芸』，1981 年 5 月，第 13-38 頁。

[⑨] 山口剛：『怪談名作集』（日本名著全集），東京：日本名著全集刊行会，1927 年，第 65-95 頁。

[⑩] 麻生磯次：『江戸文学と支那文学：近世文学の支那的原拠と読本の研究』，東京：三省堂，1946 年，第 33-39 頁。参見：麻生磯次：『江戸文学と中国文学』，東京：三省堂，1976 年。

富士昭雄[①]、江本裕[②]等研究者考辨。上述研究成果认为《狗张子》与剪灯系列作品、《太平广记》《冥祥记》《独异志》《集仙录》《潇湘录》《博异志》《警世恒言》《稽神录》《古今奇观》等诸多汉文典籍皆有关系。关于浅井了意作品出典的研究成果集中出现在20世纪后半叶至21世纪初期，21世纪以降关于了意作品的出典研究寥寥可数，且未见广泛吸引学界注意的成果。

第三，佛书及思想研究。前田一郎考察了意的"劝信"思想，修订了《浅井了意著作年谱》。[③]和田恭幸的《浅井了意的佛书极其周边》系列论文从"全面研究"[④]、"佛书与怪异小说素材源"[⑤]、"了意与佛书"[⑥]、"因缘集"[⑦]四个主题阐释了意的思想与佛书特点，奠定了了意佛书研究的基础，同时论及了意的佛书与假名草子的关系，将了意研究推向了一个新的研究层面。受到佛书版本研究与佛教思想研究难度较大等客观条件的限制，关于了意佛书及思想的研究仍局限于上述成果，急需展开深入研究。

第四，作品的翻刻与校注。了意的假名草子存世数量丰富，但

---

① 冨士昭雄：浅井了意の方法——『狗張子』の典拠を中心に，『名古屋大学教養部紀要 A 人文科学·社会科学』(11)，1967年，第30-47頁；冨士昭雄：伽婢子と狗張子（近世小説——方法と表現技巧），『国語と国文学』，1971年10月，第25-36頁。

② 江本裕：『狗張子』注釈（一），『大妻女子大学紀要』（文系31），1999年3月，第107-122頁；江本裕：『狗張子』注釈（二），『大妻女子大学紀要』（文系32），2000年3月，第71-97頁；江本裕：『狗張子』注釈（三），『大妻女子大学紀要』（文系33），2001年3月，107-122頁；江本裕：『狗張子』注釈（四），『大妻女子大学紀要』（文系37），2005年3月，第115-138頁；江本裕：『狗張子』注釈（五），『大妻女子大学紀要』（文系38），2006年3月，第59-99頁。

③ 前田一郎，浅井了意の思想——「勧信の論理」と仮名草子（含浅井了意著作年表），『真宗研究』(34)，1990年，第101-123頁。

④ 和田恭幸：浅井了意の仏書とその周辺(1)，『国文学研究資料館紀要』(22)，1996年3月，第263-282頁。

⑤ 和田恭幸：浅井了意の仏書とその周辺(2)，『国文学研究資料館紀要』(24)，1998年3月，第277-297頁。

⑥ 和田恭幸：浅井了意の仏書とその周辺(3)，『国文学研究資料館紀要』(26)，2000年3月，第253-277頁。

⑦ 和田恭幸：浅井了意の仏書とその周辺(4)，『国文学研究資料館紀要』(27)，2001年3月，第229-258頁。

仅有《伽婢子》①《浮世物语》②《武藏镫》③三部作品有详细校注本出版。《狗张子》虽有神郡周校注本④，但此书仅是对《狗张子》中少量语汇进行注释，并非详细校注。注释内容未涉及出典考、类话考等研究。⑤《堪忍记》《本朝女鉴》等名作也未见校注本出版，《假名草子集成》⑥中所收了意作品也仅是将作品翻刻为活字本，并未有详细注释。了意作品出版方面，最大的成果当属《浅井了意全集》。⑦《浅井了意全集》预计出版19册，其中假名草子集11册。计划收录假名草子作品36部、佛书集7册共收录佛书15部，资料解读1册。自2007年出版以来共计出版假名草子集5册、佛书集3册，《浅井了意全集》以作品影印资料或作品翻刻为主，辅

---

① 松田修等校注：『伽婢子』（新日本古典文学大系75），東京：岩波書店，2001年。
② 前田金五郎等校注：『仮名草子集』（日本古典文学大系90），東京：岩波書店，1965年；神保五彌、長谷川強等校注：『仮名草子集・浮世草子集』（日本古典文学全集37），東京：小学館，1971年。
③ 坂巻甲太、黒木喬編：『むさしあぶみ校注と研究』，東京：桜楓社，1988年。
④ 浅井了意著、神郡周校注：『狗張子』，東京：現代思潮社，1980年。
⑤ 江本裕虽对《狗张子》进行注释，但仅是以论文形式发表，并未作为专著出版。参见：江本裕：『狗張子』注釈（一），『大妻女子大学紀要』（文系31），1999年3月，第107-122頁；江本裕：『狗張子』注釈（二），『大妻女子大学紀要』（文系32），2000年3月，第71-97頁；江本裕：『狗張子』注釈（三），『大妻女子大学紀要』（文系33），2001年3月，第107-122頁；江本裕：『狗張子』注釈（四），『大妻女子大学紀要』（文系37），2005年3月，第115-138頁；江本裕：『狗張子』注釈（五），『大妻女子大学紀要』（文系38），2006年3月，第59-99頁。
⑥ 《假名草子集成》（该丛书自1980年开始编写，至2019年3月共出版61卷，由朝仓治岩、深泽秋男、和田恭幸、花田富二夫等编写）。
⑦ 《浅井了意全集》丛书分为假名草子编与佛书编两部分。其中假名草子编11卷、佛书编7卷，自2007年开始出版。据岩田书院刊行计划，假名草子编第6卷将收录浅井了意的和制类书作品《新语园》，目前《浅井了意全集》已经出版到假名草子编第5卷（2015年9月），佛书编出版到第3卷（2010年4月）。具体信息如下：浅井了意全集刊行会編：『浅井了意全集』（仮名草子編1），東京：岩田書院，2007年；浅井了意全集刊行会編：『浅井了意全集』（仮名草子編2），東京：岩田書院，2011年；浅井了意全集刊行会編：『浅井了意全集』（仮名草子編3），東京：岩田書院，2011年；浅井了意全集刊行会編：『浅井了意全集』（仮名草子編4），東京：岩田書院，2013年；浅井了意全集刊行会編：『浅井了意全集』（仮名草子編5），東京：岩田書院，2015年；浅井了意全集刊行会編：『浅井了意全集』（仏書編1），東京：岩田書院，2009年；浅井了意全集刊行会編：『浅井了意全集』（仏書編2），東京：岩田書院，2009年；浅井了意全集刊行会編：『浅井了意全集』（仏書編3），東京：岩田書院，2010年。

以书志研究，资料性强但并非校注版，关于了意作品的校注研究仍需进一步深入。

第五，了意生平研究。北条秀雄的《新修浅井了意》①（1974）是浅井了意生平研究最重要的成果。《新修浅井了意》是在其《浅井了意》②（1944）与《改定增补浅井了意》③（1972）的基础上改定增补完成的。北条秀雄系统地回顾了浅井了意研究史，解决了"浅井了意多人说"问题，提出了浅井了意与了意、松云了意、释了意、沙门了意皆为一人的论断。从"佛书"与"假名草子及其他题材作品"两个层面对了意的著述进行了考证④，完成了意著作年谱及了意生平考。《改定增补浅井了意》文末所附若木太一的《浅井了意关系研究文献目录》⑤也十分值得关注，此文按年代考述了1963年至1971年的关于了意及其作品的研究成果，文献价值较高。此外，坂卷甲太通过明析了意所作《因果物语》（平假名本）与铃木正三所作《因果物语》（片假名本）的关系⑥，进一步解明了意与正三的关系。上述作家论研究使了意的人物形象更加立体丰满。了意生平的研究成果尚停留在20世纪70年代，随着新的典籍文献被发现，上述成果开始显现其局限性，亟待完善。

第六，了意笔迹学研究。与作品研究相比，石川透的了意笔迹学研究取得了相当大的成果，他先后确认《难波物语》⑦《密严上人

---

① 北条秀雄：『新修浅井了意』，東京：笠間書院，1974年。
② 北条秀雄：『浅井了意』，東京：三省堂，1944年。
③ 北条秀雄：『改訂増補浅井了意』，東京：笠間書院，1972年。
④ 北条秀雄明确指出确定无疑为浅井了意的作品数量，共计31部321卷作品（其中佛书13部240卷），基本确定为浅井了意所作的作品数量共计6部24卷（其中佛书4部约19卷），真假难辨的作品数量共计20部131卷（其中佛书6部），很难判定为浅井了意所作的作品共计15部66卷（其中佛书5部32卷）。参见：同注4，第246-250頁。
⑤ 北条秀雄：『改訂増補浅井了意』，東京：笠間書院，1972年，第269-272頁。
⑥ 坂卷甲太：浅井了意ノート-1-の上——鈴木正三とのかかわりをめぐって，『国文学研究』（52），1974年2月，第16-27頁。坂卷甲太：浅井了意ノート-1-の下——鈴木正三とのかかわりをめぐって，『国文学研究』（53），1974年6月，第43-51頁。
⑦ 石川透：浅井了意自筆資料をめぐって，『近世文芸』（76），2002年7月，第1-13頁；石川透：浅井了意筆『難波物語』等について，『芸文研究』（84），2003年，第1-17頁。

行状记》①等作品为了意手迹，并总结归纳了意手迹特色，为考辨了意作品真伪提供了全新的研究手段。

（二）中国的研究现状

与日本浅井了意研究成果丰硕相比，国内的研究起步较晚，成果多围绕《伽婢子》展开，多以所涉《剪灯新话》作品为研究对象，研究探讨《伽婢子》的翻案手法及受《剪灯新话》之影响。《瞿佑的〈剪灯新话〉及其在近邻韩越和日本的回音》②《〈剪灯新话〉在日本的流传与接受》③《〈剪灯新话〉在东亚各国的不同接受——以"冥婚"为例》④《志怪之胤：论日本近世怪异小说家浅井了意的跨文化翻案》。⑤此外《〈伽婢子〉的原典利用问题》⑥《〈伽婢子〉中佛教主题的深化》⑦《〈伽婢子〉中浅井了意佛教思想初探》⑧虽涉及一些以《五朝小说》为出典的作品，但还有较大深入研究的余地。近年来关于浅井了意研究的学位论文有所增加，严珊⑨探讨了意作品中的道教思想问题，但出典考据不实，论点信服度不高。解亚瑾⑩以《伽婢子》中名篇《牡丹灯笼》为研究对象进行论述，并未对《伽婢子》

---

① 石川透：浅井了意自筆版下『密厳上人行状記』補遺，『三田國文』(56)，2012年12月，第68-70頁。

② 徐朔方、铃木阳一：瞿佑的《剪灯新话》及其在近邻韩越和日本的回音，《中国文化》，1995年2月，第147-153页。

③ 乔光辉：《传奇漫录》与《剪灯新话》的互文性解读，《东方论坛》(3)，2006年6月，第47-52页。

④ 张龙妹：《剪灯新话》在东亚各国的不同接受——以"冥婚"为例，《日语学习与研究》(2)，2009年4月，第65-71页。

⑤ 司志武：志怪之胤：论日本近世怪异小说家浅井了意的跨文化翻案，《苏州教育学院学报》(1)，2016年2月，第64-68页。

⑥ 蒋云斗：《伽婢子》的原典利用问题，《边疆经济与文化》(12)，2009年12月，第86-87页。

⑦ 蒋云斗：《伽婢子》中佛教主题的深化，《现代语文》（学术综合版）(11)，2013年11月，第54-57页。

⑧ 蒋云斗：《伽婢子》中浅井了意佛教思想初探，《宁夏大学学报》（社会科学版）(4)，2016年8月，第151-155页。

⑨ 严珊：关于浅井了意道教思想受容的研究，西安外国语大学硕士学位论文，2013年。

⑩ 解亚瑾：《牡丹灯记》《牡丹灯笼》《吉备津之釜》的比较研究，北京林业大学硕士学位论文，2015年。

展开全面考证。卢俊伟[①]以受《剪灯新话》影响的视角出发，论述了《伽婢子》中了意的经世思想，将以《剪灯新话》为出典的作品作为研究对象，并未过多涉及以《五朝小说》为出典的作品，亦未详细分析了意作品中的儒生形象。纵观中日两国浅井了意研究史，日本可谓多角度、全视角展开研究，国内的浅井了意研究仅围绕假名草子研究一条主线不断发掘，关于了意生平研究等皆未展开。

（三）课题研究

时至今日关于浅井了意的研究虽取得了十分丰硕的成果，但仍有诸多问题没有得到解决。首先，关于了意作品的研究仅集中在《伽婢子》《狗张子》等代表作，多针对一部作品进行研究，缺乏从整体上系统研究了意作品的成果，无法勾勒了意的创作轨迹以及创作方法的特点。其次，关于作品与汉文典籍的关系研究还有待深入，《伽婢子》中仍有3则故事出典不明，《堪忍记》出典研究的成果有诸多疏漏之处亟待勘误。已有研究成果指出《狗张子》所涉汉文典籍过多，且并未考虑到《狗张子》与《五朝小说》《迪吉录》等书籍的关系。最后，关于浅井了意的生平研究成果，仍为20世纪70年代的成果。随着新文献的发现，已有成果的不足之处已经开始显现，需要根据新文献的内容对已有成果进行补足。

浅井了意假名草子研究是一个综合性的研究课题。已有的研究成果，多选取了意的一部作品进行深入研究，虽偶见比较两部作品研究的成果，但皆局限于某一故事类型进行考察。有必要将了意的作品放入比较文学的视阈下，整体研究其与汉文典籍关系。了意假名草子与汉文典籍关系研究的关键在于，所用汉文典籍的确认，即出典考辨。了意作品的出典研究虽已成果丰硕，但受到文献搜集难度较大等客观条件的限制，仍有部分作品的出典问题悬而未决，与汉文典籍的关系问题研究更是无法深入。国内关于了意作品的研究尚处于初级阶段，系统研究了意作品与汉文典籍的关系更无从论及。因此，了意作品的

---

① 卢俊伟：浅井了意《伽婢子》研究——以对《剪灯新话》中经世思想的吸收为视角，北京外国语大学博士学位论文，2015年。

出典考辨、翻案手法以及了意的翻案意图等问题尚有较大的研究空间。本研究以中国研究者的视角，选取《堪忍记》《伽婢子》《狗张子》三部最具代表性的作品为主要研究对象，对其所涉汉文典籍进行全面考辨，系统分析了意所用汉文典籍的种类，从汉文典籍的使用方法、作品中汉诗的翻案手法、儒生形象的塑造三个维度探究了意的翻案方法，解明浅井了意假名草子与汉文典籍的关系。

第一章　浅井了意生平研究

浅井了意是日本文学史上最传奇的作家之一，了意一生著述丰富流播甚广，但文献中关于他的记录却寥寥可数，浅井了意生平研究更是凤毛麟角。自《新修浅井了意》[①]（1974）之后，并未出现以作家论的角度研究浅井了意的成果。作家研究是作品研究的重要一环，研究作家的生平履历、家族关系、师承交友对深入研究作品有着重要的意义。本章从文献中关于了意的记载切入，勾勒还原了意人物形象。纵观浅井了意的生平，从了意的家族关系、师承关系两个维度探明了意的人物关系。通过研究了意作品的序文与跋文，解读了意的自我描述以及不同时期文人对了意的评价。基于上述考察结果分析了意的创作轨迹，完善了意著作年表。

第一节　浅井了意生平考述

文献典籍中关于浅井了意的记述极少，这为了意研究增加了诸多困难。了意生年的记录无从寻觅，但了意的卒年在《狗张子》《见闻予觉集》《京都坊目志》三种文献中皆有记录。首先将林义端[②]为了意遗作《狗张子》所作的序言赘引如下：

洛阳本性寺了意大德，博识强记极富文思之才，生平著述甚多，

[①] 北条秀雄：『新修浅井了意』，東京：笠間書院，1974年。
[②] 林义端，字九成，又称九兵卫，日本近世前期著名的书坊"文会堂"之主。浮世草子作者，生年不详，卒于1711年。编著有《搏桑名贤诗集》《搏桑名贤文集》等。参见：上田正昭［ほか］監修：『日本人名大辞典』，東京：講談社，2001年。

及晚年之时笔力愈发老健。去年庚午①之春，对旧集《伽婢子》拾遗补阙，作《狗张子》若干卷，拟为其续集。至其年冬，既撰辑七卷。翌年辛未元旦，不意遽然示寂，都鄙惊叹，深惜其才。

（后略）

元禄四年辛未十一月日义端谨序②

据上可知，了意示寂之年为庚午年翌年的元旦即元禄四年（1691）元旦之日。在《京都坊目志》"净土真宗洛阳正愿寺"住持一条中记载"开基祐善，往生年号月日不详；二世了意，元禄四年辛未正月元日寂，博学而忆持一切，一见闻则无忘失信心，可谓权者哉；三世了山，往生年号月日不详"。③文中正愿寺二世住持了意与林义端笔下的"博识强记"的了意卒年一致，可判断此二人实为一人。了意是正愿寺二世住持也是三世住持了山的父亲，新发现的正愿寺典籍资料亦可印证了意是正愿寺住持的论断。④

前田金五郎⑤发现《见闻予觉集》中记录有：

元禄四年（1691），正月大

丁亥朔日，昙，长闲，今日，京都本姓（性）寺了意死去云云。⑥

据这条记录，了意圆寂时间为元禄四年（1691）元旦，这与林义端的记录完全一致，上文记录中的了意应与浅井了意是同一人。《见闻予觉集》是河内国交野郡津田村（现日本大阪府枚方市津田町）住民山下安兵卫（又名山下作左卫门）所作的笔录日记，全书记述

---

① 元禄三年即 1690 年。
② 笔者译。参见：浅井了意全集刊行会编：『浅井了意全集』（仮名草子編5），2015 年，第 305 頁。
③ 野間光辰：『近世作家伝攷』，東京：中央公論社，1985 年，第 105-147 頁。
④ 高野昌彦：浅井了意をめぐる正願寺新出資料について，『同志社国文学』（57），2002 年，第 46-59 頁。
⑤ 資料方々録（一）『見聞予覚集』，『専修大学人文科学研究所月報』（60），1978 年，第 9-13 頁。
⑥ 枚方市史編纂委員会：『枚方市史』（第九巻），大阪：ナニワ印刷株式会社，1974 年，第 303 頁。

了自元禄二年（1689）元旦至元禄十四（1701）年除夕，共计十二年间其所知、所经历之事。现将《见闻予觉集》中关于了意的所有记述如下：

（1）元禄二年（1689）十月
东①之了意，当地理右卫门而说法，夫参牧方仓谷御堂，<u>暮方参，入夜归</u>。②

（2）元禄三年（1690）一月二十九日
昙，后雨少，参牧方仓谷，了意说法，立寄牧方，<u>暮方归</u>。③

（3）元禄三年（1690）四月一日
本性寺了意当村小左卫门而说法两度，今日尊光寺而芭蕉之花见初也。④

（4）元禄四年（1691）三月一日
晴天，正应寺本，顷日山门了意之集也，一览《父母恩重经评话谈抄》。⑤

通过上述引文，可以描绘出一个风雨不误奔走弘法的唱导僧形象。了意自元禄三年（1690）春开始创作《狗张子》，⑥可见了意在遍访各地弘法唱导的同时仍在进行文学创作，此时的了意身体应该十分康健。《枚方市史》中了意的圆寂时间为元禄四年（1691）正月，这与《狗张子》序文中的记述一致，与《京都坊目志》中的记录也完全吻合。了意的示寂时间为元禄四年（1691）元旦这一结论毫无

---

① 东本愿寺的略称。
② 枚方市史編纂委員会：『枚方市史』(第九卷)，大阪：ナニワ印刷株式会社，1974年，第279頁。
③ 枚方市史編纂委員会：『枚方市史』(第九卷)，大阪：ナニワ印刷株式会社，1974年，第283頁。
④ 枚方市史編纂委員会：『枚方市史』(第九卷)，大阪：ナニワ印刷株式会社，1974年，第286頁。
⑤ 枚方市史編纂委員会：『枚方市史』(第九卷)，大阪：ナニワ印刷株式会社，1974年，第307頁。
⑥ 林义端作《狗张子》序。参见：浅井了意全集刊行会編：『浅井了意全集』(仮名草子編5)，2015年，第305頁。

争议。元禄三年（1690）春了意仍游走各地弘法唱导，日落方归。同年春了意开始创作《狗张子》，既能讲经又能著述新作的了意精力之旺盛可见一斑。因此只能猜测如此康健的了意应是突染重病，才会在几个月后骤然离世。了意身体状况每况愈下应始于元禄三年（1690）冬，其原因试归结为三点：第一，《枚方市史》中关于了意弘法的记录止于元禄三年（1690）四月。第二，石川透认为《狗张子》前六卷为了意笔迹，第七卷笔迹为他人代笔。[①]经常为别人代笔的了意，在自己完成六卷之后再找他人代笔一事实在匪夷所思，因此推测了意已经体力不支无法自己书写。第三，林义端为《狗张子》所作的序文中明确说明，《狗张子》为《伽婢子》续篇，故全书记录奇事怪谈不足为奇。但了意在书中增加了诸多关于长生不死、道家仙界、仙丹奇术、中药方剂等内容。此外，第四卷《不孝之子沦为犬》中形象生动地描写了生病之后食欲不振的细节，并在故事中批判了不孝之子。上述内容与了意一贯的创作风格以及《伽婢子》的题材内容都有极大的不同。笔者推测这与了意已经抱恙在身，而其子了山[②]（关于了山本章第二节会有详述）不孝有关。

  北条秀雄推测了意享年八十周岁，[③]据此推测了意的生年大概在庆长十七年即公元 1612 年。了意生年的结论是建立在假设的基础上，并无史料文献佐证。本节以延宝三年（1675）四月十一日了意正式获得本性寺纸寺号[④]为分界线，从"寓居京都时期"与"住持本性寺时期"两个阶段探察了意的一生。

[①] 石川透：浅井了意自筆資料をめぐって，『近世文芸』(76)，2002 年 7 月，第 1-13 页。
[②] 《鹦鹉笼中记》(1691—1718) 记载："宝永七年（1710）三月二十二日：博识了意之子了山，卖正愿寺，现独居于大佛附近，做书士绘扇面"。《鹦鹉笼中记》是朝日重章的日记，记录自元禄四年（1691）六月十三日至享保二年（1718）十二月二十九日，共计 26 年 8 个月 8863 天所发生之事。全书共 37 册 200 余万字，主要记录了日本下级武士阶层的日常。参见：名古屋市教育委员会编：『名古屋叢書続編：校訂復刻』（第十一卷），名古屋：愛知県郷土資料刊行会，1983 年，第 559 页。
[③] 北条秀雄：『新修浅井了意』，東京：笠間書院，1974 年，第 246 页。
[④] 野間光辰：了意追跡，『改訂増補浅井了意』（北条秀雄著），東京：笠間書院，1972 年，第 234 页。1974 版《新修浅井了意》未收录此文。

一、寓居京都时期

了意出生在摄津国三岛江①本照寺，父亲是寺院的住持，②受叔父被放逐的祸事牵连，了意家族被驱逐出本照寺。了意一生十分拮据，在《法林樵谈》自序中感慨"余久顷俯仰于萧寺之间，岁云没矣，隔知彬彬过为陈迹，芸芸化为尘徭。兹甘零沦潜穷贱而适情幽居之暇"。③《法林樵谈》梓行时间为1686年，了意此时已经年过古稀，但仍在感慨"芸芸化为尘徭"。他将这样"穷贱"的生活自嘲为"适情幽居"，可见了意生活虽困苦潦倒，但依然保持着乐观向上的精神。

浅井了意父亲原为本照寺住持，本照寺属净土真宗东本愿寺流派。现录《东本愿寺家臣名簿》中关于了意的内容如下：

西川宗治、甚七、新之丞，法名空明。三岛江本照寺弟。显如御门跡御代被召出，教如御门跡御取立之处出奔，右④出奔而到藤堂和泉守家。依之兄本照寺御追放有之，寺地被召上。今之碧流寺⑤也。本照寺一子了意，住持于洛阳正愿寺，为博学有声。⑥

据上文所述，了意父姓"西川"，出生在摄津国三岛江⑦，父亲

---

① 现日本大阪府高槻市。
② 野间光辰：『近世作家伝攷』，東京：中央公論社，1985年，第105-147頁。
③ 《法林樵谈》又名《三朝和解法林樵谈》，有日本京都大谷大学图书馆藏本与和田恭幸私藏本，两套藏书皆为元禄四年（1691）刊本，两套藏书皆可见阴刻"了意"与阳刻"松云之印"两方印鉴。《法林樵谈》序为汉文序，目前仅见和田恭幸所作日文训读版翻刻，本研究所引序言为笔者依大谷大学图书馆藏本翻刻，具体序文内容参见本节后述《法林樵谈》自序。大谷大学图书馆藏本索书号：余大4385，具体书志信息如下：『法林樵談』元禄四年（1691）刊、全十卷、花洛二條通清明町書林山岡四郎兵衞。参見：和田恭幸：浅井了意の仏書とその周辺（4），『国文学研究資料館紀要』（27），2001年3月，第229-258頁。
④ 原文为竖版书写，此处的"右"指的是西川宗治。
⑤ 碧流寺与浅井了意出生地本照寺同属净土真宗东本愿寺流派，碧流寺与本照寺同在日本大阪府高槻市。原本照寺虽已无遗迹可寻，但碧流寺一直传承至今。
⑥ 野間光辰：『近世作家伝攷』，東京：中央公論社，1985年，第116-118頁；坂卷甲太：『浅井了意怪異小説の研究』（新典社研究叢書35），東京：新典社，1990年，第59-60頁。
⑦ 现日本大阪府高槻市。

为净土真宗东本愿寺流派所属的本照寺住持，俗名及法号不详。祖父为西川彦四郎，叔父俗名西川宗治又名西川甚七、西川新之丞，宗治于庆长十九年（1614）被东本愿寺放逐，此时己年近六十四岁。了意父亲作为宗治兄长，受宗治被放逐之事牵连而被驱赶出本照寺，此时年纪应在七十岁左右。若了意为庆长十七年（1612）出生，那么了意三岁时从住持之子一夜间沦为流浪者，开始了困苦不堪的流浪生活。

据《东本愿寺家臣名簿》记载了意俗姓西川，俗名应为西川了意，但所有文献中都没有关于西川了意的记录。了意在世时出版的《新板增补书籍目录》（1674）中，将了意的《堪忍记》等6部假名草子署名为"浅井松云了意"①。上述书籍目录是了意在世时出版，了意被冠以"浅井"之姓，这应是得到了意默许或授意。北条秀雄认为了意为西川家族后人，父姓西川，浅井是了意母亲的姓氏。②《东本愿寺家臣名簿》记载了意叔父宗治出逃时已年近六十四岁，作为宗治兄长的了意父亲此时年纪应该更大，了意应是其父老来得子。因此，了意与母亲一起生活的时间应该更久，受母亲的影响自然更深，所以了意默许书肆将自己作品的署名冠以"浅井"二字。但是，以"浅井"署名的记录仅见于各种书籍目录，了意所有作品署名中未见"浅井"二字。了意也许出于自己佛门弟子的身份考虑，署名时未使用俗姓。现将了意署名的作品整理为表1。

①《新板增补书籍目录》刊行者为京都著名书商西村市良右卫门，刊行时间约为延宝二年（1674）。全书共分为天台宗、当宗、俱舍、律宗、华严、法相、真言、禅宗、净土、一向宗、假名佛书、儒书、文集并书简、诗并连句、神书并有职、历书并占书、军书、铁炮书马书、医书、假名和书、歌书并物语、连俳书、俳谐书、女书、谣本、算书、盘上书、茶汤书并华书、躾方书并料理书、名所记、名画记、狂歌集并咄本、舞本并草纸、往来书并手本、石摺并笔道书、挂物等三十六类。其中收录《可笑记评判》（署名为"浅井松云了意"）、《堪忍记》（署名为"浅井松云了意"）、《孝行物语》（署名为"浅井松云了意"）、《浮世物语》（署名为"松云了意"）、《八百町记》（署名为"如儡子作浅井松云加笔"）、《晴明物语》（署名为"浅井松云了意"）六部与浅井了意相关的作品。本研究所用版本为日本国立国会图书馆藏本。参见：西村市良右衛門：『新板増補書籍目録』，京都：延宝二年（1674）。日本国立国会図書館デジタルコレクション，書誌ID：000007297804。

② 北条秀雄：『浅井了意』，東京：三省堂，1944年；北条秀雄：『改訂増補浅井了意』，東京：笠間書院，1972年；北条秀雄：『新修浅井了意』，東京：笠間書院，1974年；坂卷甲太：『浅井了意怪異小説の研究』（新典社研究叢書35），東京：新典社，1990年。

表1　浅井了意自署名作品列表（按梓行时间排序）

作品名（日文）	署名	书籍类别
勧信義談鈔	釋了意	佛书
伊勢物語抒海	洛下羊岐斎松云処士	古书注释
可笑記評判	瓢水子	假名草子
伽婢子	瓢水子松云処士	假名草子
新撰ひいな形	瓢水子	假名草子
善悪因果経直解	洛阳本性寺昭仪坊釋了意	佛书
あかうそ（月見の友追加）	洛下松云子了意	假名草子
鬼利至端破却論伝	洛下野父瓢水子	假名草子
狂歌咄	瓢水子松云処士	假名草子
三部経鼓吹	洛本性寺昭仪坊釋了意	佛书
盂蘭盆経疏新記直講	洛之本性寺昭仪坊釋了意	佛书
大原談義句解	洛之本性寺昭仪坊釋了意	佛书
聖德太子伝暦備講	洛本性寺昭仪坊佛子釋了意	佛书
新語園	洛之本性寺昭仪坊桑門釋了意	假名草子
往生拾因直談	洛本性寺昭仪坊釋了意	佛书
仏説十王経直談	洛之本性寺昭仪坊釋了意	佛书
法林樵談	洛之本性寺昭仪坊釋了意	佛书
賞華吟	洛阳本性寺昭仪坊沙門釋了意	假名草子
勧信念仏集	沙門了意	佛书
父母恩重経話談抄	洛阳本性寺昭仪坊沙門釋了意	佛书
狗張子	洛本性寺昭仪坊沙門了意	假名草子
覚如上人願々鈔註解	昭仪坊釋了意	佛书
法語鼓吹	洛下隠伦昭仪坊釋了意	佛书

据表1不难看出了意强调自己佛门弟子身份的意图,除佛书外,《新语园》《赏华吟》《狗张子》三部假名草子的署名也是"释了意"或"沙门了意"。此外,了意自序作品中所见钤印的印文皆为"了意"(阴刻)或"松云之印"(阳刻),从未见"西川了意"或"浅井了意"。延宝三年(1675)四月十一日了意正式获得"本性寺纸寺号"之前,也一直不忘本照寺住持之子的身份,一直以出家人自居,获得纸寺号之后将署名改为"本性寺+释+了意",但所用印章印文仍为"了意"或"松云之印",如了意在《新语园》署名"洛之本性寺昭仪坊桑门释了意",序文后两方印鉴的印文分别为"了意"与"松云之印"。具体见图1《新语园》了意自序页与图2《法林樵谈》了意自序页。

仔细比对图1与图2的了意印鉴可知,阴刻阳刻两方印的字形字体完全一致,署名形式也都是"本性寺+昭仪坊+释+了意",可见了意晚年时已经十分习惯这种署名方式。

图1 《新语园》了意自序页[①]　图2 《法林樵谈》了意自序页[②]

---

① 吉田幸一编:『新語園』(古典文庫419、420),東京:古典文庫,1981年。
② 此图片为和田恭幸私藏本《法林樵谈》自序页。引自:和田恭幸:浅井了意の仏書とその周辺(4),『国文学研究資料館紀要』(27),2001年3月,第229-258頁。

了意署名时常用的"羊岐斋""松云""瓢水子"几种别号也各有寓意。北条秀雄认为这几种别号体现出了意初到京都时漂泊不定的状态，但并未论及具体含义。①笔者认为善于用典的了意，一定赋予别号特殊的含义。先看"羊岐"，"羊岐"②出自《列子·说符》原文是"大道以多歧亡羊，学者以多方丧生"③比喻因辨不清正确方向而误入歧途。了意以"羊岐斋"自称可以看出他初到京都时的迷茫与无助。再看"松云"，了意自称的松云应为自然界的松云。自古眷恋松云的文人雅士不胜枚举，《南史》中就有"（宗）测答曰：性同鳞羽，爱止山壑，眷恋松云，轻迷人路"④抒发着眷恋松云，不求入仕为官的隐士情怀，李白的《赠孟浩然》诗云："吾爱孟夫子，风流天下闻。红颜弃轩冕，白首卧松云"。"红颜弃轩冕"指孟浩然四十岁时曾隐居鹿门山，"白首卧松云"是说孟浩然年老时仍隐居此地，笑看松云⑤，此种心境与隐居京都的了意何其相似。关于隐居，了意在《可笑记评判》中将《可笑记》第五卷中关于隐居的故事命名为"隐居达志"⑥，"隐居达志"介绍了主人公与父亲背井离乡成为流浪者的故事，这种经历与了意的人生如出一辙，了意在故事结尾处点题"静待得偿所愿时"⑦，此种心情也许正是了意此时人生的真实写照。了意初次使用松云署名是在《伊势物语抒海》（1655），此时的了意也刚好四十岁左右，了意隐居于"羊岐斋"笑看松云的心境，与一生不曾入仕的孟浩然隐居鹿门山笑看松云的心境亦颇有

---

① 北条秀雄：『改訂増補浅井了意』，東京：笠間書院，1972年，第65頁。
② "岐"通"歧"。参见：冷玉龙、韦一心主编：《中华字海》，北京：中华书局，1994年，第438页。
③ 杨伯峻：《列子集释》，北京：中华书局，1979年，第266页。
④ （唐）李延寿撰：《南史》，北京：中华书局，1975年，第1861页。
⑤ （唐）李太白著、（清）王琦注：《李太白全集》，北京：中华书局，1977年，第461页；吕华明等：《李太白年谱补正》，北京：中华书局，2012年，第123页。
⑥ 浅井了意全集刊行会編：『浅井了意全集』（仮名草子編3），東京：岩田書院，2011年，第462-463頁。
⑦ 浅井了意全集刊行会編：『浅井了意全集』（仮名草子編3），東京：岩田書院，2011年，第462-463頁。

几分相似。

　　关于了意自称"瓢水子",笔者认为这与孔子门下七十二贤人之一的颜回有关。了意在《可笑记评判》跋文中自称"陆沉""潦倒"[①]以示自己隐居陋室的境遇,文末又用"颜渊饮水"[②]自喻,可见了意已经将自己的境遇比作居陋室的颜渊。了意在《劝信义谈抄》(1650)以及《堪忍记》(1655)中频繁引用《论语》《孟子》《曾子》《孔子家语》等儒家经典,可见了意应熟读儒家典籍,孔孟之言、空门之事更是早已知晓。了意在佛书《阿弥陀经鼓吹》(1686)第三卷引有"《孟子·离娄篇》曰:存乎人者,莫良于眸子。眸子不能掩其恶。胸中正则眸子了焉,胸中不正则眸子眊焉"。[③]了意应注意到同在《离娄篇》的"颜子当乱世,居于陋巷,一箪食,一瓢饮,人不堪其忧,颜子不改其乐,孔子贤之"[④]一句。与颜回一样居于陋巷贫困潦倒的了意,每每读到"一箪食一瓢饮"定会感同身受,故以"瓢水子"自称。综上,了意自称"羊岐斋松云处士",可以看出他隐居羊岐斋中笑看松云时彷徨不定的心绪。自称"瓢水子"则可窥出他居于陋室潦倒不堪的窘境,以饮瓢水的圣贤颜回为榜样,说明了意生活困窘,但对人生对唱导仍怀有极大的抱负。《观无量寿佛经鼓吹》(1674)文末的三部经鼓吹序引所记"吾志于学,怀于唱导,而无人之解与,亦不遇时,轻毛飘飘徒老矣"[⑤]也印证了这一点。《见闻予觉集》中关于了意晚年仍奔走各地唱导传道的记录,亦可证明他一生努力践行着讲经说法的誓言。

---

① 浅井了意全集刊行会编:『浅井了意全集』(仮名草子编3),東京:岩田書院,2011年,第462-463页。

② 浅井了意全集刊行会编:『浅井了意全集』(仮名草子编3),東京:岩田書院,2011年,第467页。

③ 浅井了意全集刊行会编:『浅井了意全集』(仏書编1),東京:岩田書院,2008年,第383页。参见:方勇译注:《孟子》,北京:中华书局,2010年,第141页。

④ 方勇译注:《孟子》,北京:中华书局,2010年,第165页。

⑤ 浅井了意全集刊行会编:『浅井了意全集』(仏書编3),東京:岩田書院,2010年,第729页。

第一章　浅井了意生平研究 | 37

←浅井了意

图 3　了意唱导图（讲经说法图）

　　《堪忍记》扉页的"了意唱导图"也是例证之一。图 3[①]是《堪忍记》（1655）扉页插图，此图是了意讲经说法图，此图仅见于《堪忍记》万治二年（1655）本，究竟是了意授意书肆为之或是书肆有意为之抑或是画师逗趣为之目前尚不可考[②]，仅能确认这也是目前存世唯一一副了意画像。画像中的了意时值壮年，身旁还有一位书童模样的人听经，图中在屋内听经的人物有僧人 3 名、穿着体面的武士 3 名，廊下还有 2 名武士模样的人与庭院内 3 名幼童也被讲经的了意所吸引，说明唱导僧了意备受信众欢迎。了意为更好地传经布道，一直在博览群书搜集素材，佛书《法林樵谈》（1686）序文言明了这一点，现将《法林樵谈》了意自序全文赘引如下：

---

　　① 近世文学書誌研究会編：『堪忍記』（近世文学資料類従仮名草子編 1），東京：勉誠社，1972 年。
　　② 坂巻甲太：浅井了意ノート-1-の下——鈴木正三とのかかわりをめぐって，『国文学研究』（53），1974 年 6 月，第 43-51 頁。

法林樵谈序[1]

  贝叶管华之宏浩，隐显蕴藉之玄猷，厥部百洛叉，区别十二分，斯中**因缘譬喻诱愚谕蒙，本事本生，谈义谈理**，咸是所以牢笼妄识、统会真源。机熟契当，则皆普益焉。

  盖白马东流，黄卷西来，典训稍多，条类品广，大教启，缁素霑，唱诵讲赞都鄙洋洋恢弘之盛也，本朝如今时矣哉。

  夫绵世新旧，制作伙人，章疏传记之迹，三教内外之书，编汇积帙，或约省虚乏，或不置出证，殆如道听途说，童蒙动而惑讶焉，《周易》所谓臀无肤者也。

  余久顷俯仰于萧寺之间，岁云没矣，隔知彬彬过为陈迹，芸芸化为尘𡏖。兹甘零沦潜穷贱而适情幽居之暇，**缀《法林樵谈》五集若干卷，以拟劝信倡导之资**。不定篇章，不载类卷，颇似随笔，将亦孟浪，但**要读者之容易**而已。庶几采佛祖之报恩焉。於戏！**砺铅刀而彫朽木，拾垂露而湿顽石**，虽非如综属辞比事之疎密、论源流至到之修短以**备博识洽闻**，而亦为无补初学庸才乎？鬻矛誉盾两难得，而俱售者也云。

  贞享三年[2]丙寅仲春上浣洛之本性寺昭仪坊了意志自序

  这篇了意自序是他真实想法的写照，了意"缀《法林樵谈》五集若干卷，以拟劝信倡导之资"是为"要读者之容易"，以求"因缘譬喻诱愚谕蒙，本事本生，谈义谈理"，是为"砺铅刀而彫朽木，拾垂露而湿顽石"。了意穷极一生读书著书，皆是为实现唱导之志。所作《堪忍记》（1655）、《东海道名所记》（1659）、《孝行物语》（1660）、《武藏镫》（1661）、《本朝女鉴》（1661）、《江户名所记》（1662）、《大

---

[1] 《法林樵谈》又名《三朝和解法林樵谈》，有日本京都大谷大学图书馆藏本与和田恭幸私藏本，两套藏书皆为元禄四年（1691）刊本，两套藏书皆可见阴刻"了意"与阳刻"松云之印"两方印鉴。《法林樵谈》序为汉文序，目前仅见和田恭幸所作日文训读版翻刻，本研究所引序言为笔者依大谷大学图书馆藏本翻刻。大谷大学图书馆藏本索书号：余大 4385，具体书志信息如下：『法林樵談』元禄四年（1691）刊，全十卷，花洛二條通清明町書林山岡四郎兵衛。参见：和田恭幸：浅井了意の仏書とその周辺（4），『国文学研究資料館紀要』（27），2001年3月，第229-258頁。

[2] 贞享三年为1686年。

倭二十四孝》（1665）、《伽婢子》（1666）等假名草子也应是了意在"拟劝信倡导之资"。

二、住持本性寺时期

《申物之日记》有浅井了意于延宝三年（1675）四月十一日正式获得本性寺纸寺号的记录。①延宝三年之后了意的署名也基本确定为"本性寺昭仪坊释了意"（具体参看表1）。"本性寺"仅是一纸寺号，现实中的了意是正愿寺住持②，在各类典籍中未见真宗东本愿寺流派本性寺的记录。本性寺与了意祖辈的本照寺日语发音同为"ほんしょうじ"，了意申请做本性寺的住持是为继承父亲的本照寺。至于为何不直接申请本照寺的住持身份，野间光辰认为此时的本照寺已为西本愿寺的属寺，作为东本愿寺僧人的了意是为了避嫌故申请本性寺住持。③

这一时期了意的作品与之前的作品题材完全不同，基本集中于佛书类作品。了意的佛书类作品中《善恶因果经直解》地位特殊，北条秀雄及前田一郎均认为此书署名为"洛阳本性寺昭仪坊释了意"，④是了意第一次用"本性寺释了意"署名的作品，也是了意在未取得"本性寺"住持称号之前就署有"本性寺"的作品。《善恶因果经直解》成书于宽文六年（1666），远早于延宝三年（1675）年，同为宽文六年成书的《伽婢子》的署名是"瓢水子松云处士"，同为佛书的《鬼利至端破却论传》（宽文初年）署名为"洛下野父瓢水子"也非"本性寺释了意"。《善恶因果经直解》有京都大学藏本、大正大学藏本、龙谷大学藏本以及东洋大学藏

---

① 野間光辰：了意追跡,『改訂増補浅井了意』（北条秀雄著）, 東京：笠間書院, 1972 年, 第 234 頁。1974 版《新修浅井了意》未收录此文。
② 野間光辰：『近世作家伝攷』, 東京：中央公論社, 1985 年, 第 105-147 頁。
③ 野間光辰：『近世作家伝攷』, 東京：中央公論社, 1985 年, 第 105-129 頁。
④ 北条秀雄：『新修浅井了意』, 東京：笠間書院, 1974 年, 第 247-248 頁；前田一郎，浅井了意の思想——「勧信の論理」と仮名草子（含浅井了意著作年表）,『真宗研究』(34), 1990 年, 第 101-123 頁。

本[①]，京都大学藏本，是目前所见《善恶因果经直解》的最早版本，有了意自序的《善恶因果经直解》仅见东洋大学藏本，此版本成书时间晚于京都大学藏本。[②]由此判断东洋大学藏本《善恶因果经直解》的了意自序应为后世添加，北条秀雄和前田一郎关于《善恶因果经直解》署名为"洛阳本性寺昭仪坊释了意"的结论有待商榷。

除《善恶因果经直解》外，最早冠有"本性寺"字样的作品是延宝二年（1674）成书的《三部经鼓吹》，《三部经鼓吹》是由《阿弥陀经鼓吹》（1668）、《无量寿佛经鼓吹》（1670）与《观无量寿佛经鼓吹》（1673）三部经组成。三部经书成书时间不同，前两部经书未见了意自序及署名，《观无量寿佛经鼓吹》跋文署有"洛本性寺昭仪坊释了意"，故通常认为《三部经鼓吹》署名是"洛本性寺昭仪坊释了意"。[③]《观无量寿佛经鼓吹》的成书时间是1673年，也早于了意获得"本性寺"纸寺号的延宝三年（1675），可见了意一直以"本性寺释了意"自居，并早已有申请"本性寺"寺号的打算。这时的了意还是正愿寺住持，因此只能申请纸寺号。此时，了意已经步入晚年，但仍在四处讲经说法、笔耕不辍专心著述，完成《阿弥陀经鼓吹》（1668）、《无量寿佛经鼓吹》（1670）、《观无量寿佛经鼓吹》（1673）、《盂兰盆经疏新记直讲》（1678）、《大原谈义句解》（1678）、《圣德太子传历备讲》（1678）、《往生拾因直谈》（1682）、《佛说十王经直谈》（1682）、《法林樵谈》（1686）、《劝信念佛集》（1686）等佛书类著述，了意的佛书类的作品几乎都是在这一时期完成的。

---

① 浅井了意全集刊行会编：『浅井了意全集』(仏书编1)，東京：岩田書院，2008年、『仏説善悪因果経直解』解题：第687-689頁。

② 浅井了意全集刊行会编：『浅井了意全集』(仏书编1)，東京：岩田書院，2008年、『仏説善悪因果経直解』解题：第687-689頁。

③ 浅井了意全集刊行会编：『浅井了意全集』(仏书编3)，東京：岩田書院，2010年、『観無量寿仏経鼓吹』解题：第733-739頁；北条秀雄：『新修浅井了意』，東京：笠間書院，1974年，第247-248頁；前田一郎：浅井了意の思想——「勧信の論理」と仮名草子(含浅井了意著作年表)，『真宗研究』(34)，1990年，第101-123頁。

第二节　浅井了意的家族与师承

作家的家族关系与师承关系是作家论研究课题中不可或缺的部分。明析上述问题对于探明作家的写作目的、写作内容以及写作特质等都有十分重要的作用。本节主要考述了意的家族关系与师承关系。

一、了意的家族

如前文所述，了意俗姓西川，俗名西川了意。祖父为西川彦四郎，叔父为西川宗治（又名甚七、新之丞），父亲曾任摄津国三岛江本照寺住持，俗名及僧名皆未有记录。了意家族原属净土真宗东本愿寺流派，在《东本愿寺家臣名簿》中亦有了意家族的记录。浅井了意的"浅井"应为其母姓氏。"浅井了意"作为署名仅见于各类书籍目录，了意本人从未直接使用"浅井了意"署名。《堪忍记》了意自作跋文中有"（此书）并非为贤人所作，只为教化我那愚钝的妻子与孩子""吾妻笑曰"等语句[①]，可见此时了意已有妻儿。[②]《本朝女鉴》了意自序中有"让我那愚钝的女儿来读"[③]，此时了意应育有一女。了意除有一女外，还有一子。《京都坊目志》记述有：

净土真宗洛阳正愿寺住持：开基祐善，往生年号月日不详；二世了意，元禄四年辛未正月元日寂，博学而忆持一切，一见闻则无忘失信心，可谓权者哉；三世了山，往生年号月日不详。[④]

据上文可知，了意应有一子名为"了山"。了山后来继承正愿寺住持之位，但他辜负了意重托，在了意圆寂后变卖正愿寺，[⑤]此事在

---

①　浅井了意著、坂卷甲太校訂：『堪忍記』（叢書江戸文庫 29），東京：株式会社国書刊行会，1993 年，第 208 頁。
②　北条秀雄：『新修浅井了意』，東京：笠間書院，1974 年，第 62 頁。
③　石川正作：『東洋女訓叢書』（第一編），東京：東洋社，1899 年，第 2 頁。
④　野間光辰：『近世作家伝攷』，東京：中央公論社，1985 年，第 105-147 頁。
⑤　野間光辰：『近世作家伝攷』，東京：中央公論社，1985 年，第 105-107 頁。

尾州①藩士朝日定右卫门重章②的日记《鹦鹉笼中记》③（1691—1718）中有记载：

宝永七年（1710）三月二十二日：<u>博识了意之子了山</u>，卖正愿寺，现独居于大佛附近，做书士绘扇面。④

据此可以看出，了山并未继承了意遗志。从了山做书士绘扇面这一点可看出了山也应习得一手好字，这一点应是受到了意真传。另一方面，尾州藩士朝日重章的日记中用"博识"评价了意，可见作为高僧大德的了意已声名远播、受人敬仰。

二、了意的师承

了意著有蒙书类、军书类、小说类、名所记类、和制类书、医书等题材丰富的假名草子，又著有大量佛书类作品。能够自如地将大量典籍的内容活用至自己的作品中，需要对各类典籍触类旁通，也要求了意对不同题材内容、不同体裁书籍、和汉两种文献内容具有极强的把控力。了意之所以能"博闻强记"应得益于家学渊源，了意虽幼年流浪，但曾任本照寺住持的父亲对了意的教育与要求一定非常严格，了意应从小就受到良好的家教。

除家族关系外，师承关系也是了意生平问题研究的重点。最早关注了意师承渊源的是野间光辰，他根据《可笑记评判》的内容推定了意在寓居京都时，曾师从著名医者冈本玄治。⑤冈本玄

---

① 古称"尾张国"，位于今天爱知县的西部，明治政府推行废藩置县改革后成为爱知县一部分。

② 原名朝日重章（1674—1718），幼名甚之丞，又名龟之助、文左卫门。江户时代尾州藩藩士，后官至尾州藩御叠奉行。

③ 此书是朝日重章的日记，记录有自元禄四年（1691）六月十三日至享保二年（1718）十二月二十九日，共计26年8个月8863天所发生之事。全书共37册200余万字，主要记录了日本下级武士阶层的日常。

④ 名古屋市教育委员会编：『名古屋叢書続編：校訂復刻』（第十一卷），名古屋：愛知県郷土資料刊行会，1983年，第559页。

⑤ 野間光辰：了意追跡，『改訂増補浅井了意』（北条秀雄著），東京：笠間書院，1972年，第252页。1974版《新修浅井了意》未收录此文。

治①常往返于京都与江户，为天皇以及德川秀忠、德川家光两代将军医病，是当时日本屈指可数的名医。了意能师从玄治可以反映出两个问题，其一、成为名医门生说明了意天资聪慧适合学医。其二、名医门下的了意可以行医治病，在唱导说法时可以帮助更多受众。了意的作品可以佐证他曾经有过学医经历，或者说正是得益于学医的经历，才能将医学内容自如地插入各类故事中，如《伽婢子》第十三卷的《传尸禳去》②中有"虚损劳瘵""潮热""咳嗽""盗汗""针药""灸治"等十分专业的中医诊疗词汇，这些词汇并未出现在《传尸禳去》的原典《徐明府》中。同收在《伽婢子》第十三卷的《蛊瘤》③中有"外科""内药""膏药"等医学词汇，上述词汇也未出现在原典《蛊瘤》中。上述专业性极强的医学词汇应是了意根据从医经历所添加的内容。《狗张子》第二卷《武库山仙女》有"巨型茯苓仙人灵药"，《市崎和泉守卖名马》中有"用'牛黄清心圆'和'神仙妙香通关散'来祛痰补真气，然后针灸人中、合谷、百会、膻中四穴"的详细描写，其他作品中也有此类内容，不再一一赘述。此外，在《善恶因果经直解》等佛书中也可见各种专业的医学词汇，了意能对复杂的医学语汇进行注释，故可知其应具备一定的医学知识。

北条秀雄在《新修浅井了意》（1974）中提出了意是容膝弟子的论点④，现将《改正两部神道口诀钞》中关于了意与容膝关系的内容赘引如下：

---

① 冈本玄治（1587—1645）是活跃在日本近世初期的著名医生，名宗什又名诸品，号启迪庵，师从曲直濑玄朔，后娶玄朔之女，深得玄朔真传。参见：上田正昭［ほか］監修：『日本人名大辞典』，東京：講談社，2001年。

② 松田修等校注：『伽婢子』（新日本古典文学大系75），東京：岩波書店，2001年，第380-381頁。

③ 松田修等校注：『伽婢子』（新日本古典文学大系75），東京：岩波書店，2001年，第388頁。

④ 源庆安所作，正德六年发刊（1716）全书共六卷，书中除介绍神道理论外，关于天文地理学说也有详细的介绍。源庆安（1648—1729），日本近世神道家，初入儒门又学歌道，后研习神道，主张神佛调合。参见：足立栗園：『近世神仏習合弁』，東京：警醒社，1901年，第77-96頁；小野清秀：『両部神道論』，東京：大興社，1925年，第51-56頁。

容膝，于洛西天龙寺出家，号容藏，主师于坂上韦林庵，学儒门后游天海①之门下，改名于容膝。天海之高弟，三教之达学，两部神道觉悟，一处不住之僧也，老后草庵在于摄州难波。②

<u>释了意，容膝之一弟，儒释神诸教之达学，所撰述之书数百卷，神道开悟而留高天原。</u>似桑门非僧，居俗家非俗，自在<u>三昧心</u>之人也。得方便疑惑之学者，说两部神道之实教而教化，得愚痴蒙昧之凡夫者，以方便因缘之假门而济度矣。<u>壮年住于大坂，中年以来安居于本愿寺派洛阳正愿寺。</u>③

根据上述文献可知了意曾师从容膝，通达儒教、佛教、神道三教，著述丰富存世数百卷，有"三昧心"。了意壮年时常居大阪，中年后居于本愿寺派洛阳正愿寺。

目前研究者关于《改正两部神道口诀钞》中了意记载的研究仅限于上述两段内容。若通读全书，可析出《改正两部神道口诀钞》作者源庆安是了意弟子的信息。引《改正两部神道口诀钞》原文如下：

以空海之图慈眼释之而，付与于门人容膝矣，<u>容膝是传于释了意，了意又传于庆安，</u>予总两家之秘犹合符节而已矣。④

据上述内容，可推知源庆安应为了意的弟子。源庆安是日本近世著名的神道家，可见了意的影响已经不仅限于佛教界，在社会各界均具有一定影响力。此外，若详细解读《改正两部神道口诀钞》的内容，可发现书中常以"了意记""了意讲谈曰""了意讲谈谓""释了意自记"等形式解释佛法教义、儒教五常、太极变化、阴阳理

---

① 此处"天海"为容膝之师即南光坊天海大师，号慈海大师。参见：源慶安：『改正両部神道口訣鈔』，国文学研究資料館の館蔵和古書画像のためのテストサイト，請求番号：ヤ5-504，卷二。

② 源慶安：『改正両部神道口訣鈔』，国文学研究資料館の館蔵和古書画像のためのテストサイト，請求番号：ヤ5-504，卷二。

③ 源慶安：『改正両部神道口訣鈔』，国文学研究資料館の館蔵和古書画像のためのテストサイト，請求番号：ヤ5-504，卷二。

④ 源慶安：『改正両部神道口訣鈔』，国文学研究資料館の館蔵和古書画像のためのテストサイト，請求番号：ヤ5-504，卷二。

论、天文地理、地球运转理论等内容，虽无法确定这是源庆安假托了意之名进行书写，抑或是了意的真实语录，但足以见得了意在近世儒释神三教中的影响力以及源庆安对了意的推崇。

除医学大师玄治与高僧容膝之外，铃木正三对了意的思想与创作的影响也很大。铃木正三生于天正七年（1579），圆寂于明历元年（1655），俗名重三，通称正三、九太夫，法号正三，又号石平道人、玄玄轩，修曹洞宗，曾修行于三河国（现爱知县东部）石平山恩真寺。著有《盲安杖》（1619）、《二人比丘尼》（1632）、《因果物语》（刊行时间不详）等，其中《因果物语》是根据正三遗稿编撰的假名草子，全书用平假名写作共六卷，正三门人义云、云步又在其基础上完成片假名本。了意在原作基础上编著成片假名本《因果物语》，这一度引起正三门人的不满，所以了意与正三应该不是事实上的师承关系。正三对了意的影响虽仅限于书籍著述，但该影响不容忽视。

第三节　文献中的浅井了意形象

浅井了意在儒释神三教界皆有影响，但在文献中的记载却并不多见。随着大量古籍文献的公开，越来越多的历史文献受到关注与解读，文献中关于了意的只言片语也被陆续发现。史籍文献的记录是还原了意形象的重要依据，但目前并没有全面考察各类资料文献中了意形象的研究，本节对了意作品的序跋以及典籍文献中关于了意的记述进行综合分析。

一、作品序跋中的了意

序文与跋文可以反映出作者的创作意图等方面的内容，是作品研究与作家研究的关键所在。序文与跋文可由作者自己执笔也可由学界泰斗或友人执笔，所记述关于作者的评价较为真实。了意作品中有序跋的作品很多，如《堪忍记》《可笑记评判》《观无量寿佛经鼓吹》有了意自己所作的跋文，《本朝女鉴》《伽婢子》《狗张子》有了意自序，

《狗张子》有当时坊肆主所作序言，《伽婢子》《新语园》既有了意自序又有其友人作的序言，这些序文与跋文皆为研究了意的宝贵资料。

了意在《堪忍记》的跋文中自述：可忍贫穷饥寒交迫之苦，可忍不能遮风避雨的陋室之苦，可忍之事无可穷尽。① 壮年时期的了意身居陋室，食不果腹的窘境可见一斑，这一点在《可笑记评判》的跋文中也能得到印证。了意自嘲"陆沉""潦倒""偶寓居洛下"，"陆沉"点明了意隐居的状态，"潦倒"点明了意贫困的境遇，"寓居"一词点明了意感叹家族失势后的漂泊。即便如此了意仍以"颜渊"为范，以求身居陋室却能惟吾德馨。

为《劝信义谈钞》作序的游丝山人对了意不吝赞美之词，现将《劝信义谈钞》序文②赘引如下：

荆山之树美乎哉？美矣，有玉也。噫！至宝之所存曷其如是，若夫嘉干丽枝，秀岭夆溪，光于此耀于彼，则非和氏者亦不得不顾焉。温润之气，信其不可掩也矣，由遗文而见人才亦如是乎。钞主固一世之雄也，盛德不啻赫于当时，人迄于今称伟器。而复古救溺之迹，往往流在乎梓。其美彰彰可见，岂其可掩哉。盖龙蟠之子，凤翔之士，家著户述，恰如鱼子不可数，而作者谓自能尽其善矣。虽然崇奉异途，好尚殊趣，且习惯之不同也。其所咀嚼，其所掇提，未尝无差隔也。故其博者不约，约者不博，得于甲则失于乙，动言事驳乱。空腹而弄笔者，不为少焉。特如斯钞者，殆荡涤不可。而破显之际，劝惩之间，语径直，义端诚，谆谆归至要。要者何？曰出离之一路耳。呜乎！指示之严。爰拟弄笔者耶。是斯嘉篇丽词，复可以见其高才。则如余非和氏者，亦曷不赏其温润乎云。梓人请序文，余辞以朴而不可，竟乃荆山之树美应于其求，一点惟好德而已。

宝历十年庚辰冬十一月
——平安淳风枳木壳巷游丝山人谨题

---

① 浅井了意著、坂卷甲太校訂：『堪忍記』（叢書江戸文庫29），東京：株式会社国書刊行会，1993年，第208頁。

② 浅井了意全集刊行会編：『浅井了意全集』（仏書編1），東京：岩田書院，2009年，第25-26頁。

上文是游丝山人为《劝信义谈钞》所作的序文，游丝山人的身份虽无从考证，但根据序文内容可以确定其对了意的赞赏，称了意为"荆山之树""一世之雄""盛德不啻赫于当时""龙蟠之子""凤翔之士"，评了意绝非"空腹而弄笔者"，以"嘉篇丽词"之作可见"其高才"。游丝山人眼中的了意博学多才乃真学问真才子。三宅带刀①在为《新语园》作的序中赞"(《新语园》)可以驾惠施之五车，见盛唐之四库焉，固丛语之园囿也。松云雅丈撰次之业可谓勤矣，书林唯而悦之"②，带刀尊称了意为"松云雅丈"，对《新语园》也有着极高的评价，盛赞了意学识渊博。了意作品的序文中最有名的当属林义端为了意遗作《狗张子》所作之序，现将部分序文赘引如下：

洛阳本性寺了意大德，博识强记极富文思之才，生平著述甚多，及晚年之时笔力愈发老健。去年庚午③之春，对旧集《伽婢子》拾遗补阙，作《狗张子》若干卷，拟为其续集。至其年冬，既撰辑七卷。翌年辛未元旦，不意遽然示寂，都鄙惊叹，深惜其才。④

（后略）

元禄四年辛未十一月日义端谨序

林义端具有书坊主与浮世草子作家双重身份，他相识的作家应不在少数，对作家的学识、著述的质量与销量也一定了如指掌。林义端称了意为大德，赞其博识强记又极富文思之才。称了意示寂后"都鄙惊叹、深惜其才"，可见了意在当时的京都已经享有盛名，具有较大的影响力。林义端能为了意出版遗作并亲笔作序，足可以证明他与了意的交情甚深，作为书坊主能为去世的作家出版遗作，也可间接证明了意应为当时畅销书作家。

了意一生勤奋著书，砥砺奋进，在困境中堪忍坚持，立志恢复

---

① 日本近世时期文人，生卒年不详，又称隐甫、遵生轩、环翠等。著有《官位俗训》《新编和汉历代帝王备考大成》《官职备考》《大唐帝王略纪》等。
② 吉田幸一编：『新語園』（古典文庫419、420），東京：古典文庫，1981年，第12-13页。
③ 元禄三年即1690年。
④ 笔者译。参见：浅井了意全集刊行会编：『浅井了意全集』（仮名草子编5），2015年，第305页。

祖辈寺号，誓言唱导弘法。《见闻予觉集》①关于了意晚年仍奔走唱导传道的记录，印证了他一生努力践行讲经说法的誓言。即便如此了意仍感怀"吾志于学，怀于唱导，而无人之解与，亦不遇时，轻毛飘飘徒老矣"②。可见了意功成不居、不矜不伐的谦虚品格。上述序文跋文中的评价皆为了意同一时代的人所作，关于了意每一位都不吝赞美之词。

了意的影响力不只在其生活的时代，在其去世近百年后成书的《诗歌因缘英华故事》(1777)的序中也有关于了意的记述。《诗歌因缘英华故事》是在了意所作《赏华吟》的基础上，删减而成的诗歌集，僧人义使校勘完成。已有研究成果中未见有关于《诗歌因缘英华故事》③序文的解读，现将序文赘引如下：

<u>尊者了意者，法门之博物，三藏九流吞若大海。其所著鼓吹语园等数百卷，既传于世，固大方之所壮也。</u>然斯书三十六篇，唯花是赏，盖有所托焉。蔚矣其文，宛转善诱，尤工缘情，最弘无方，而多年犹未流行，何其冤耶。虽则冤耶，亦若非有中郎之嗇闭账中，则或如秦孝之闻有寐兴者矣，书林某新锲徵余叙之，余素钦尊者是以不自量遂叙。

安永丁酉之春
释僧明拜识

《诗歌因缘英华故事》删除了《赏华吟》中了意的自序，增加了释僧明的汉文序。根据目前文献资料，僧人义使与释僧明二人的身份尚不可知，但释僧明所作的序文无疑是研究了意的珍贵资料。释

---

① 《见闻予觉集》是河内国交野郡津田村（现日本大阪府枚方市津田町）住民山下安兵卫（又名山下作左卫门）所作的笔录日记，全书记述了自元禄二年（1689）元旦至元禄十四年（1701）除夕，共计十二年间其所知、所经历之事。参见：枚方市史编纂委员会：『枚方市史』（第九卷），大阪：ナニワ印刷株式会社，1974 年。

② 浅井了意全集刊行会编：『浅井了意全集』（仏書編 3），東京：岩田書院，2010 年，第 729 頁。

③ 释了意撰、释义使校合：『詩歌因縁英華故事』，大阪書林：藤屋弥兵衛；京都書林：額田正三郎、池田屋七兵衛，1777 年。筑波大学附属図書館蔵，請求番号：ル 180-110。

僧明感叹"蔚矣其文，宛转善诱，尤工缘情，最弘无方"可"多年犹未流行，何其冤耶"，好在今日应大阪与京都两地书肆出版使其能再现于世人眼前。释僧明称了意为"尊者"，赞了意是"法门之博物，三藏九流吞若大海"，可见了意百年之后，在法门众僧中仍有较大的影响力。

二、典籍文献中的了意

关于了意的评述不仅见于上述所列了意作品的序跋之中，在其他的典籍文献中也可寻得蛛丝马迹。《京都坊目志》记有：

> 净土真宗洛阳正愿寺住持：开基祐善，往生年号月日不详；二世了意，元禄四年辛未正月元日寂，**博学而忆持一切，一见闻则无忘失信心，可谓权者哉**；三世了山，往生年号月日不详。[①]

上文对正愿寺开山住持与三世住持并无任何评价，但称了意"博学而忆持一切，一见闻则无忘失信心，可谓权者哉"，可见了意博学的美誉早已名冠京城。《东本愿寺家臣名簿》中有了意叔父的叛逃的记录，对了意父亲仅用为"本照寺住持"一语带过，关于了意则有"本照寺一子了意，住持于洛阳正愿寺，为博学有声"[②]的记录，在众人眼中了意因"博学有声"已成为其家族的骄傲，这与其叔父的叛逆形成鲜明对比。除上述京都文献资料的记载外，尾州[③]藩士朝日定右卫门重章的日记《鹦鹉笼中记》（1691—1718）中评了意为"博识了意"[④]，此书虽也记载了意之子了山未能继承其父志向变卖正愿寺，但关于了山能书擅画的记载，侧面证明了了意家族书香传家的家风。

[①] 野间光辰：『近世作家伝攷』，東京：中央公論社，1985年，第105-147頁。

[②] 野间光辰：『近世作家伝攷』，東京：中央公論社，1985年，第116-118頁；坂卷甲太：『浅井了意怪異小説の研究』（新典社研究叢書35），東京：新典社，1990年，第59-60頁。

[③] 古称"尾张国"位于今天爱知县的西部，明治政府推行废藩置县改革后成为爱知县一部分。

[④] 名古屋市教育委员会编：『名古屋叢書続編：校訂復刻』（第十一卷），名古屋：爱知县乡土资料刊行会，1983年，第559頁。

了意作为真宗高僧不仅在京都大阪一带唱导弘法，在近江琵琶湖（今滋贺县琵琶湖）、越前（今福井县）加贺（今石川县）、纪州伊势湾（今三重县伊势湾）、尾张地区（今爱知县）等地也有较大的影响力。了意曾于贞享元年（1684）三月，应近江光元寺住持祐雪之求为光元寺（位于今滋贺县坂田郡近江町）写钟铭文一篇，署有"洛之本性寺昭仪坊沙门了意铭志"。[①]同年应连歌师越前屋七郎右卫门[②]之邀，为加贺西照寺（位于今石川县小市大川町）撰写钟铭文，署有"洛之昭仪坊沙门释了意铭志"。[③]西弘寺寺院记录记载有了意于延宝七年（1679）二月为纪州西弘寺（位于今三重县松阪市）作钟铭一篇，愿主为西弘寺四世住持乘云与五世住持慈誓二位住持，未见了意具体署名形式。[④]寺院梵钟的特别之处在于已经不是简单的报时工具，而是具有了神奇的祈福功能[⑤]，能为寺院梵钟撰写钟铭文者多为高僧大德。光元寺、西照寺、西弘寺三座寺院同属净土真宗东本愿寺派，了意能应上述寺院住持以及应当时文士之邀为他们撰写梵钟铭文，不仅证明了意在当时净土真宗东本愿派的地位，也说明了意在文人名士间的影响。了意除为上述寺院撰写钟铭文之外，还应尾张圣德寺之邀于宽文九年（1669）八月十三日完成《赤栴檀阿弥陀像缘起》[⑥]，文中详细介绍了圣德寺赤旃檀阿弥陀像建造的沿革经过，文末署名为"洛下本性寺昭仪坊释了意"，有了意钤印。此外，了意还为圣德寺作《七宝缘起》（成文时间不详）[⑦]记述圣德寺

---

① 北条秀雄：『新修浅井了意』，東京：笠間書院，1974年，第92頁。

② 越前屋七郎右卫门是近世著名连歌师能顺的弟子。参见：北条秀雄：『新修浅井了意』，東京：笠間書院，1974年，88-89頁。

③ 北条秀雄：『新修浅井了意』，東京：笠間書院，1974年，第87頁。

④ 北条秀雄：『新修浅井了意』，東京：笠間書院，1974年，第93-94頁。

⑤ 蒋金珅：唐代寺观钟铭书写及其文学政治意蕴，《齐鲁学刊》（244），2015年，第127-132頁。

⑥ 小島惠昭等：共同研究——尾張聖德寺資料の研究，『同朋学園佛教文化研究紀要』（14），1992年，第97-234頁。

⑦ 小島惠昭等：共同研究——尾張聖德寺資料の研究，『同朋学園佛教文化研究紀要』（14），1992年，第97-234頁。

七种宝物①的由来，目前关于《赤栴檀阿弥陀像缘起》《七宝缘起》二文的研究仅停留在翻刻这一阶段，此二文在了意作品中的位置仍有待深究。

综上，了意不仅为各大寺院作钟铭文还为寺院写各类法物缘起文，究竟是愿主到京都请了意书写的文书，还是了意亲自到上述寺院所作文章，目前尚不可考，但足见了意在京阪及其周边地区的影响力。了意的影响不仅局限于上述寺院，《赏华吟》自序中提及此书为正法寺顺贺禅师所作，②据考正法寺位于今天福冈县三潴郡，③《赏华吟》为贞享五年（1688）八月梓行，此时的了意应是年近八旬的老者，如此高龄赴九州访友其难度可想而知。另据《见闻予觉集》所载，1689年了意频繁往返于京阪间唱导弘法，年近八旬的了意赴九州返京后又多次往返于京阪之间唱导弘法的可能性不大。即便了意不曾远赴九州访友，但其影响力及交友之广不可否认。

上述典籍文中了意是僧人身份，而爱香轩睨鼻子④则将他与莲如上人⑤、一休禅师⑥等一同列为三十六狂歌仙载入《古今狂歌仙》⑦一书。莲如上人为"净土真宗中兴之祖"德高望重，一休禅师作为后小松天皇的皇子可谓家喻户晓，与上述名人一同列入三十六歌仙足

---

① 七种宝物分别是：鹈丸釰、松风茶碓、龙树菩萨目舍利、天亲菩萨舍利、昙鸾大师御骨、鸾圣人御笔名号、御镜，关于鹈丸釰与松风茶碓有详细的介绍，其余五种仅列题目。
② 浅井了意：『賞華吟』，早稲田大学附属図書館デジタルコレクション，請求記号：へ04028711-5。
③ 坂卷甲太：浅井了意『賞華吟』とその改題本，『参考書誌研究』(21)，1980年，第1-9頁。
④ 爱香轩睨鼻子具体信息不详，一说是近世著名俳谐家冈西惟中（1639—1711）的笔名。冈西惟中，字赤子，名胜，别号一时轩、一有等，曾师从著名俳谐家西山宗因（1605—1682）。参见：上田正昭［ほか］監修：『日本人名大辞典』，東京：講談社，2001年。
⑤ 莲如上人（1415—1499），法名兼寿，号信证院，谥号慧灯大师，本愿寺第八世住持，被誉为"净土真宗中兴之祖"。著有《正信偈注释》等。
⑥ 一休禅师（1394—1481），又名一休宗纯，后小松天皇之子，号狂云子、梦闺。六岁在京都安国寺出家，后为临济宗大德寺住持。著有《狂云集》《自戒集》《一休骸骨》等。
⑦ 爱香轩睨鼻子所作，延宝七年（1679）年梓行。本研究所用版本：稀書複製会編：『古今狂歌仙』，東京：米山堂，1938年。《古今狂歌仙》在大妻女子大学附属图书馆亦有藏本，其《古今狂歌仙》书志信息与国立国会图书馆基本一致，但大妻女子大学附属图书馆将作者写作"老香轩睨鼻子"，经笔者确认，大妻女子大学附属图书馆的书志信息有误，作者应为"爱香轩睨鼻子"而非"老香轩睨鼻子"。

以证明了意晚年时[①]已声名远播、德厚流光。为立体呈现了意的人物关系，现将了意人物关系整理为表 2。与以往研究中所述的孤寂潦倒的了意形象不同，本研究从了意的守宗族、师承、交友三个维度对了意的人物关系进行了立体考察，为更加深入展开浅井了意研究奠定基础。

表 2　浅井了意人物关系图

交友	师承（医学）	宗族（西川）		师承（佛教、神道）	交友
		父母	叔父	天海大师 ↓ 容膝法师	
为了意作序的友人[②]	冈本玄治	本照寺住持（父） 浅井（母）	西川宗治		请了意写作的友人
	1. 游丝山人 2. 云樵 3. 村田通信 4. 三宅带刀 5. 林义端	了意		1. 光元寺住持祐雪 2. 西弘寺四世住持乘云 3. 西弘寺五世住持慈誓 4. 圣德寺住持 5. 越前屋七郎右卫门（连歌师）	
各大书坊主	1. 西村九郎右卫门 2. 山田喜兵卫 3. 林义端 等	女儿（姓名不详） 了山（儿子）		正性寺住持顺贺	其他友人
		信众		源庆安	
交友	佛教信众	宗族（西川）		弟子	交友

---

①　浅井了意 1691 年示寂，若其享年八十岁，《古今狂歌仙》梓行之时了意应有七十八岁高龄。

②　游丝山人为《劝信义谈钞》作汉文序；云樵为《伽婢子》作汉文序；村田通信、三宅带刀为《新语园》作汉文序；林义端为《狗张子》作假名序。

第四节　浅井了意的作品

　　日本近世时期，印刷技术飞速发展，日本图书出版界迎来了前所未有的出版高潮。日本最早的《书籍目录》刊行于宽文六年（1666），其中记录约 2589 种书目，其后宽文十年（1670）版《书籍目录》收录图书 3866 种，贞享二年（1685）版《书籍目录》收录图书 5934 种，元禄五年（1692）版《书籍目录》收录图书 7181 种。[①]1666 年至 1692 年短短 26 年的时间里，日本的图书发行总量竟增加 4000 余种，这仅是各大书肆出版的《书籍目录》所载的数字，若加入寺院等印刷的书目数量，所印刷的书籍总量更加可观。雕版印刷技术的不断成熟，大大降低了书肆出版图书的费用，读者也能以更加低廉的价格获得图书。在这一时期，除儒学典籍、佛书、物语类文学作品外，兼具教化启蒙与生活娱乐特征的假名草子大量出版。京阪地区是当时图书出版的中心之一，京阪地区也正是浅井了意一直生活与传教的地区。

一、了意作品概述

　　弥吉光长将日本古代出版史划分为摇篮时代、寺院出版时代、活字出版时代、江户出版时代四个重要时期，并指出江户出版时代最重要特征之一便是假名草子的出版。[②]假名草子在江户时代大量印刷出版，传存数量众多，《假名草子研究文献目录》[③]所载的假名草子数量就达 380 余部，其中了意的作品有 36 部，占假名草子总量的近十分之一。《假名草子话型分类索引》[④]共收录 42 部假名草子，了意的《狗张子》

[①] 長友千代治：『近世貸本屋の研究』，東京：東京堂出版，1982 年，第 10 頁。
[②] 弥吉光長：『弥吉光長著作集』（第 3 巻 江戸時代の出版と人），東京：日外アソシエーツ，1980 年，第 23-44 頁。
[③] 深沢秋男、菊地真一：『仮名草子研究文献目録』，東京：和泉書院，2004 年，第 3-51 頁。
[④] 西田耕三等：『仮名草子話型分類索引』，東京：若草書房，2000 年，第 5-6 頁。

《浮世物语》《可笑记评判》《堪忍记》《东海道名所记》《伽婢子》《本朝女鉴》7部作品被收录其中，占全书作品总数的六分之一。《假名草子话型分类索引》择录的作品皆为假名草子中的杰作，极具代表性与可研究性。能有7部作品入选，足见了意在假名草子作家中的地位。

　　浅井了意存世作品种类之丰富，数量之巨大令人叹为观止，一来要归功于日本近世印刷出版业的发展，二来也正是因为了意的作品符合当时读者品味而被各大书肆频繁出版。如：延宝二年（1674）出版的《新板增补书籍目录》[①]所收录的89部假名草子作品中可确认《可笑记评判》（署名为"浅井松云了意"）、《堪忍记》（署名为"浅井松云了意"）、《孝行物语》（署名为"浅井松云了意"）、《浮世物语》（署名为"松云了意"）、《八百町记》（署名为"如儒子作浅井松云加笔"）、《晴明物语》（署名为"浅井松云了意"）6部了意作品。贞享二年（1685）出版的《广益书籍目录》[②]所收录的94部假名草子作品中，可确认《大倭二十四孝》（署名为"了意"）、《可笑记评判》（署名为"了意"）、《堪忍记》（署名为"了意"）、《孝行物语》（署名为"了意"）、《浮世物语》（署名为"了意"）、《晴明物语》（署名为"了意"）6部了意作品。与上述两部书籍目录不同，天和元年（1681）

[①]《新板增补书籍目录》刊行者为京都著名书商西村市良右卫门，刊行时间约为延宝二年（1674）。全书共分为天台宗、当宗、俱舍、律宗、华严、法相、真言、禅宗、净土、一向宗、假名佛书、儒书、文集并书简、诗并连句、神书并有职、历书并占书、军书、铁炮书马书、医书、假名和书、歌书并物语、连俳书、俳谐书、女书、谣本、算书、盘上书、茶汤书并华书、躾方书并料理书、名所记、名画记、狂歌集并咄本、舞本并草纸、往来书并手本、石摺并笔道书、挂物等36类。假名和书（假名草子）一项收录有《可笑记》《堪忍记》《浮世物语》等89部。本研究所用版本为日本国立国会图书馆藏本。参见：西村市良右衞門：『新板增補書籍目録』，京都：延宝二年（1674）。日本国立国会図書館デジタルコレクション，書誌ID：000007297804。

②《广益书籍目录》刊行者为京都著名书商西村市良右卫门，刊行时间约为贞享二年（1685）。全书共分为天台宗、当宗、俱舍宗、律宗、华严宗、法相宗、真言宗、禅宗、僧传、净土宗、一向宗、法语、儒书经书、文集并书翰假、历代并传记、故事、杂书、诗集并连句、字书、神书并有职、历占书、军书、医书、假名和书、歌书并狂歌、连歌书、俳谐、女书、谣书、系竹书、算书、盘上书、茶汤书、立花书、躾方书、料理书、名所记、纪行、雏形并绘尽、咄本、舞并草纸、物语书、好色并乐事、往来书并手本、石摺并笔道书、挂物并图等46类。假名和书一项收录有《可笑记》《堪忍记》《浮世物语》等94部假名草子作品。本研究所用版本为日本国立国会图书馆藏本。参见：西村市良右衞門：『広益書籍目録』，京都：贞享二年（1685）。日本国立国会図書館デジタルコレクション，書誌ID：000011009319。

出版的《新增书籍目录》①则将假名草子与物语、和歌集等作品混编在假名（书）条目下，其中可见《伊势物语抒海》（署名为"松云了意"）、《本朝女鉴》（署名为"松云了意"）、《法华利益物语》（署名为"松云了意"）等了意作品。了意的作品出现在不同时期不同书肆的书籍目录中，说明了意作品一经梓行便不断再版。

据现存了意的作品版本来分析，亦不难看出其作品流播之广、影响之大。近世中后期文人、书肆将了意作品不断再版，以宽文元年（1661）梓行的《本朝女鉴》为例。《本朝女鉴》实为《堪忍记》续篇，《堪忍记》最后三卷分别为《女鉴》上、中、下，此三卷所记述的54则故事中中国故事为46则，占比为85%，日本故事为8则占比仅为15%。《本朝女鉴》所收故事的主人公皆为日本女性，完全符合"本朝"的设定，也表明了意有不断完善和续写前作的写作习惯，这一写作习惯也体现在了意为续写《伽婢子》而作《狗张子》这一点上。《本朝女鉴》②一经刊载便由不同书商反复翻印，留存版

---

① 《新增书籍目录》刊行者为京都著名书商山田喜兵卫，刊行时间约为天和元年（1681）。全书按伊吕波歌顺序检索，共分儒书、医书、假名、佛书四大门类，假名草子作品与物语、和歌集类作品混编在假名这一门类中。本研究所用版本为日本国国会图书馆藏本。参见：山田喜兵衛：『新增書籍目録』，京都：天和元年（1681）。日本国立国会図書館デジタルコレクション，書誌ID：000007297805。

② 青山忠一、滨田启介等均认为目前最早的版本应为横山重私藏本，即宽文元年（1661）年本，此本为京都书肆西村又左卫门开板，1972年出版的《近世文学资料类丛假名草子编》所收《本朝女鉴》所用底本为横山重私藏本，上述研究均未提及《本朝女鉴》的海外藏本。据笔者考，韩国中央图书馆藏有《本朝女鉴》一部，亦为宽文元年年京都书肆西村又左卫门开板。宽文元年本为现存刊行时间最早的版本，韩国藏本与横山重藏本册数、卷数、每行字数等书志信息皆完全一致，但横山重私藏本有页码错乱问题。横山重私藏本《本朝女鉴》第七卷第五则故事与第四则故事页码颠倒，第四则故事装订在第五则故事之后，这与书籍目次不符，与故事题目所标序号也不符，应为装订错误，韩国中央图书馆藏本页码准确无误。因此，横山重私藏本与韩国中央图书馆藏本的具体梓行时间，究竟孰先孰后仍须考证。日本筑波大学也藏有一套宽文元年刊《本朝女鉴》，开板书肆为吉田四郎右卫门，从书籍内容、册数卷数、页码、每页行数字数等信息来看，与上述两版本为同一系统本。参见：青山忠一：『本朝女鑑』論，『二松学舎大学論集』，1972年3月，第59-84頁；浜田啓介：『近世小説·営為と様式に関する私見』，1993年，京都：京都大学学術出版会。浜田啓介：『本朝女鑑』の虚構－上－，『国語国文』55（7），1986年7月，第1-16頁；浜田啓介：『本朝女鑑』の虚構－下－，『国語国文』55（8），1986年8月，第16-26頁；近世文学書誌研究会編：『本朝女鑑』（近世文学資料類從仮名草子編6、7），東京：勉誠社，1972年。参考：日本国文学资料馆日本古典籍総合目録データベース：http://base1.nijl.ac.jp/infolib/meta_pub/CsvSearch.cgi。

本众多。宽文元年《本朝女鉴》就被两次印刷，可以见此书确为畅销书无误。后传至关东地区，江户书肆不断翻印《本朝女鉴》的删减本《日本名女物语》①。大阪书肆油屋与兵卫于元禄八年（1695）出版《本朝女鉴》的删减本《本朝贞女物语》。《本朝女鉴》自了意在世至了意圆寂后的数十年中不断被翻印、改印，足可证明了意是日本近世的人气作家。

经北条秀雄②、前田一郎③、和田恭幸④、石川透⑤等学界前辈考辨，目前已确认的浅井了意作品，数量共计58部500余卷⑥，其中假名草子38部289卷，佛书类20部约为206卷，以作品部数统计假名草子占比约为66%，佛书类作品约为34%，假名草子作品的总量占六成以上。以作品总卷数统计假名草子占比约为58%，佛书类作品占比约为42%，若论总字数佛书作品更胜一筹。了意还著有医书《灵宝药性能集》1部，已经确认的钟铭文有3篇、缘起文有2篇。⑦了意还为大量绘本、绘卷题写解释说明文字，此类作品数量尚无法统计。⑧

---

① 《日本名女物语》现存宽文十年（1670）松会开板的十四行本（东京大学霞亭文库本、东京日比谷图书馆藏本）、宽文十年山本九左卫门开板的十六行本（筑波大学附属图书馆藏本）以及无刊年信息记载的松会开板十六行本（筑波大学附属图书馆藏本）。
② 北条秀雄：『浅井了意』，東京：三省堂，1944年；北条秀雄：『改訂増補浅井了意』，東京：笠間書院，1972年；北条秀雄：『新修浅井了意』，東京：笠間書院，1974年。
③ 前田一郎：浅井了意の思想——「勧信の論理」と仮名草子（含浅井了意著作年表），『真宗研究』（34），1990年，第101-123頁。
④ 和田恭幸：鼓吹物と近世怪異小説，『伝承文学研究』（47），1998年6月，第10-24頁。
⑤ 石川透：浅井了意自筆資料をめぐって，『近世文芸』（76），2002年7月，第1-13頁；石川透：浅井了意筆『難波物語』等について，『芸文研究』（84），2003年，第1-17頁。石川透：浅井了意自筆版下『密厳上人行状記』補遺，『三田國文』（56），2012年12月，第68-70頁。
⑥ 《证事类篇》具体卷数不详。
⑦ 浅井了意为尾张圣德寺所题写的《赤栴檀阿弥陀像缘起》《七宝缘起》两篇缘起文，从未被归结到了意著作年表中，这两篇缘起文是目前已知了意所作的仅有两篇缘起文。小岛惠昭等仅对其进行了翻刻，而并未进行内容上的解读。笔者认为应该将上述二篇缘起文归纳至了意著作年表中，继续对其内容进行深入研究。参见：小島惠昭等：共同研究——尾張聖徳寺資料の研究，『同朋学園佛教文化研究紀要』（14），1992年，第97-234頁。
⑧ 石川透：奈良絵本・絵巻の制作の環境（〈特集〉中世文学を生み出す環境），『日本文学』，2009年，第49-55頁；石川透：奈良絵本・絵巻の諸問題，『芸文研究』，2006年12月，第110-124頁；石川透：『入門奈良絵本・絵巻』，東京：思文閣出版，2010年。

浅井了意在近世时期就已声名鹊起，大量书肆常假借了意之名出版发售书籍。宽文十年（1670）版《新板增补书籍目录》就将《百八町记加笔》的作者写为"如儡子作、浅井松云加笔"，了意在世时书肆就敢假托其名出书贩书，可见了意在世时就已经声名远播、名声大作。水谷不倒在《假名草子》①（1919）中将《锦木》与《堪忍记》以及《浮世物语》等作品列于假名草子总目录下，并指出上述作品皆为了意所作，可见关于了意所作的伪书记录一直延续了两百余年，直至《浅井了意》②（1944）一书的出版。据北条秀雄考据，《释迦一代传记鼓吹》《劝化大纲抄》《造像功德直解》《三世因果经直谈》《因明论备讲》等佛书以及《连歌初心抄》《锦木》《百八町记加笔》《可笑记追迹》《女仁义物语》《百物语》《镰仓名所记》《似我蜂物语》等假名草子皆非了意所作。③随着笔迹学研究的不断发展，大量未直接署名为了意的书籍陆续得到确认，石川透根据了意的笔迹确认《难波物语》为了意作品无误。④笔者重新完善制作了浅井了意著作年表（附录一）。⑤

---

①　水谷弓彦編：『仮名草子』，東京：太洋社，1919 年。

②　北条秀雄：『浅井了意』，東京：三省堂，1944 年。

③　北条秀雄：『浅井了意』，東京：三省堂，1944 年；北条秀雄：『改訂増補浅井了意』，東京：笠間書院，1972 年；北条秀雄：『新修浅井了意』，東京：笠間書院，1974 年。

④　石川透：浅井了意筆『難波物語』等について，『芸文研究』(84), 2003 年，第 1-17 頁。

⑤　笔者在重新编写浅井了意著作年表时，除参考了北条秀雄、前田一郎、和田恭幸、石川透的研究成果外，也参考了《浅井了意全集》与东京堂出版的《假名草子集成》（该丛书自 1980 年开始编写，至 2019 年 3 月共出版 61 卷，由朝仓治岩、深泽秋男、和田恭幸、花田富二夫等编）。参见：浅井了意全集刊行会編：『浅井了意全集』(仮名草子編 1)，東京：岩田書院，2007 年；浅井了意全集刊行会編：『浅井了意全集』(仮名草子編 2)，東京：岩田書院，2011 年；浅井了意全集刊行会編：『浅井了意全集』(仮名草子編 3)，東京：岩田書院，2011 年；浅井了意全集刊行会編：『浅井了意全集』(仮名草子編 4)，東京：岩田書院，2013 年；浅井了意全集刊行会編：『浅井了意全集』(仮名草子編 5)，東京：岩田書院，2015 年；浅井了意全集刊行会編：『浅井了意全集』(仏書編 1)，東京：岩田書院，2009 年；浅井了意全集刊行会編：『浅井了意全集』(仏書編 2)，東京：岩田書院，2009 年；浅井了意全集刊行会編：『浅井了意全集』(仏書編 3)，東京：岩田書院，2010 年。

二、了意的创作轨迹

了意最早创作的作品为佛书《劝信义谈钞》，系了意在传道布教过程中所用的资料总集，内容极其通俗易懂，可谓日本近世初期通俗佛书之典范。[①]其中大量引用《群疑论》《鹿母经》《婆沙论》《涅槃经》《奈女经》《十二游经》《楼炭经》《提谓五戒经》《中阴经》《杂宝藏经》《心地观经》《因果经》《优婆塞戒经》《华严经》《观佛经》《般若经》《止观》《维摩经》《四十二章经》《圆觉经》《仁王经》《往生要集》《愚秃钞》《净土见闻钞》《素问经》《楞伽经》《因果录》等佛教典籍，也大量征引中国《论语》《周易》《孟子》《孔子家语》《礼记》等儒家经典，书中还多次引用《老子》《庄子》《列子》等道教经典，并引有"真武垂训""玄武垂训"等道教内容，还涉及《史记》《后汉书》《文选》等中国典籍，可见青壮年时代的了意已经博闻强识，并能旁征博引。

大量儒释道经典内容对于当时的日本庶民读者而言较为难懂，为更好地实现唱导教化之目的，了意将原本晦涩难懂的汉文翻译为通俗易懂的和文。为此，其在书中加入了大量词语注释，如：龙类注释为八大龙等[②]、贝类注释为龟蛤等[③]、锉烧舂磨注释为地狱之苦[④]、三代注释为夏殷商[⑤]、六合注释为四方天地[⑥]、黄能注释为三足鳖[⑦]等，

[①] 浅井了意全集刊行会编：『浅井了意全集』（仏書編1），東京：岩田書院，2009年，第685頁。

[②] 浅井了意全集刊行会编：『浅井了意全集』（仏書編1），東京：岩田書院，2009年，第31頁。

[③] 浅井了意全集刊行会编：『浅井了意全集』（仏書編1），東京：岩田書院，2009年，第31頁。

[④] 浅井了意全集刊行会编：『浅井了意全集』（仏書編1），東京：岩田書院，2009年，第49頁。

[⑤] 浅井了意全集刊行会编：『浅井了意全集』（仏書編1），東京：岩田書院，2009年，第52頁。

[⑥] 浅井了意全集刊行会编：『浅井了意全集』（仏書編1），東京：岩田書院，2009年，第53頁。

[⑦] 浅井了意全集刊行会编：『浅井了意全集』（仏書編1），東京：岩田書院，2009年，第54頁。

了意对汉文典籍注释与翻译能力极佳被称为翻译家。①综上《劝信义谈钞》实为了意对儒释道等汉文典籍的征引、类聚及翻译注释，文学手法上的创新点并不多。了意以"注释"出道，《劝信义谈钞》是其对大量汉文典籍所作的注释书，《伊势物语抒海》《甲阳军鉴评判奥义抄》则是了意为日本古典所作的注释书。真正可以看出了意翻案创作才华的是《堪忍记》，《堪忍记》是了意第一部真正意义上的翻案类作品，在了意近60部作品中的地位十分重要。《劝信义谈钞》中大量征引汉文典籍，了意一一标注出典，虽然极有可能是了意参考根据某些类书进行创作，并依类书所标注出典进行注释，但根据所标注出典进行查校皆可找到原文，了意在初期创作时并未掩盖出典。但根据《堪忍记》中所标注出典进行查校，则仅有《事林广记》《四十二章经》《论语》等部分内容在出典中可以找到原文。《劝信义谈钞》中卷明确写有"老子曰：天网恢恢疏而不漏"，"天网恢恢疏而不漏"此句确实出自《老子》德经第七十三章②，暂且不论了意是否直接参看《老子》后引用此条，只论了意对所引内容出典标示准确无误。但《堪忍记》卷一堪忍第七的第四则故事中所引"天网恢恢疏而不漏"③未作出典标示。《堪忍记》是了意翻案汉文典籍创作的，《本朝女鉴》则是了意翻案日本古典作品完成的。《本朝女鉴》实为《堪忍记》之续篇，《堪忍记》的最后三卷内容为《女鉴》，收录了大量中国女性故事。《本朝女鉴》冠以"本朝"之名，自然收录的皆为日本名女的故事，此书所收故事的出典皆为《北条九代记》《源平盛衰记》等日本古典。此二书对了意而言并不陌生，了意曾著有《北条九代记》注释，了意也曾誊写《源平盛衰记》。将了如指掌的《源平盛衰记》内容直接引入《本朝女鉴》，再将《东海道名所记》的内容活用至《本朝女鉴》，④《本朝女鉴》最后两卷的《女式》中，

---

① 石川透：奈良絵本・絵巻の制作の環境（〈特集〉中世文学を生み出す環境），『日本文学』58（7），2009年，第49-55頁。
② 朱谦之撰：《老子校释》，北京：中华书局，1984年，第288页。
③ 坂卷甲太校訂：『浅井了意集』（叢書江戸文庫：29），東京：国書刊行会，1993年12月，第27頁。
④ 浜田啓介：『本朝女鑑』の虛構-下-,『国語国文』55（8），1986年8月，第16-26頁。

随处可见《劝信义谈钞》所论及的"五常""五戒"等儒家思想内容，可见了意的早期创作具有极强的延续性。

在《伽婢子》（1666）刊行之前，除《劝信义谈钞》为佛书外，其余所有作品皆为假名草子。《伽婢子》堪称日本文学史上翻案作品之白眉，了意在翻案时可谓煞费苦心。《伽婢子》除涉及《剪灯新话》《剪灯余话》《金鳌新话》《剪灯新话句解》《五朝小说》等汉文典籍外，也大量引用了《源平盛衰记》等日本典籍内容，[①]可以说《伽婢子》是了意假名草子的巅峰之作，也是了意创作生涯的分水岭。《伽婢子》之后了意的创作重心开始正式转移至佛书，这与了意家族被逐出寺院后再次正式获得僧籍有关，再次获得纸寺号的了意，将作品中的署名基本确定为"本性寺昭仪坊释了意"[②]。九成以上的佛书是了意在获得纸寺号之后完成的。但了意的收官之作《狗张子》却是假名草子，《狗张子》是"对旧集《伽婢子》拾遗补阙"[③]，林义端赞了意"及晚年之时笔力愈发老健"。因此，《狗张子》对于浅井了意研究至关重要。

浅井了意的假名草子作品数量较多，其中《伊势物语抒海》《甲阳军鉴评判奥仪抄》《安倍晴明物语》《源氏物语云隐抄》等作品与日本典籍关系密切，受汉文典籍影响不深。《新语园》据汉文典籍内容类聚而成，虽可探察出了意在择选汉文典籍内容时的意图，但并不能解读出了意的翻案方法。本研究以《堪忍记》《伽婢子》《狗张子》为主要研究对象。《堪忍记》可谓了意假名草子的开山之作，是了意活用汉文典籍进行翻案创作的尝试，为了意假名草子的创作奠定了基础。《伽婢子》是了意的巅峰之作，在其作品中具有分水岭的意义，《伽婢子》之后了意的创作方向开始转向佛书类作品。被称为《伽婢子》续篇的《狗张子》是了意的收官之作。这三部作品皆有了

[①] 岩波书店新日本古典文学大系 75 卷《伽婢子》注释。参见：松田修等校注：『伽婢子』（新日本古典文学大系 75），東京：岩波書店，2001 年。

[②] 具体参看表 1 浅井了意自署名作品列表。

[③] 笔者译。参见：浅井了意全集刊行会编：『浅井了意全集』（仮名草子编 5），2015 年，第 305 页。

意所作的序文或跋文，多以汉文典籍为出典，以汉文故事为原典进行翻案创作。对此三部作品的考察可探明了意的创作意图、翻案手法等问题，具有窥一斑可见全豹之作用。因此，本研究以《堪忍记》《伽婢子》《狗张子》这三部了意最著名的假名草子为研究对象进行论述。

本章小结

　　从作家论的角度解读浅井了意的研究，尚停留在20世纪70年代，且仅见野间光辰与北条秀雄的研究成果，随着新的典籍文献被发现，上述成果开始显现其局限性，亟待完善。全面研究了意生平有助于深入剖析其作品、勾勒其创作轨迹。本章根据《可笑记评判》等作品推知了意"寓居京都"时的"陆沉""潦倒"，通过对"羊岐斋""松云""瓢水子"等了意自号的剖析，探知壮年时期的了意筚路蓝缕以启山林。本研究首次汇聚、整合《东本愿寺家臣名簿》《见闻予觉集》《京都坊目志》《枚方市史》《鹦鹉笼中记》《申物之日记》等典籍文献中关于浅井了意的记述，将其生涯分为寓居京都时期和住持本性寺时期两个阶段，还原了意的生平轨迹和家族关系。从《改正两部神道口诀钞》中解明了意与容膝的师承关系以及了意与其作者源庆安的师徒关系，得出了意在近世日本各界均具有较大的影响力的结论。在了意作品的序文和跋文中抽丝剥茧，探察出了意穷极一生勤奋著述，全为"拟劝信倡导之资""诱愚谕蒙"[①]的创作意图，明析了意"吾志于学，怀于唱导"[②]的人生抱负。首次解读《诗歌因

---

　　①《法林樵谈》序文。《法林樵谈》序为汉文序，目前仅见和田恭幸所作日文训读版翻刻，本研究所引序言为笔者依大谷大学图书馆藏本翻刻。大谷大学图书馆藏本索书号：余大4385，具体书志信息如下：『法林樵談』元禄四年（1691）刊、全十卷、花洛二條通清明町書林山岡四郎兵衞。
　　②《观无量寿佛经鼓吹》跋文。参见：浅井了意全集刊行会编：『浅井了意全集』（仏書編3），東京：岩田書院，2010年，第729頁。

缘英华故事》序文，析出了意在其百年后仍有较大影响力的结论。在上述研究成果的基础上，分析了意的创作轨迹，将新资料《尾张圣德寺资料》运用到了意研究中，绘制完成了浅井了意人物关系图谱，完善了浅井了意的著作年表。

第二章 《堪忍记》《狗张子》所涉汉文典籍研究

假名草子的创作手法灵活多变，从直接对汉文典籍、日本典籍等进行翻译，发展到多用"翻案"的创作手法。明确假名草子与汉文典籍的关系是深入研究作品创作手法的前提与核心问题，李铭敬认为在研究说话文学对中国古典文献的引用与翻译问题时"首先须弄清一个问题——说话集中收录的中国故事来自于直接引用还是间接引用"[①]，而所谓"直接引用"便是出典，是作者直接参考的典籍文献。上述论点虽为针对说话文学研究所提出，但此观点也适用于假名草子与汉文典籍关系问题的研究。山口刚[②]、麻生矶次[③]皆认为了意极擅长翻案中国文学，称了意在咀嚼原文的基础上，改"汉风"为"国风"的创作手法灵活多变。如本书绪论部分所述，浅井了意假名草子的出典研究、类话考据，皆已取得丰硕的成果，为进一步探明了意的作品与汉文典籍的关系奠定了扎实的基础。但受到文献搜集难度、文献资料浩繁等客观条件的限制，仍有部分假名草子的出典问题悬而未决。随着新的典籍文献被发现，已有出典研究成果的不足之处突显，对系统解读了意作品与汉文典籍关系问题的研究更是无从深入。因此关于假名草子的出典考辨、翻案手法等问题尚有较大的研究空间。《堪忍记》是了意的出世之作，《狗张子》是其

---

① 李铭敬：日本说话文学对中国古典文献的引用和翻译，《中国社会科学报》，2017年3月7日。

② 山口剛：『山口剛著作集 第2卷』（江戸文学篇2），東京：中央公論社，1972年，第274頁。

③ 麻生磯次：『江戸文学と中国文学』，東京：三省堂，1976年，第39-40頁。参见：麻生磯次：『江戸文学と支那文学：近世文学の支那の原拠と読本の研究』，東京：三省堂，1946年。

收官之作，这两部作品的成书时间虽相隔久远，但在典籍使用上具有继承性。本章以《堪忍记》（1655）、《狗张子》（1692）为主要研究对象，考辨《堪忍记》《狗张子》两作品所涉汉文典籍。

第一节 《堪忍记》研究

关于《堪忍记》[①]的记述，最早见于宽文十年（1670）版《新板增补书籍目录》，作者一栏署有"浅井松云了意"。北条秀雄[②]、弥光吉长[③]、金子由里惠[④]等皆认为《堪忍记》是了意最早的假名草子作品[⑤]，成书时间为明历元年（1655），梓行时间为万治二年（1659）。《堪忍记》现存版本有万治二年本（泷庄三郎开板），日本近世文学资料类所用《堪忍记》版本为万治二年本，[⑥]丛书江户文库《浅井了意集》也是据万治二年本翻刻，[⑦]《浅井了意全集》[⑧]所收《堪忍记》也是据万治二年本翻刻。万治二年本在现存诸版本中刊行时间最早[⑨]，也是唯一一部刊有"了意唱导图"[⑩]的作品。此外，宽文四年

[①] "堪忍"即梵文中的"娑婆"，浅井了意在《阿弥陀经鼓吹》中《娑婆付忍之辨》一节中亦将"娑婆"解释为"堪忍"。参见：浅井了意全集刊行会编：『浅井了意全集』（仏書編1），東京：岩田書院，2009年，第670頁。

[②] 北条秀雄：『新修浅井了意』，東京：笠間書院，1974年，第157頁。

[③] 弥吉光長：『弥吉光長著作集』（第3巻江戸時代の出版と人），東京：日外アソシエーツ，1980年，第82頁。

[④] 金子由里恵：江戸後期心学書における『堪忍記』享受の一例，『國文學論叢』（62），2017年2月，第189-205頁。

[⑤] 柳牧也曾指出《堪忍记》不一定是了意最早的作品，但此观点未被学界广泛采纳。本研究采用目前学界普遍观点，即《堪忍记》为了意最早的假名草子作品。参见：柳牧也：『堪忍記』についての疑義——その構成と内容のこと，『近世初期文芸』（21），2004年12月，第24-37頁。

[⑥] 近世文学書誌研究会編：『堪忍記』（近世文学資料類従仮名草子編1、2），東京：勉誠社，1972年。

[⑦] 坂卷甲太：『浅井了意怪異小説の研究』（新典社研究叢書35），東京：新典社，1990年。

[⑧] 浅井了意全集刊行会編：『浅井了意全集』（仮名草子編1），東京：岩田書院，2007年。

[⑨] 浅井了意全集刊行会編：『浅井了意全集』（仮名草子編1），東京：岩田書院，2007年。

[⑩] 参见第一章图3。

（1664）本（前毛茂右卫门开板）①、宽文四年本（美浓屋彦兵卫开板）②、宽文十一年本（江户大传马三町目开板）③、元禄十四年本（书肆信息阙）④以及大阪书林出版的文化十五年本（大阪书林秋田屋太右卫门开板）⑤等皆为留存至今且有据可查的文献资料。据此可知《堪忍记》一经梓行，便被不断翻刻再印，从京都到江户再到大阪，《堪忍记》影响之大、流播地域之广可见一斑。作为了意第一部假名草子，《堪忍记》是《本朝女鉴》（1661）、《伽婢子》（1666）、《狗张子》（1692）等作品的故事素材来源之一，对井原西鹤（1642—1693）等日本近世名家的影响颇深。吉江久弥认为《好色一代男》（1682）、《诸艳大鉴》（1684）、《好色五人女》（1686）、《好色一代女》（1686）等 22 部西鹤的传世名作中都有《堪忍记》的印记。⑥金子由里惠认

---

① 宽文四年（1664）本：八卷八册十三行，洛阳书林前毛茂右卫门开板。现收藏于国立国会图书馆、东洋文库、关西大学附属图书馆、东京大学、日比谷图书馆加贺文库等机构，另有田中伸氏私藏本。参见：近世文学書誌研究会編，『堪忍記』（近世文学資料類從仮名草子編 2），東京：勉誠社，1972，第 283-292 頁；浅井了意全集刊行会編：『浅井了意全集』（仮名草子編 1），東京：岩田書院，2007 年，第 485-488 頁。

② 宽文四年（1664）本：八卷八册十三行，美浓屋彦兵兵开板。现藏于九州大学松涛文库、京都大学、天理大学、东京大学等机构，另有江户川乱步氏私藏本。参见：近世文学書誌研究会編，『堪忍記』（近世文学資料類從仮名草子編 2），東京：勉誠社，1972，第 283-292 頁；浅井了意全集刊行会編：『浅井了意全集』（仮名草子編 1），東京：岩田書院，2007 年，第 485-488 頁。

③ 宽文十一年（1671）本：八卷八册十五行，江户大传马三町目开板。现藏于东洋文库、京都大学、广岛大学、岩瀬文库（残卷）、天理大学（残卷）等机构。参见：近世文学書誌研究会編，『堪忍記』（近世文学資料類從仮名草子編 2），東京：勉誠社，1972，第 283-292 頁；浅井了意全集刊行会編：『浅井了意全集』（仮名草子編 1），東京：岩田書院，2007 年，第 485-488 頁。

④ 元禄十四年（1701）本：八卷八册十二行，书肆信息阙。现藏于成田图书馆（残卷）、东北大学狩野文库、东洋大学等机构。参见：近世文学書誌研究会編，『堪忍記』（近世文学資料類從仮名草子編 2），東京：勉誠社，1972，第 283-292 頁；浅井了意全集刊行会編：『浅井了意全集』（仮名草子編 1），東京：岩田書院，2007 年，第 485-488 頁。

⑤ 此版本应为元禄十四年刊本的再版，为大阪书林秋田屋太右卫门开板，现藏于东京日比谷图书馆。参见：近世文学書誌研究会編，『堪忍記』（近世文学資料類從仮名草子編 2），東京：勉誠社，1972，第 292 頁。

⑥ 吉江久弥：『堪忍記』と西鶴-1-，『仏教大学研究紀要』（62），1978 年 3 月，第 57-83 頁；吉江久弥：『堪忍記』と西鶴-2-，『人文学論集』（12），1978 年，第 29-56 頁；吉江久弥：『堪忍記』と西鶴-3-，『人文学論集』（17），1983 年，第 29-35 頁。

为《堪忍记》对江户时代后期的净土僧寿福轩真镜（生卒年不详）的影响较大。以真镜的第一部心学著作《主从心得草》(1823) 为例，全书多处引用《堪忍记》原文，序言中就大段引用《堪忍记》第二卷《主君之堪忍》原文，真镜的《日用心法钞》(1827) 中也有大量内容出自《堪忍记》。[1]《堪忍记》是了意第一部假名草子，其创作手法相较《伽婢子》《狗张子》等作品尚显稚嫩，即便如此仍被反复再版，且仿作不断，足见《堪忍记》在日本文学史上的地位与影响力。

　　作为了意假名草子的出世之作，《堪忍记》与汉文典籍关系的研究至关重要，是揭开了意早期创作手法的关键。最早关注《堪忍记》与汉文典籍关系研究的是中村幸彦，他在《近世小说史的研究》中指出《堪忍记》与《迪吉录》有着密切的关系，与《迪吉录》的出典《琅琊代醉编》亦可能存在出典关系。[2]其后，小川武彦确认《堪忍记》中 58 则故事的出典应为汉文典籍[3]，他提出的《明心宝鉴》出典论，为《堪忍记》与汉文典籍关系的研究打开了新的局面。此后，成海俊主要围绕《堪忍记》与《明心宝鉴》的关系进行考论，是对小川武彦论断的有利补充。花田富二夫提出《古今事文类聚》出典论，对《堪忍记》的出典进行了更加系统地考察，他认为《堪忍记》与《列女传》《蒙求》《太平广记》等汉文典籍也有十分密切的关系。[4]花田富二夫的考据虽然全面，所列典籍十分丰富，但仍有诸多偏颇之处，本研究将对其不足之处进行辨误。

　　下面从出典新考与出典辨误两个方面，探明《堪忍记》与汉文

---

[1] 金子由里惠：江戸後期心学書における『堪忍記』享受の一例，『國文學論叢』(62)，2017 年 2 月，第 189-205 頁。

[2] 中村幸彦：『近世小説史の研究』，東京：桜楓社出版，1961 年，第 30-63 頁。

[3] 小川武彦：『堪忍記』の出典上の 1——中国種の説話を中心に，『近世文芸研究と評論』(10)，1976 年 5 月，第 52-68 頁；小川武彦：『堪忍記』の出典上の 2——中国種の説話を中心に，『近世文芸研究と評論』(13)，1977 年 6 月，第 1-12 頁。

[4] 花田富二夫：『堪忍記』周辺考：和・漢堪忍説話の視角を中心に，『大妻国文』(28)，1997 年 3 月，第 79-96 頁；花田富二夫：『仮名草子研究：説話とその周辺』(新典社研究叢書 151)，東京：新典社，2003 年，第 90-122 頁。

典籍的关系。

一、《堪忍记》出典新考

如上文所述,《堪忍记》的出典研究始于20世纪中叶。《堪忍记》所涉汉文典籍已基本确定为《迪吉录》(明)、《明心宝鉴》(明)、《古今事文类聚》(简称:《事文类聚》)①三部。但关于《堪忍记》的出典结论,先行研究成果仍有诸多遗漏。本研究排沙简金,发现如下几条新的出典,列举如下:

例1
(1)《堪忍記》卷第一・堪忍すべき子細第二
　一時の気を忍びぬれば、一生のあいだの憂へを免かる。忍ぶべき事を忍ばされば、小事もつゐに大事と成るなり。②
(2)《明心宝鉴》③戒性篇第八
　忍一时之气,免百日之忧。得忍且忍,得戒且戒。不忍不戒,小事成大。

例2
(3)《堪忍記》卷第一・瞋恚をとどむる堪忍第四
　心上の焔を添ることを休よ、只耳のほとりの風なせ。④
(4)《明心宝鉴》戒性篇第八
　休添心上焰,只做耳边风。

---

① 《新编古今事文类聚》,宋代祝穆编,全书含前集(60卷附目录1卷)、后集(50卷附目录1卷)、续集(28卷附目录1卷)、别集(32卷附目录1卷)。元代富大用模仿祝穆,补撰新集(36卷附目录1卷)、外集(15卷附目录1卷),元代祝渊又补撰遗集。本研究所用版本为日本内阁文库藏本,索书号:别061-0001。
② 浅井了意全集刊行会编:『浅井了意全集』(仮名草子编1),東京:岩田書院,2007年,第21頁。
③ (明)范立本编《新刊大字明心宝鉴》,景泰5年(1454),筑波大学附属图书馆藏,索书号:ロ880-119。本研究所用《明心宝鉴》版本皆为筑波大学藏本。
④ 浅井了意全集刊行会编:『浅井了意全集』(仮名草子编1),東京:岩田書院,2007年,第23頁。

例 3

(5)《堪忍記》卷第三・父母につかうる堪忍第十三・三親に孝あるべき躰の事

　曾子が曰く、父母之を愛し給はば喜びて忘れず、父母之を悪むときは懼れて怨むる事なかれ。①

(6)《明心宝鉴》孝行篇第四

　曾子曰：父母爱之，喜而不忘。父母恶之，惧而无怨。父母有过，谏而不逆。

　　例1（1）（2）中，划线字句完全一致。了意仅将"百日"改为"一生"，将"免百日之忧"翻案为"免一生之忧"，这种处理强调了"忍"的重要性。此篇位于《堪忍記》卷一，在全书开篇反复强调"忍"之重要的意图十分明确。例2（3）（4）两句对应关系十分清晰，主题皆强调"忍"字第一。例3（5）（6）中，划线部除将"而"改写为"て"之外，所有字句表达完全一致。上述三例中（1）与（2）、（3）与（4）、（5）与（6）的出典关系一目了然。

例 4

(7)《堪忍記》卷第一・貪欲をとどむる堪忍第六・一酒をいさしむる事

　酒は量りなし、乱に及ぶこと勿れと、孔子もこれををしへ給ふ。②

(8)《明心宝鉴》省心篇第十一

　《论语》曰：惟酒无量，不及乱。

(9)《论语》乡党篇第十

　肉虽多，不使胜食气。惟酒无量，不及乱。③

　　了意在例4的（7）中仅明确指出此句为孔子语句，但未明示出

---

① 浅井了意全集刊行会編：『浅井了意全集』(仮名草子編1)，東京：岩田書院，2007年，第78頁。

② 浅井了意全集刊行会編：『浅井了意全集』(仮名草子編1)，東京：岩田書院，2007年，第30頁。

③ 陈晓芬、徐儒宗译注：《论语・大学・中庸》，北京：中华书局，2017年，第116页。

第二章 《堪忍记》《狗张子》所涉汉文典籍研究 | 69

典。(7) 的原典在《明心宝鉴》中有收录，如(8) 所示。但在《论语》中也有同样的语句，如(9) 所示。了意在作品中反复引用《论语》，可见其已经熟读《论语》，能十分自如地将《论语》中的内容引用到作品中。但《明心宝鉴》为《堪忍记》出典无疑，因此(7) 的直接出典为《明心宝鉴》。

例 5

(10)《堪忍記》卷第四・医師の堪忍第十六・五物しらぬ医師の剃の事

　孔子も、医は三世ならずんば、その薬を服せられと、のたまひけるぞかし。①

(11)《事文类聚》前集卷三十八技艺部《医者药附》②

　医不三世，不服其药。

(12)《礼记》曲礼下第二

　君有疾，饮药，臣先尝之。亲有疾，饮药，子先尝之。医不三世，不服其药。③

　例 5 与例 4 相似，出典有二，其一为《事文类聚》，其二为《礼记》。《事文类聚》④是《堪忍记》出典之一，是一部二百余卷的综合类书。了意熟读四书五经，在《劝信义谈钞》中就曾引述《礼记》内容。因此，相较而言(10) 出典为《礼记》的可能性更大。

---

　① 浅井了意全集刊行会编：『浅井了意全集』（仮名草子编 1），东京：岩田书院，2007 年，第 105 页。
　②《新编古今事文类聚》，宋代祝穆编，全书含前集（60 卷附目录 1 卷）、后集（50 卷附目录 1 卷）、续集（28 卷附目录 1 卷）、别集（32 卷附目录 1 卷）。元代富大用模仿祝穆，补撰新集（36 卷附目录 1 卷）、外集（15 卷附目录 1 卷），元代祝渊又补撰遗集。本研究所用版本为日本内阁文库藏本，索书号：别 061-0001。
　③ 王文锦译解：《礼记译解上》，北京：中华书局，2016 年，第 55 页。
　④《新编古今事文类聚》，宋代祝穆编，全书含前集（60 卷附目录 1 卷）、后集（50 卷附目录 1 卷）、续集（28 卷附目录 1 卷）、别集（32 卷附目录 1 卷）。元代富大用模仿祝穆，补撰新集（36 卷附目录 1 卷）、外集（15 卷附目录 1 卷），元代祝渊又补撰遗集。本研究所用版本为日本内阁文库藏本，索书号：别 061-0001。

例6

(13)《堪忍記》卷五・大義を思ひたつ堪忍第十九・十二、分際なきもの大　機なるは僻事なりといふ事

　　事林広記に、人窮すれば計拙く、馬瘦ぬれば毛長し。①

(14)《新刻前贤切要明心宝鉴》②

　　人穷志短，马瘦毛长。

(15)《事林广记》前集卷之九《警世格言・通用警语》③

　　人穷计拙，马瘦毛长。

例7

(16)《堪忍記》卷第二・財欲の堪忍第八・七、蟷螂の蝉をとる事

　　蟷螂は蝉をねらひて、うしろに雀のあることをしらず。④

(17)《明心宝鉴》省心篇第十一

　　人心不足蛇吞象，世事到头螳捕蝉。

　　例6中(13)也明确标有出典，为《事林广记》。(13)意为"人穷计拙，马瘦毛长"，"人穷""马瘦"这样的对偶句极其常见，但通常写作"人穷志短，马瘦毛长"。《明心宝鉴》的姊妹篇《新刻前贤切要明心宝鉴》就有"人穷志短，马瘦毛长"。如(14)所示。但，(13)中使用"拙"字，这与《事林广记》所记一致，因此，此处出

---

① 浅井了意全集刊行会編：『浅井了意全集』(仮名草子編1)，東京：岩田書院，2007年，第126頁。

② 李朝全点校：《明心宝鉴附新刻前贤切要明心宝鉴》，北京：华艺出版社，2007年，第225页。此书所用《明心宝鉴》版本为癸丑年（1553）年刊本，现藏于国家图书馆。

③（元）陈元靓编：《新编纂图曾类群书类要事林广记》，本研究所用版本为日本内阁文库藏本，丰后佐伯藩主毛利高标献本。前集（13卷）、后集（13卷）、续集（13卷）、别集（11卷）。索书号：别060-0001。

④ 浅井了意全集刊行会編：『浅井了意全集』(仮名草子編1)，東京：岩田書院，2007年，第49頁。

典确为《事林广记》。①目前尚无比较《堪忍记》与《事林广记》关系的研究，在今后研究中应更多关注了意作品与《事林广记》的关系。例7中（16）与（17）的出典关系十分明了，在此不做赘述。

上述7例皆是关于语句的出典考，关于故事全文的出典也有新的发现，具体可见例8与例9。

例8
(18)《堪忍記》巻第一・貪欲をとどむる堪忍第六

漢の楊秉は、楊震の曾孫なり。先祖の陰徳を相つぎて、みな三公のくらゐにいたり、ますます徳をおさめ、事をつつしみ侍へり。楊秉みづからいはく、世の人の惑おほし。われ三つの惑をはなれたり。いはゆる酒と色と財となり。人この三つをはなるるときは、何事おそれあらんとへり。②

(19)《事文类聚》别集卷十七性行部《有三不惑》③

后汉杨秉，为太尉，性不饮酒又早丧夫人，遂不复娶，所在以淳白称。常从容言曰："我有三不惑：酒、色、财也。"故赞曰："秉去三惑"。

(20)《后汉书》卷五十四杨震列传第四十四《杨秉》

秉性不饮酒，又早丧夫人，遂不复娶，所在以淳白称。常从容言曰："我有三不惑：酒、色、财也。"八年薨，时年七十四，赐茔陪陵。④

---

① 《事林广记》成书于南宋末年，作者为陈元靓。《事林广记》在宋元两朝被广泛使用，入明之后更是翻刻不断，后传入朝鲜、日本，从目前流传的版本看以明刻本与和刻本居多，大量和刻本的存在间接证明此书在日本曾广泛流播有着较大的影响力。参见：王珂：《事林广记》版本考略，《南京师范大学文学院学报》，2016年6月，第167-175页；闫艳、齐佳垚：和刻本《事林广记》整理札记，《东方论坛》，2018年7月，第63-67页。

② 浅井了意全集刊行会编：『浅井了意全集』(仮名草子編1)，東京：岩田書院，2007年，第30頁。

③ 《新编古今事文类聚》，宋代祝穆编，全书含前集（60卷附目录1卷）、后集（50卷附目录1卷）、续集（28卷附目录1卷）、别集（32卷附目录1卷）。元代富大用模仿祝穆，补撰新集（36卷附目录1卷）、外集（15卷附目录1卷），元代祝渊又补撰遗集。本研究所用版本为日本内阁文库藏本，索书号：别061-0001。

④（南朝宋）范晔撰、（唐）李贤等注：《后汉书》，北京：中华书局，1965年，第1769-1775页。

例 8 中 (18) (19) 两段故事的主人公皆为东汉杨秉，杨秉品行端正，其"三不惑"论为世人所周知。(18) (19) 两段划线部分具有明显的出典对照关系，(18) 翻译成中文为："杨秉自曰：'世人多三惑，我去三惑。人去酒、色、财，从容无所惧。'"这与 (19) 的"常从容言曰：'我有三不惑：酒、色、财也。'""秉去三惑"语序、语意基本一致。了意将后半句"秉去三惑"的"去"转为日语的"放る"，这种翻案方法符合了意常用的将汉字语汇翻案为相似的日文词汇的手法。(19)《有三不惑》在《后汉书》中也有收录，引《后汉书》内容为 (20)，(19) 与 (20) 相比，内容几乎一致。但 (19) 与 (20) 相比，句首强调了"后汉"，这与 (18) 句首的"漢の楊秉"更加相似。此外，(18) 与 (19) 中加有边框的文字表述相近，而此类表述在 (20) 中不可见。再加之《事文类聚》别集被指摘为《堪忍记》出典之一，因此 (19) 所示《事文类聚》别集所收《有三不惑》应为 (18)《堪忍记》第一卷"止贪欲"堪忍第六部分的出典。

例 9

(21)『堪忍記』卷第五・大義を思ひたつ堪忍第十九・二、周の文王の事

　周の文王は、そのさきの名を西伯とぞ申しけり。殷の紂王の臣下として、さまざまいさめを申されしに、<u>紂王いかりて、その子をとらへてころし、その肉を羹につくりて、西伯にあたへて食せしめたり。西伯これを食し給ふ</u>。紂王わらひてのたまはく、<u>たれか西伯を大聖人なりとはいふ、わが子の肉を食してしらずとあざけり侍べり</u>。①

(22)《事文类聚》后集卷三人伦部《烹子遺羹》

　　文王长子曰伯邑考，<u>紂烹以为羹，以赐文王</u>，曰："圣人不食

---

① 浅井了意全集刊行会編：『浅井了意全集』(仮名草子編 1)，東京：岩田書院，2007 年，第 117 頁。

其子羹"，文王得而食之。纣曰："谁谓西伯圣贤者，与食其子羹而不知。"①

例 9 的（21）为《堪忍记》第五卷《周文王之事》的原文引用，（22）为《事文类聚》后集卷三人伦部《烹子遗羹》的原文引用。首先从故事主题来看，两则故事的主题都是"文王食子"，再从故事情节与词语使用方面分析，（21）中的划线部分可直译为"纣王怒，取其子杀之，以其肉做羹，使其食之，西伯食之。""纣王嘲曰：'谁言西伯为大圣人，与食其子而不知。'"这与（22）划线部分语意完全一致。如（21）"以其肉（伯邑考）做羹"与（22）"烹以为羹"，（21）"使其食之。西伯食之""谁言西伯为大圣人，与其食子而不知"与（22）"圣人不食其子羹，文王得而食之。"等具体词语表现基本一致。表述稍有更改的原因，在于了意在创作《堪忍记》时已开始用翻案手法，会根据创作需求进行改编。从上述（21）与（22）的比较分析，无论故事主题还是语言表达两则故事都存在出典对应关系。

以上是笔者考证得出的 9 例出典，新的出典还有其他几例，详见文末附录二《堪忍记》出典关系对照表。

二、《堪忍记》出典辨误

下面对先行研究的出典结论进行辨误。

先来分析先行研究中关于句子出典的结论。小川武彦[②]、成海

---

① 《新编古今事文类聚》，宋代祝穆编，全书含前集（60 卷附目录 1 卷）、后集（50 卷附目录 1 卷）、续集（28 卷附目录 1 卷）、别集（32 卷附目录 1 卷）。元代富大用模仿祝穆，补撰新集（36 卷附目录 1 卷）、外集（15 卷附目录 1 卷），元代祝渊又补撰遗集。本研究所用版本为日本内阁文库藏本，索书号：别 061-0001。

② 小川武彦：『堪忍記』の出典上の 1——中国種の説話を中心に，『近世文芸研究と評論』(10)，1976 年 5 月，第 52-68 頁；小川武彦：『堪忍記』の出典上の 2——中国種の説話を中心に，『近世文芸研究と評論』(13)，1977 年 6 月，第 1-12 頁。

俊[①]等皆认为《堪忍记》中的语句，特别是结论性强、教育性强的语句多翻案自《明心宝鉴》。与小川武彦不同，成海俊的研究以《明心宝鉴》为原点向外扩散，忽略了《堪忍记》其他出典，甚至无视文中的出典标注，下面通过例 10 进行论述。

例 10

(23)『堪忍記』卷第一・瞋恚をとどむる堪忍第四・三空也上人忍辱の行の事

　　四十二章経に、悪人の賢者を害するは、なを天に仰ぎて唾はくがごとし。唾天をけがさず。かへって、をのれが身をけがすといへり。[②]

(24)《明心宝鉴》戒性篇第八

　　恶人骂善人，善人总不对。善人若还骂，彼此无智慧。不对心清凉，骂者口热沸。正如人唾天，还从己身坠。[③]

(25)《四十二章经》第八章《尘唾自污》

　　佛言："恶人害贤者，犹仰天而唾；唾不至天，还从己堕。逆风扬尘，尘不至彼此，还坌己身。贤不可毁。"[④]

　　例 10 中（23）为《堪忍记》原文，（24）为《明心宝鉴》原文，（25）为《四十二章经》原文。（23）中了意已经明示引自《四十二章经》，但成海俊无视了意的标注，认为（23）应出自《明心宝鉴》，

[①] 成海俊：『明心宝鑑』の伝承と影響：各国における研究史とその問題点（共同研究「日本思想史と朝鮮」研究報告），『米沢史学』(13)，1997 年 6 月，第 39-51 頁；成海俊：貝原益軒の勧善思想——『明心宝鑑』と関連づけて（特集 韓国の日本研究），『季刊日本思想史』(56)，2000 年，第 20-32 頁；成海俊：『堪忍記』の思想——『明心宝鑑』からの引用を中心に，『日本思想史研究』(33)，2001 年，第 56-69 頁。

[②] 浅井了意全集刊行会編：『浅井了意全集』(仮名草子編 1)，東京：岩田書院，2007 年，第 25 頁。

[③]（明）范立本編《新刊大字明心宝鉴》，景泰 5 年（1454），筑波大学附属図書館藏，索书号：ロ 880-119。

[④] 尚荣译著：《四十二章经》，北京：中华书局，2013 年，第 22 页。

第二章 《堪忍记》《狗张子》所涉汉文典籍研究 | 75

即（24）所示的文字。① 下面将（23）（24）（25）三段文字进行比较，若将（23）还原为汉文则为："恶人害贤者，犹仰天而唾；唾不至天，还坌己身"。这与（25）《四十二章经》的内容一字不差，将"犹"这样的连词都准确翻译出来，（23）应是直接翻译自《四十二章经》。《堪忍记》中仅此一处出自《四十二章经》，了意是否读过《四十二章经》就成为问题的关键所在。《四十二章经》又名《佛说四十二章经》，是印度传至中国的第一部佛教典籍。② 《四十二章经》因为全书共分为四十二段而得名，每一段一个主题，每一段一个故事，这与《堪忍记》的编写体例十分相似。《四十二章经》全书内容通俗易懂，了意常引其文字到作品中。早于《堪忍记》成书的《劝信义谈钞》上卷③中就明确引有《四十二章经》第二十八章《无着得道》"不为鬼神所遮"一句。《阿弥陀经鼓吹》第二卷第十八《翻译之始付胡梵之别》一节开篇即说"迦叶摩腾法师，后汉明帝之时，白马负佛经来真丹国（震旦国）。译四十二章经，为翻译之始"。④ 据此可知，作为唱导僧人的了意十分熟悉《四十二章经》中的内容。例10中（23）的文字确实如了意所标示，出自《四十二章经》无误，而非成海俊所指的《明心宝鉴》。

接着分析先行研究中关于故事出典的结论。花田富二夫先后在其论文与专著中论述《堪忍记》的出典问题⑤，但值得商榷的地方较多，其对《迪吉录》篇章的标注有误，具体如表3。

---

① 成海俊：『堪忍記』の思想——『明心宝鑑』からの引用を中心に，『日本思想史研究』(33)，2001年，第56-69頁。

② 尚荣译著：《四十二章经》，北京：中华书局，2013年，第1页。

③ 浅井了意全集刊行会編：『浅井了意全集』（仏書編1），東京：岩田書院，2009年，第38頁。

④ 浅井了意全集刊行会編：『浅井了意全集』（仏書編1），東京：岩田書院，2009年，第376頁。

⑤ 花田富二夫：『堪忍記』周辺考：和・漢堪忍説話の視角を中心に，『大妻国文』(28)，1997年3月，第79-96頁；花田富二夫：『仮名草子研究：説話とその周辺』（新典社研究叢書151），東京：新典社，2003年，第90-122頁。

表 3 《迪吉录》出典内容标注勘误

序号	《堪忍记》篇章名	花田富二夫考	笔者校对
（1）	堪忍記卷第三・父母につかうる堪忍第十三 五、孝行なる貧者虎に逢て金を得し事	《迪吉录》公鉴门"建德孝农～～"	《迪吉录》第五卷公鉴一孝弟门《建德孝农遇虎弭驯去》
（2）	堪忍記卷第六・女鑑上・姑につかふる堪忍第廿一 四、孝行なる新婦財の米嚢を得たる事	《迪吉录》公鉴门"田孝妇～～"	《迪吉录》第八卷公鉴四女鉴门《田妇养食天谷》
（3）	堪忍記卷第七・女鑑中・継子をそだつ堪忍第廿三 三、五人の継子を我が産みける三人の子よりいたはりそだてし事	《迪吉录》女鉴门"魏母慈～～"	《迪吉录》第八卷公鉴四女鉴门《魏母慈前子而己子并贵》
（4）	堪忍記卷第六・女鑑上・姑につかふる堪忍第廿一 五、三人の新婦不孝故に畜生に成たる事	《迪吉录》女鉴门"杜妇逆～～"	《迪吉录》第八卷公鉴四女鉴门《杜妇逆变异类》

《迪吉录》[①]全书共有九卷，分别是首卷、一卷、心卷、普卷、度卷、兆卷、世卷、太卷、平卷，合起来为"首一心普度兆世太平"，其中首卷分其辨、六祝、三破三个部分，一卷、心卷、普卷、度卷四卷分别对应管鉴一、管鉴二、管鉴三、管鉴四，兆卷、世卷、太卷、平卷分别对应公鉴一、公鉴二、公鉴三、公鉴四，其标题的划分格式为卷、鉴、门三级。如表3所示，（1）的出典花田富二夫直

---

① （明）颜茂猷：《迪吉录》，本研究所用版本为崇祯四年（1631）刊本，系红叶山文库旧藏，现藏于日本内阁文库，索书号：子 077-0009。

接使用"公鉴门",但《迪吉录》全书并无"公鉴门"这一说法,仅可见二级标题"公鉴一"至"公鉴四"的用法。表3(2)(3)(4)的出典标注为"女鉴门","女鉴门"实为《迪吉录》平卷公鉴四的最后一门,是三级标题的标示方法,花田富二夫的标注有误,同时还混淆了《迪吉录》的二级标题与三级标题。花田富二夫的出典考据的结论也有不妥之处,[①]试举两例进行分析,详见例11与例12。

例 11
(26)《太平广记》卷第一百二十九报应二十八《梁仁裕婢》

　　唐梁仁裕为骁卫将军,先幸一婢。妻李氏,甚妒而虐,缚婢击其脑,婢**号**呼曰:在下卑贱,制不自由,娘子锁项,苦毒何甚。婢死后月余,李氏病。常见婢来唤。李氏头上生四处痒疽。脑溃。昼夜鸣叫。苦痛不胜。数月而**卒**。[②]

(27)《迪吉录》第八卷公鉴四女鉴门《梁仁裕妻捶婢脑亦创溃》

　　唐梁仁裕为骁卫将军,先幸一婢。妻李氏,甚妒而虐,缚婢击其脑,婢呼曰:在下卑贱,制不自由,娘子锁项,何苦毒。如是婢死后月余,李氏病。常见婢来唤。于是头上生四处痒疽。脑溃。昼夜鸣叫。苦痛不胜。数月而**死**。[③]

　　例11中(26)内容为《太平广记》卷第一百二十九报应二十八《梁仁裕婢》全文,(27)为《迪吉录》第八卷公鉴四女鉴门《梁仁裕妻捶婢脑亦创溃》全文。花田富二夫认为(26)为《堪忍记》出典,(26)与(27)的故事内容与《堪忍记》第七卷第八则故事梗概与细节一致,故不赘引《堪忍记》的内容。仅比较(26)与(27)两文,从故事梗概到故事细节二者几乎一致。若非要论其不同,两文在内容上仅有两字之差,一处是"婢号呼曰"与"婢呼曰",(26)

[①] 花田富二夫:『堪忍記』周辺考:和・漢堪忍説話の視角を中心に,『大妻国文』(28),1997年3月,第79-96頁;花田富二夫:『仮名草子研究:説話とその周辺』(新典社研究叢書151),東京:新典社,2003年,第90-122頁。
[②] (宋)李昉等编:《太平广记》,北京:中华书局,1961年,第916页。
[③] (明)颜茂猷:《迪吉录》,本研究所用版本为崇祯四年(1631)刊本,系红叶山文库旧藏,现藏于日本内阁文库,索书号:子 077-0009。

比（27）多一个"号"字，但两句话语意并无差别。还有一处是文末的"数月而卒"与"数月而死"，"卒"与"死"语意也并无较大差别。但《堪忍记》第七卷第八则故的文末是"そのまま死にけり"（就那样死了），文中用的是"死"字，这显然与（27）文末所用"死"字一致。因此，《堪忍记》第七卷第八则故事的出典应是（27）《迪吉录》第八卷公鉴四女鉴门《梁仁裕妻捶婢脑亦创溃》，而非花田富二夫所指的《太平广记》。

再举一例，如例12所示。花田富二夫认为《堪忍记》第二卷《光武帝臣子张湛》的出典有二，其一为《蒙求和歌》，其二为《蒙求》。[①] 先赘引相关篇章原文如下：

例12

（28）《堪忍記》卷第二・主君につかうまつる堪忍第十・光武皇帝の臣下張湛が事

張湛といへる臣下は、後漢の光武皇帝のとき、忠節の臣下也。君あしきまつりごとあれば、度ごとにそのあやまちをいさめたてまつる。君も常に此人をばよきものにおほししいれて、おそれさせ給ふ。張湛常に白き馬にのりて、禁中へ参内あり。みかどその張湛がきたれるを見給ひては、白馬生きたれるはまた朕をいさめんといふかとて、おそれてうやまひ給ひけるとなり。

（29）『蒙求和歌』（片仮名本）第八閑居部「張湛白馬」

張湛、後漢扶風人也、ツネニ白馬ニノリケレバ、ヨノ人、白馬先生トゾナヅケケル、オホヤケ、心ノカシコキ事ヲキキ給ヒテ、司徒ニナサレシカドモ、スナホナラヌヨノマツリ事ヲカタブキシタガハズ、朝堂ニイタリテ、イツハリテシタテユバリヲシタリ、病ノオモキヨシヲノブ、ツヒニコモリキニケリ。[②]

[①] 花田富二夫：『堪忍記』周辺考：和・漢堪忍説話の視角を中心に，『大妻国文』（28），1997年3月，第79-96頁；花田富二夫：『仮名草子研究：説話とその周辺』（新典社研究叢書151），東京：新典社，2003年，第90-122頁。

[②] 源光行著，章剣校注：『「蒙求和歌」校注』，広島：溪水社，2012年，第280-283頁。

(30)『蒙求和歌』(平仮名本) 第八閑居部「張湛白馬」

張湛、恒に白馬に乗りければ、白馬先生とぞなづけける、心の賢き事、聞き給ひて、司徒になされしかども、すなほらぬ世の政を傾きてしたがはず、終に籠にけり。①

(31)《蒙求》

史丹青蒲, 张湛白马。②

(32)《事文类聚》新集卷二十一诸院部《张湛白马》

汉光武帝临朝, 或有惰容, 张湛辄谏其失。常乘白马, 帝每见湛辄言："白马生复谏矣"③

(33)《事文类聚》后集卷三十八毛虫部《白马生谏》

汉张湛为光禄勋, 帝临朝或有惰容, 张湛辄谏其失。常乘白马, 上每见湛辄言曰："白马生且复谏矣"④

(34)《后汉书》卷二十七宣张二王杜郭吴承郑赵列传第十七《张湛传》

张湛字子孝, 扶风平陵人也。矜严好礼, 动止有则, 居处幽室内, 必自修整, 虽遇妻子, 若严君焉。及在乡党, 详言正色, 三辅以为仪表。人或谓湛伪诈, 湛闻而笑曰："我诚诈也。人皆诈恶, 我读诈善, 不亦可乎。"成哀闲, 为二千石。王莽时, 历太守、都尉。建武初, 为左冯翊。在郡修典礼, 设条教, 政化大行。后告归平陵, 望寺门而步。主簿进曰："明府位尊德重, 不宜自轻。"湛曰：礼, 下公门, 轼辂马, 孔子于乡党, 恂恂如也。父母之国, 所宜尽礼, 何谓轻哉。五年, 拜光禄勋。光武临朝, 或有惰容, 湛辄陈谏其失。

---

① 源光行著、章剣校注：『「蒙求和歌」校注』, 広島：溪水社, 2012 年, 第 280-283 页。
② 乔天一译注：《蒙求》, 北京：中华书局, 2014 年, 第 69 页。
③《新编古今事文类聚》, 宋代祝穆编, 全书含前集 (60 卷附目录 1 卷)、后集 (50 卷附目录 1 卷)、续集 (28 卷附目录 1 卷)、别集 (32 卷附目录 1 卷)。元代富大用模仿祝穆, 补撰新集 (36 卷附目录 1 卷)、外集 (15 卷附目录 1 卷), 元代祝渊又补撰遗集。本研究所用版本为日本内阁文库藏本, 索书号：别 061-0001。
④《新编古今事文类聚》, 宋代祝穆编, 全书含前集 (60 卷附目录 1 卷)、后集 (50 卷附目录 1 卷)、续集 (28 卷附目录 1 卷)、别集 (32 卷附目录 1 卷)。元代富大用模仿祝穆, 补撰新集 (36 卷附目录 1 卷)、外集 (15 卷附目录 1 卷), 元代祝渊又补撰遗集。本研究所用版本为日本内阁文库藏本, 索书号：别 061-0001。

常乘白马，帝每见湛，辄言"白马生且复谏矣"。①

　　（28）为《堪忍记》第二卷《光武帝臣子张湛》原文。故事主要登场人物为汉光武帝和张湛两位。故事内容可分为前后两部分，前一部分可概述为汉光武帝的忠臣张湛敢于谏言，光武帝常避之；后一部分可概述为，张湛常骑白马上朝，光武帝每每见此皆言白马先生复谏。《蒙求和歌》的片假名本（29）与平假名本（30）故事的登场人物只有一位即张湛，两则故事内容梗概也基本一致，可概括为张湛因常骑白马，故被称为白马先生，其人贤德官拜司徒而后归隐。整个故事应为张湛略传，与（28）相比少了一位登场人物，也未提及向皇帝谏言之事。因此，将（29）与（30）认定为（28）的出典实为不妥。《蒙求》中虽有古注，但情节较简单，因此（31）亦不可能是（28）的出典。（32）为《事文类聚》新集《白马生谏》原文，（33）为《事文类聚》后集《张湛白马》原文，（34）为《后汉书》中《张湛传》原文。（32）与（33）虽短，但登场人物皆为"张湛"与"帝"。故事内容也可分为两部分，前半部为张湛直谏，后半部为帝每见张湛骑白马，便言白马生复谏。无论登场人物或是故事情节，（32）（33）皆与（28）一致。但（32）中直接言明"汉光武帝"与（28）中的"漢の光武皇帝"一致。再看具体用词，（28）划线部分"そのあやまち"的常用汉字是"其失"这与（32）原文"常谏其失"中"其失"一致。此外，详细比对（32）与（34）可知，（32）句首为"汉光武帝"，（34）为"光武"，显然（32）与（28）中的"漢の光武皇帝"一致。因此，（28）的出典应为（32）《事文类聚》。

　　综上，本节在比较研究《堪忍记》与《迪吉录》《明心宝鉴》《四十二章经》《事林广记》等汉文典籍原文的基础上，指出12处新的出典，其余7例在此不做赘述，笔者将《堪忍记》的出典成果整理为附录二，详见文末附录二。

---

①（南朝宋）范晔撰、（唐）李贤等注：《后汉书》，北京：中华书局，1965年，第928-930页。

第二节 《狗张子》研究

　　《狗张子》是了意最后一部作品，又作《犬张子》《狗波利子》，《狗张子》刊行于元禄五年（1692）即了意圆寂后的第二年。《狗张子》的刊行标志着假名草子时代的真正结束，在日本文学史上的意义不容小觑，《狗张子》对了意及其作品研究至关重要。首先，《狗张子》是现存为数不多的了意自己书写的作品①，是研究了意笔迹学的珍贵资料。其次，《狗张子》研究对于研究日本怪异小说题材内容的流变意义重大。《狗张子》自刊行之后便被大量改印翻刻，如《仙术犬张子》、六卷三册本《狗张子》等删减本不断出现且流传至今。②本节将厘清《狗张子》与汉文典籍的关系，考辨第四卷《不孝之子沦为犬》的出典。

一、《狗张子》所涉汉文典籍

　　关于《狗张子》所涉汉文典籍的研究始于山口刚所著《怪谈名作集》，山口刚对《伽婢子》与《狗张子》进行了详细的论考③，对《狗张子》中部分作品所涉汉文典籍进行了考察④，为《狗张子》出典研究打下了基础。他认为《剪灯新话》的续作是《剪灯余话》，而《狗张子》是《伽婢子》的续作。因此，《狗张子》所收故事自然应多出自《剪灯余话》。麻生矶次与山口刚的论点不同，他明确指出《狗

---

① 据石川透考，《狗张子》前六卷内容应为了意笔迹无误，仅第七卷疑为他人代笔。参见：石川透：浅井了意自筆資料をめぐって，『近世文芸』(76)，2002 年 7 月，第 1-13 頁；北条秀雄：『新修浅井了意』，東京：笠間書院，1974 年，第 205 頁。

② 现存《仙术犬张子》版本，有大妻女子大学图书馆藏本等。现存六册三卷本《狗张子》版本，有京都大学附属图书馆藏本等。参见：江本裕：《狗张子》解题，浅井了意全集刊行会编：『浅井了意全集』（仮名草子編 5），東京：岩田書院，2015 年，第 436 頁。

③ 山口剛：『怪談名作集』（日本名著全集），東京：日本名著全集刊行会，1927 年，第 29-65 頁。

④ 山口剛：『怪談名作集』（日本名著全集），東京：日本名著全集刊行会，1927 年，第 65-95 頁。

张子》虽被称为《伽婢子》续篇①，但其受《剪灯余话》的影响不深。他认为应扩大研究视野，须对比研究了意作品与《太平广记》《古今奇观》《古今说海》《唐人说荟》等小说集以及《警世恒言》等冯梦龙作品的关系。麻生矶次并未详细分析上述典籍与《狗张子》的出典关系，其结论仍有较大的探讨余地。

此后，富士昭雄对《狗张子》所涉汉文典籍进行了全面考察②，提出《稽神录》《续玄怪录》等汉文典籍也可能是《狗张子》出典的结论，他认为《本朝神社考》《本朝故事因缘集》《甲阳军鉴》《元亨释书》《太平记》等日本典籍也是《狗张子》的出典。《狗张子》所涉汉文典籍研究的最新成果是《〈狗张子〉注释》系列论文③，江本裕将《狗张子》所收 40 篇故事逐一进行注释与解读，并提出汉文典籍《博异记》以及日本典籍《武者物语》《新语园》等也是《狗张子》出典的论断，但《〈狗张子〉注释》系列文章以注释为主，并未详细论述出典关系。

综上，山口刚的研究最早，但仅以《狗张子》中少量故事为例进行研究。麻生矶次的研究相较山口刚的基础虽有完善，但多为观点提出而未详论。富士昭雄与江本裕的考察最为全面，但各有不足。富士昭雄强调《太平广记》与《狗张子》的关系，忽视了《伽婢子》的出典《五朝小说》与《狗张子》的关系。江本裕的考察注重单本志怪小说集，忽视了类书。林义端曾指出"（了意对）旧集《伽婢子》拾遗补阙，作《狗张子》若干卷，拟为其续

---

① 麻生磯次：『江戸文学と支那文学：近世文学の支那的拠と読本の研究』，東京：三省堂，1946 年，第 33-39 頁。参见：麻生磯次：『江戸文学と中国文学』，東京：三省堂，1976 年。

② 冨士昭雄：浅井了意の方法——『狗張子』の典拠を中心に，『名古屋大学教養部紀要 A 人文科学·社会科学』(11)，1967 年，第 30-47 頁；冨士昭雄：伽婢子と狗張子（近世小説——方法と表現技巧），『国語と国文学』，1971 年 10 月，第 25-36 頁。

③ 江本裕：『狗張子』注釈（一），『大妻女子大学紀要』（文系 31），1999 年 3 月，第 107-122 頁；江本裕：『狗張子』注釈（二），『大妻女子大学紀要』（文系 32），2000 年 3 月，第 71-97 頁；江本裕：『狗張子』注釈（三），『大妻女子大学紀要』（文系 33），2001 年 3 月，第 107-122 頁；江本裕：『狗張子』注釈（四），『大妻女子大学紀要』（文系 37），2005 年 3 月，第 115-138 頁；江本裕：『狗張子』注釈（五），『大妻女子大学紀要』（文系 38），2006 年 3 月，第 59-99 頁。

集"①，因此《伽婢子》出典之一的《五朝小说》与《狗张子》的对应关系值得深入研究。江本裕指出《狗张子》第七卷《蜘蛛冢》出典为《博异志》中的《木师古》。《博异志》中的内容曾多次被了意翻案入《伽婢子》②，但了意所用的《博异志》为《五朝小说》之《存唐人百家小说》第六卷所收的《博异志》，因此，《蜘蛛冢》的出典也应为《五朝小说》。此外，江本裕指出《狗张子》第七卷《鼠妖怪》出典为《稽神录》中的《田达诚》，而《稽神录》中的《田达诚》在《五朝小说》中也有收录。且这两则故事都见于林罗山旧藏本《五朝小说》。③因此，《狗张子》第七卷的《蜘蛛冢》与《鼠妖怪》的出典也应为《五朝小说》，即《五朝小说》也是《狗张子》出典之一。

二、第四卷《不孝之子沦为犬》出典补考

目前关于《狗张子》的出典研究虽成果丰硕，但仍有很多故事出典不明，所以研究者非常关注《狗张子》作品的类话研究。先行研究成果中，《狗张子》40个故事几乎每一则都有至少一个类话，更有甚者类话数量多达8个。在《狗张子》45篇故事中第四卷《不孝之子沦为犬》最为特殊，《不孝之子沦为犬》与《堪忍记》第六卷《滑州狗头新妇》主题一致，都是"孝"。二者都是讲述对母亲不孝之人被天惩罚变成狗的故事，这是《狗张子》中唯一一篇与《堪忍记》中故事主题完全一致的作品。但，如此特别的一则故事却未能引起关注，至今未见任何研究论及。下面笔者将从故事情节入手分析这两则故事。

先以《滑州狗头新妇》为例进行分析，《滑州狗头新妇》的出典

---

① 林义端：《狗张子》序，笔者译。参见：浅井了意全集刊行会编：『浅井了意全集』(仮名草子编5)，東京：岩田書院，2015年，第305页。

② 《博异志》中的《阴隐客》与《马侍忠》分别为《伽婢子》第七卷《雪白明神》与第九卷《下届的仙境》二文的出典。参见：黄昭渊：『伽婢子』と叢書——『五朝小説』を中心に，『近世文芸』(67)，1998年1月，第1-11页。

③ 目前认为与浅井了意所用版本最接近的是林罗山旧藏本，现藏于日本内阁文库（索书号：371-0006)，本研究所用《五朝小说》版本是明刊林罗山旧藏本。

被指为《迪吉录》第八卷公鉴四女鉴门《酸枣妇雷换狗头》。① 主题相似的故事仍可见于《冥报记》《太平广记》《独异记》《法苑珠林》等汉文典籍以及日本典籍《鉴草》。《独异记》上卷《贾耽为滑州节度使》与《迪吉录》中的《酸枣妇雷换狗头》内容一致，应属同一系统。《法苑珠林》中"隋大业中"一段出典为《冥报记》，与《冥报记》内容一致，应属同一系统。《鉴草》卷一孝逆之报《滑州酸枣县》则是根据《迪吉录》内容翻译而来，每个系统各举一例进行分析。《太平广记》中《河南妇人》一则虽标注出自《冥报记》，但由于表述略有不同，且《太平广记》有被了意使用的可能，为方便论述将《太平广记》中《河南妇人》以及《冥报记》下卷的《隋河南人妇》原文赘引如下：

例1

(1)『堪忍記』卷第六・女鑑上・姑につかふる堪忍第廿一・滑州の狗頭新婦が事

A. 滑州の酸棗県といふ所の民、B. その妻いたりて不孝のものなりけり。姑は、年はなはだかたふきて、両眼つぶれたり。新婦これをにくみあなづり、物ことにつらくあたり、いさかひどよみければ、姑は只啼より外の事なし。ある時、夫の田に行ける跡に、C. 食をそなふるとて、にくさのあまりにや、食の中に犬の糞をつきまぜてさづけたり。姑その味のあしく、匂ひ常ならざりければ、ひそかに食ずして、わが子のかへりたるを待て、これは何やらん喰れもせず、味あしく、きたなうさきそやとて見せたり。子はこれを見るより涙を流して、さてなさけなき事をいたしける者かな。両眼なければとて、かかる物うきめ見せける事よとて、声うちあげてなきける所に、D. 天井より熊の手のごとくなるくろき手をいだし、新婦がかうべをひつさげてあがる。あらかなしと

---

① 小川武彦：『堪忍記』の出典上の 1——中国種の説話を中心に，『近世文芸研究と評論』(10)，1976年5月，第52-68頁；小川武彦：『堪忍記』の出典上の2——中国種の説話を中心に，『近世文芸研究と評論』(13)，1977年6月，第1-12頁。

いふ声のみのこりて見えず。こはおそれて、母をかきいだきにげ出つつ、暫らくありて内に入て見れば、妻が衣裳はもとのことく、手足もかはらず、E. 首ばかりぬきかへられて、狗の頭となりて、踞をして居ける。その所の奉行は F. 賈耽 といふ人なり。やがて G. 此新婦が首に縄をつけ、国中を曳きめぐらして、姑に不孝なるもののいましめと見せらる。H. 狗頭新婦とて、世にかくれなし。①

(2)《迪吉録》第八卷公鑒四女鑒門《酸棗婦雷換狗頭》

　　　f. 賈耽 为 a. 滑州 节度。a. 酸枣县 b. 有俚妇事姑不敬，c. 姑年甚老，无双目。旦食，妇以食裹犬粪授姑。姑食之，觉有异气，其自出远还，姑问其子此何物，向者妇与吾食。其子仰天大哭。有顷，d. 雷电发，若有人截妇首，e. 以犬续之。f. 耽 g. 令牵行于境内，以告不孝者时人谓之 h. 狗头新妇。②

(3)《冥报记》下卷《隋河南人妇》

　　隋大业中，河南人妇养姑不孝。姑两目盲，妇切蚯蚓以为羹以食，姑怪其味，窃藏一脔，留以示儿。儿还见之，欲送妇诣县。未及，而雷震，失其妇。俄从空落，身衣如故，而易其头为白狗头。言语不异。问其故。答云："以不孝姑。为天神所罚。"夫以送官，时乞食于市，后不知所在。③

(4)《太平广记》卷第一百六十二感应二《河南妇人》

　　隋大业中，河南人妇养姑不孝。姑两目盲，妇切蚯蚓以为羹以食，姑怪其味，窃藏一脔，留示儿。儿见之号泣，将录妇送县。俄而雷雨暴作，失其所在。寻见妇自空堕地，身及服玩如故，而首变为白狗，言语如恒。自云："不孝于姑，为天神所罚。"夫乃斥去之。后乞食于道，不知所在。出《冥报记》④

---

① 浅井了意全集刊行会編：『浅井了意全集』(仮名草子編1)，東京：岩田書院，2007年，第139-140頁。
② (明)颜茂猷：《迪吉録》，本研究所用版本为崇祯四年（1631）本，系红叶山文库旧藏本，现藏于日本内阁文库，索书号：子 077-0009。
③ (唐)唐临撰、方诗铭辑校：《冥报记》，北京：中华书局，1992年，第56页。
④ (宋)李昉等编：《太平广记》，北京：中华书局，1961年，第1167-1168页。

例 1 中所有例文皆为全文引用，（1）为《狗张子》原文，（2）为《迪吉录》原文，（3）为《冥报记》原文，（4）为《太平广记》原文。（3）（4）是（1）（2）的类话。（1）（2）的故事梗概可概述如下：河南酸枣县一农妇对盲人婆婆极不孝顺，趁丈夫外出，喂婆婆食犬粪。察觉有异的婆婆，将食物留下来给儿子看。儿子看罢大哭，欲将妻子送官。忽然天有异样，农妇被换为狗头。其丈夫将她扭送官府，节度使贾耽令人牵"狗头新妇"游街。（3）（4）的故事梗概与（1）（2）基本一致，仅有两处细节不同。其一、食物不同。（1）（2）中农妇给婆婆吃的是犬粪，（3）（4）中农妇给婆婆吃的是蚯蚓之羹。其二、狗头颜色。（1）（2）中皆将妇人称为"狗头新妇"但未提及狗头颜色，（3）（4）中明确指出狗头颜色为白色，但未提及世人将其称为"狗头新妇"的细节。较（3）（4）而言，毫无疑问（2）的确是（1）的出典。

但是，（1）（2）有两处十分重要的细节不同。一个是换头方式不同。（2）是雷电中似有人截取妇人之头换为狗头，了意则翻案为自天井伸出熊手般黑手提起妇人头颅。颜茂猷在《迪吉录》第七卷公鉴二取财门《崔屠诈取赎母之金雷震死》文末评曰："雷能杀人又能生人"。颜茂猷认为"雷"是一种生命轮回的重要方式，在雷电中有人截取妇人头颅换为狗头的细节，十分符合其"雷能杀人又能生人"的观点。了意则突出的是黑手，且是像熊手一般的黑手。在了意的作品中熊有三种形象，一种是食物的熊掌，《狗张子》第一卷《足柄山》[①]就有"猩唇熊掌"佳肴的描写，显然这与本例中所指的"熊手"无关。再一种是助人为乐的熊，《孝行物语》第五卷《林祐》[②]中就刻画了救孝子林祐出山洞的熊。《浮世物语》第四卷《人优于万物》[③]中，了意点评世间动物时说："狮子威，老虎猛，熊强健，狐妖媚，

[①] 浅井了意全集刊行会编：『浅井了意全集』（仮名草子编 5），東京：岩田書院，2015 年，第 313 頁。

[②] 浅井了意全集刊行会编：『浅井了意全集』（仮名草子编 1），東京：岩田書院，2007 年，第 279—280 頁。

[③] 浅井了意全集刊行会编：『浅井了意全集』（仮名草子编 1），東京：岩田書院，2007 年，第 387 頁。

猩类人，猿智慧"。将上述意向叠加后，了意笔下的熊便是"助孝子，且强健"的形象。《笺注倭名类聚抄》关于熊的解释为："熊，犬身人足，黑色坚中，当心有白脂如玉"[①]，可见日本自古就将"熊手"类比为"人足"。了意用熊一般的手代替雷震中无形的手，借乐于帮助孝子的熊之手去惩戒不孝妇人，增强了故事趣味性，更好地宣扬了其"不孝有恶报"的劝善思想。此外，（1）比（2）多了一个细节描写，如（1）波浪线部分所示。这部分可翻译为"儿子十分害怕，抱起母亲仓皇而逃，过不久再进屋一看"，这样的细节在（2）中没有。上述细节描写增强了故事性的同时，更衬托出孝子形象，这与不孝妇人的形象形成鲜明对比。

综上，对比分析了《堪忍记》中《酸枣妇雷换狗头》与《迪吉录》中《滑州狗头新妇》的异同，并将上述两则故事与类话（3）（4）进行对比研究。确认了（2）为（1）的出典，明析了（1）与（3）（4）的不同之处。

浅井了意笔下的狗是负面的形象，《狗张子》第一卷《北条甚五郎》中写有"未得善果报，转世为狗"，了意认为转世为狗是对未行善事之人的惩罚。因此，在《堪忍记》中描写不孝之人的头会变为狗头，在《狗张子》中再次加入不孝子沦为狗的故事，即第四卷《不孝之子沦为犬》。下面论考《不孝之子沦为犬》与其出典《本朝故事因缘集》第五卷《洛外人为犬》之间的关系，为方便论述现录《不孝之子沦为犬》与《洛外人为犬》全文如下：

例2

(5)『狗張子』第四卷「母に不孝狗となる」

A. 永正年中に、都の西鳴滝といふ所に、彦大夫とて百姓あり。有徳にはあらねども、又世をわたるに人なみの身すぎをいたせし。田畠よくつくりて住けり。その生れつき無道にして、神仏の事、更にうやまひ貴とむ心なし。さるままにあたりちかき寺にも

[①] 神宮司庁編：『古事類苑』（50），東京：古事類苑刊行会，1908—1930年，第403頁。

まひりたる事もなく、乞食・非人の来るをも、あらけなくののしり、すこしのめぐみをほどこしあたふる事をしらず。
　B. 母をやしなふに、不孝なる事いふはかりなし。只明暮つらめしくあたりて、わづかにも心にたがふ事あれは、ことの外にいひ恥かしめ、母の年かたふきて、よろづつたなきを見ては、はやく死して隙をあけよかし、婆婆ふさげに無用の長生かなと、のろひいましむる事毎日なり。母これを聞に物うさ限りなく、汝は誰うみそだててかくは聞ゆらん。つれなく命の生ける事よと、我身を恨みて涙をおとさぬ日もなし。C. 母やまひにかかりて、食のあぢはひ心よからず、新婦をたのみて、ひとえの衣をうりて、そのあたひを彦大夫にわたし、D. これにて魚を買もとめてくれよといひしを、魚のあたひは取ながら、魚は更にもとめあたへず、隣の人あはれがりて鯉の羹ものをつくりて来りあたふるに、母にはまいらせずして、E. をのれぬすみてみなくひつくしけり。たちまちに腹をいたみ、さまさま薬をもちゆれとも、そのいたみ少もやみたるけしきなく、F. 吟臥て、くらき閨のうちに籠り、夜る昼五日のうちうめきけるを、人行ていかに間に、その身変じて狗となり、蹲まりて恥かしげにみえけるを、食ものをあたふれどもくはず、百日を経て死にけり。不孝のむくひ目の前にありと、たがひにおそれおどろき、親ある人は皆かうかうをいたしけるとぞ。①

(6)『本朝故事因縁集』第五巻「洛外人為犬」

　a. 永正年中、城州嵯峨ノ辺ニ無道ノ者アリ。b. 父母ニ不孝ニシエ、兄弟ニ親マズ。或ル時、c. 父病テ求食為薬食ハント価ヲ吾子ニ乞フ。嘗テ不出他人求テ d. 美物ヲ調フ。e. 其子盗デ食之、忽チ病テ伏コト。f. 五日、暗キ閨ニ臥テ不出。人怪テ見之為犬。終ニ辱人百日ニシテ、死スト云云。

　評曰：不孝ノ者ニ非ズ、況ヤ親薬食ヲ求ム。子盗エ食フ、誠ニ犬ナリ。異国ニモ例アリ。隋大業ノ中、河南ノ女人姑ヲ養テ、不

---

① 浅井了意全集刊行会編：『浅井了意全集』（仮名草子編5），2015 年，第 364-365 頁。

孝ナリ。姑盲目ナリ。或時蚯蚓ヲ求メ姑ニ食シム時ニ、天雷暴雨シテ。彼女人ヲ雲捲揚テ失ヌ。亦日ヲ経テ、虚空ヨリ落ス。見之、其面犬トナリ。終自害シテ死ト云云。①

例 2 中（5）为《狗张子》第四卷《不孝之子沦为犬》的全文，(6) 为《本朝故事因缘集》第五卷《洛外人为犬》的全文。(5) 中的 ABCDEF 六处分别对应（6）的 abcdef 六处。了意将（6）中 a "永正年中，城州嵯峨之边有无道者"扩展为（5）中 A 对应的文字，并增加宗教元素，把主人公彦大夫塑造成一个不信神佛、无同情心的恶人形象。同时略去（6）中主人公不亲兄弟的性格特征，仅保留其不孝的性格。全文至（5）的 B 处为止，刻画了一个无信仰、无同情心的不孝子形象。到此处，了意除放大了主人公性格缺点之外，基本遵循原典内容。B 处是了意加大改写力度的转折，B 处表明不孝子不孝顺母亲，其后的故事情节也围绕不孝顺"母亲"展开。但原典 b 中不孝顺的对象是"父母"，其后的故事情节围绕不孝顺"父亲"展开。原典中并未交代其父为何生病，内容略显突兀。了意则将文中母亲染病的原因归结为不孝子的咒骂，如（5）波浪线部分所示。不孝子咒其母早亡，辱其母除年纪大外一无是处，其母闻之忧郁不堪，日后抑郁而病。添加的这一细节，使整个故事逻辑性更强。

此外，了意又增加了如下细节：其母让儿媳帮其卖掉和服换钱，不料儿媳却将钱交给不孝子，让不孝子买鱼，不孝子却未买鱼。邻居见其母可怜，做"鲤鱼羹"给她，反而被不孝子偷吃。如此精彩的情节在原典中仅以"求他人买美物，其子盗食"一句略过。故事的结尾十分忠实原典，直接引用原典的"五日未出""人变成犬""百日而亡"等内容，了意在文末点明"不孝之报就在眼前"。而原典（6）则以中国故事为例进行佐证，(6) 所举中国故事正是例 1 中的（3）（4）。了意曾以"狗头新妇"为出典创作《堪忍记》，《狗

---

① 本研究所用《本朝故事因缘集》为日本国文学资料馆藏本，为元禄二年（1689）本，江户清兵卫开板。索书号：ヤ 7-90-1～5。所引内容为笔者翻刻。

张子》中再次收录同一主题的故事，足以见得了意对此类主题故事的喜爱。

　　但有以下几个问题值得关注。第一，孝顺的对象发生变化。《堪忍记》的孝子故事中，孝顺的对象一般只有一个即"母亲"，而不见孝顺父亲的故事，就连例2（6）不孝顺父亲的故事，都被翻案为不孝顺母亲的故事。本书第一章就曾论及了意父姓西川，了意应是其父年纪较大时所生，浅井是了意的母姓，浅井了意以母姓自称的原因，笔者认为可能与了意幼时丧父有关，由母亲抚养长大的了意自然对母亲十分尊重。《本朝女鉴》女式篇中就单列一节论述女子应如何孝顺婆婆。第二，"美物"与"鲤鱼羹"。出典中用的是其父求美物，此处的美物应为美味的食物，是语意笼统的词汇。而了意则翻案为其母想吃鱼，邻人做鲤鱼羹与之。此处，了意添加了邻人、鲤鱼、鲤鱼羹三种素材，这三种素材在原典中（6）皆无从查找，但在《迪吉录》中有迹可循，详见图4。图4为《迪吉录》第八卷公鉴四女鉴门中的一页，箭头所指的三则故事分别为：第一则《酸枣妇雷换狗头》、第二则《喻氏孝免雷厄》、第三则《姜诗妻事姑感鲤》。第一则与第三则分别为《堪忍记》第六卷女鉴上之《滑州狗头新妇之事》与《姜诗之妻孝顺公婆之事》的出典。因此，了意一定十分熟悉这一页内容。《姜诗妻事姑感鲤》一文有两个关键要素，第一是"邻母"，这与（5）《不孝之子沦为犬》中的"邻人"形象极其相似，邻人这一形象的设定，了意不是凭空设想，而是有所参照。前者是邻母与姜诗之母共食鱼，了意根据（5）的故事情节，改写为（5）中的邻人做鲤鱼羹与其母食，邻人的出现更加自然，邻人的"善"与不孝子的"恶"形成鲜明对比。第二是"鲤鱼"，无论是邻母所食之物，还是邻人所做的食物都是"鲤鱼"，因此了意在创作《不孝之子沦为犬》时，不仅参照了《本朝故事因缘集》中的《洛外人为犬》，也参考了《迪吉录》中的《姜诗妻事姑感鲤》。再看《狗张子》中各故事的排序，《不孝之子沦为犬》其后的故事为《不孝子遭雷劈》，这个题目与图4中《喻氏孝免雷厄》何其相似。《迪吉录》中先讲不孝妇沦为狗,再讲孝妇可免雷劈,《狗张子》先讲不孝之子沦为犬,再讲不孝子遭雷劈,此种排序方式与图 4 所载故事顺序完全一致。因此,推知了意在创作《狗张子》时也参考了《迪吉录》,即《迪吉录》也是《狗张子》出典之一。

《狗张子》所涉汉文典籍研究虽成果丰硕,但仍有大量故事的出典有待确认。先行研究中所指《狗张子》的出典涉及中日古代典籍二十余部,卷帙浩繁的典籍能否同时置于了意案头为了意所用等问题仍有待考察。综上可知,《堪忍记》的出典《迪吉录》也与《狗张子》存在出典关系,此论点是对已有研究结论的有力补充。

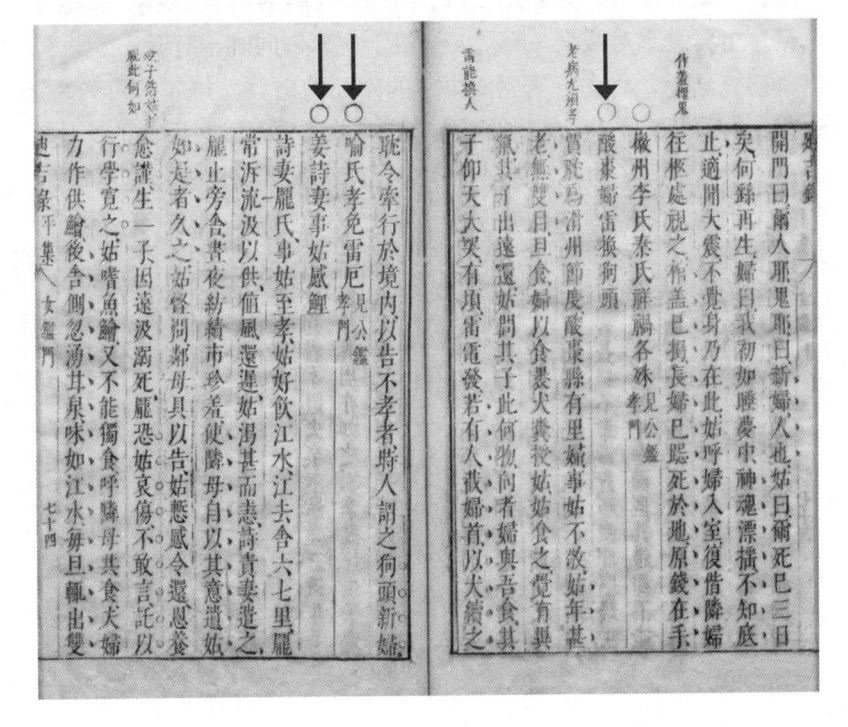

图 4 《迪吉录》第八卷公鉴四女鉴门[①]

---

① (明)颜茂猷:《迪吉录》,本研究所用版本为崇祯四年(1631)刊本,系红叶山文库旧藏,现藏于日本内阁文库,索书号:子 077-0009。

本章小结

　　辨明假名草子作品所涉汉文典籍是研究假名草子创作手法的前提与基础，所涉汉文典籍的确认，对于研究作者的翻案手法与翻案意图举足轻重。《堪忍记》《狗张子》两部作品所涉汉文典籍的研究成果虽较为丰富，但仍有诸多疏漏之处。《堪忍记》出典研究尚有错误与漏洞，本章在指出先行研究中错误的同时，对《堪忍记》的出典进行了重新考辨，发现《堪忍记》中19处新的出典，校勘完成《堪忍记》出典关系对照表（附录二）附于文末。同时，剖析《狗张子》出典研究结论，将先行研究成果中的作品的出典，与《五朝小说》进行比较分析，得出《五朝小说》也应是《狗张子》出典的结论。最后，以《狗张子》第四卷《不孝之子沦为犬》为例进行出典辨疑，得出《迪吉录》也是《狗张子》出典之一的结论，在整合上述研究成果的基础上，整理完成《狗张子》出典关系对照表（附录三）附于文末。上述论点的提出，补足了先行研究成果中的疏漏。

第三章 《伽婢子》所涉汉文典籍新考

滨田泰三称了意为"日本近世怪异小说之祖"[1]，奠定这一地位的作品便是近世怪异小说的嚆矢——《伽婢子》。《伽婢子》梓行于宽文六年（1666），有两篇序言，一篇为了意自序[2]，序中言明著述之目的为开蒙教化，序末署名"瓢水子松云处士"，这是现存仅有的两部署有"瓢水子松云处士"名号的作品之一。[3]另一篇序是云樵所作[4]，序中称了意为"松云处士"，言明《伽婢子》故事题材为"神怪奇异之事""怪异之惊，滑稽之说"，盛赞"入寐得之醒焉，倦得之舒焉"，对此书的赞美溢于言表。《伽婢子》在了意作品中的地位十分特殊，其后梓行的《新语园》等十余部作品的署名皆冠以"释"或"沙门"，佛书自不必说，《狗张子》中的署名也是"洛本性寺昭仪坊沙门了意"。《伽婢子》是了意作品的分水岭，之前的作品几乎全部为假名草子，其后了意将创作重心开始转向佛书著作。《伽婢子》是最早进入近代研究者视野的了意作品，是学界研究时间最久、成果最多的作品，即便如此关于《伽婢子》所涉汉文典籍的研究仍有诸多谜团有待解开。本章将言明《伽婢子》出典研究的问题所在，对第十三卷《义辉公之马》的出典进行辨疑，指出其出典亦是《五朝小说》，为《五朝小说》出典论再添新证。详细考论《燕居笔记》的版本及在日本的流播情况，在重新考辨第十二卷《早梅花妖精》

---

[1] 濱田泰三：近世怪異小説の祖——沙門了意，『狗張子』（浅井了意著、神郡周校注），東京：現代思潮社，1980年，第247-261頁。

[2] 松田修等校注：『伽婢子』（新日本古典文学大系75），東京：岩波書店，2001年，第9-10頁。

[3] 另一部为成书于1672年的《狂歌咄》。

[4] 松田修等校注：『伽婢子』（新日本古典文学大系75），東京：岩波書店，2001年，第11頁。

的出典的基础上,得出《燕居笔记》也是《伽婢子》出典之一的结论。通过比较《伽婢子》与《剪灯丛话》所收内容,探明《剪灯丛话》的编撰方法对《伽婢子》的影响。

第一节 《伽婢子》出典研究问题所在

《伽婢子》是了意假名草子集大成之作,在《伽婢子》的世界中,了意赞赏《龙宫上栋》中文采横溢的真上阿祇奈君,赞扬《黄金百两》中倾囊助友的文兵次,想象着《梅花屏风》中的夫妻重逢,诉说着《早梅花妖精》中人妖相恋的浪漫,讲述着长须国、双头牡丹灯、双马预言、人面疮等奇谈怪事,描绘出伊势兵库仙境与十津川仙境、鬼谷、龙宫等仙境异界,描绘了花妖、狐妖、鱼妖、蛇妖的故事,桩桩件件无不让人称奇。了意在故事中巧妙地融入儒释道三教之理,发人深省。上述奇事怪谈并非了意凭空想象直接创作,而是了意在大量汉文典籍的基础上翻案而成。了意在创作手法上大胆创新,一改以往对汉文典籍翻译为主的创作手法,通篇使用"翻案"创作手法,化出典故事于无形。山口刚[1]与麻生矶次[2]大赞了意翻案手法之新颖,汉风和化之巧妙。

《伽婢子》是第一部走入近代文学研究者视野的浅井了意作品。水谷不倒在《近世列传体小说史》[3](1897)中将《伽婢子》单列一节进行分析,他认为《伽婢子》仅是对《剪灯新话》的翻译。此时《伽婢子》出典研究尚未起步,水谷不倒无法想象,了意对《五朝小说》所收唐宋志怪小说的翻案力度之大,翻案手法之高。但水谷不倒将《伽婢子》展示在日本文学研究者面前,对《伽婢子》研究乃

---

[1] 山口剛:『山口剛著作集第2巻』(江戸文学篇2),東京:中央公論社,1972年,第27-283頁。

[2] 麻生磯次:『江戸文学と中国文学』,東京:三省堂,1976年,第39-40頁。

[3] 水谷不倒撰、坪内逍遥閲:『近世列伝体小説史』,東京:春陽堂,1897年,目次第5-8頁。

至浅井了意研究都具有深远的意义。山口刚最早对《伽婢子》进行了详细地论考。指出《伽婢子》的68则故事中有18则翻案自《剪灯新话》，其余应翻案于《剪灯余话》以及《唐人说荟》等小说集。①此后，宇佐美喜三八②考辨了《伽婢子》68个故事中的62篇所涉的汉文原典，进一步明确了《伽婢子》与《剪灯新话》《剪灯余话》以及《金鳌新话》等剪灯系作品的出典关系，为后世研究《伽婢子》以及了意其他作品打下了坚实的基础。但此文并未解决了意是否使用类书或其他小说集的问题。王健康③认为《伽婢子》的出典除已被确认的《金鳌新话》《剪灯新话》《剪灯余话》之外还应包括宋代类书《太平广记》，并进一步论证了《伽婢子》中所隐藏的道教元素。杨永良④从《伽婢子》中的长生术这一问题入手，深入发掘《伽婢子》中的道教元素，间接证明《伽婢子》与《太平广记》的关系。黄昭渊⑤提出《五朝小说》出典论，他指出《伽婢子》所用《五朝小说》的版本是林罗山旧藏本⑥，此论点一经发表便得到广泛认可。其后，渡边守邦对《伽婢子》所涉《五朝小说》的内容进行了翻刻，并在《实践国文学》⑦连载，至此关于《伽婢子》出典研究基本告一

---

① 山口剛：『怪談名作集』（日本名著全集），東京：日本名著全集刊行会，1927年，第29-65頁。

② 宇佐美喜三八：『和歌史に関する研究』，大阪：若竹出版株式会社，1952年，第316-350頁。

③ 王健康：『太平廣記』と近世怪異小説：『伽婢子』の出典関係及び道教的要素，『芸文研究』(64)，1993年，第1-19頁；王健康：『伽婢子』に見られる浅井了意の中国道教の受容「伊勢兵庫仙境に到る」をめぐって，『日本語日本文学』（創価大学日本語日本文学会）(四)，1994年，第66-67頁。

④ 楊永良：『伽婢子』の長生術——道教の辟穀・服餌術，『二松学舎大学人文論叢』，1994年10月，第128-146頁。

⑤ 黄昭淵：『伽婢子』と叢書——『五朝小説』を中心に，『近世文芸』(67)，1998年1月，第1-11頁。

⑥ 目前认为与浅井了意所用版本最接近的是林罗山旧藏本，现藏于日本内阁文库（索书号：371-0006），本研究所用《五朝小说》版本是明刊林罗山旧藏本。

⑦ 渡辺守邦：『五朝小説』と『伽婢子』（一），『実践国文学』(70)，2006年10月，第10-47頁；『五朝小説』と『伽婢子』（二），『実践国文学』(71)，2007年3月，第32-60頁；『五朝小説』と『伽婢子』（三），『実践国文学』(72)，2007年10月，第9-38頁；『五朝小説』と『伽婢子』（四），『実践国文学』(73)，2008年3月，第13-28頁。

段落。

　　根据现有研究成果可知，《伽婢子》全书共 68 个故事，其中有 20 则故事出自《剪灯新话》《剪灯余话》以及《金鳌新话》等剪灯新话系作品，有 37 则故事出自《五朝小说》之《存唐人百家小说》，8 则故事出自《五朝小说》之《存宋人百家小说》。[①]第十三卷《义辉公之马》1 则出自日本典籍《因果物语》[②]，另有 2 则故事出典不明。《伽婢子》全书中有 65 则故事出自汉文典籍，仅有 1 则出自日本典籍实在特殊，有必要对这则故事的出典进行再考。自 1998 年黄昭渊提出《五朝小说》出典论之后，关于《伽婢子》的出典研究再无新的成果，因此有必要重新审视《伽婢子》的出典研究结论。

第二节　《伽婢子》与《五朝小说》出典新证

　　本节对第十三卷《义辉公之马》的出典进行重现考辨，为论述方便将《义辉公之马》与相关类话原文录入如下：

例 1

(1)『伽婢子』卷之十三「義輝公之馬言事」(「馬人語をなす怪異」)

　　延徳元年三月、京の公方征夷将軍従一位内大臣源義凞公は、佐々木判官高頼をせめられんとて、軍兵をそつして、江州に下り、栗太郡釣りの里に陣をすへられ、ここにして御病悩をもくおはしましつつ、おなじき廿六日に高甍じ給ふ。其前の夜十五間の馬やに立ならべたる馬の中に、第二間のむまやにつながれたる芦毛の馬、たちまちに人のごとく物いふて、「今はかなはぬぞや」といふに、又となりの川原毛の馬、こゑを合せて、「あらかなしや」とぞいひける。其まへには馬とりともなみゐて、中間・小者おほく居たり

---

① 松田修等校注：『伽婢子』(新日本古典文学大系 75)，東京：岩波書店，2001 年；黄昭淵：『伽婢子』と叢書——『五朝小説』を中心に，『近世文芸』(67)，1998 年 1 月，第 1-11 頁。
② 浅井了意著、江本裕校訂：『伽婢子』(東洋文庫 480)，東京：平凡社，1988 年，第 236 頁。

ける。みな是を聞に、正しく馬共のものいひける事疑なし。身の毛よだちておそろしくおぼえしが、次の日はたして義凞公薨じ給ひし。誠にふしぎの事也。①

(2)『堪忍記』巻第五・法師の堪忍十七・河内国弓削の法師馬に成たる事

　そのかみ修行者の僧、河内の国、平群の里に宿かりてとまりぬ。あるじいたはりて、夜るの物出し着せて寝させたり。此僧夜中に不図悪心出来て、かの借ける夜の物補みなしたため、うしろに負て馬屋の前をにげとをるに、此馬人のごとくものいふて、御房御房とよびかけつ、かたりけるは、それをとりてにげ給ふ共、来生にては倍々して返し給ふべし。我は此ちかきあたり、弓削といふ所にすみける法師なりしが、此家の恩あつうかうふり、其施物をかへすべき知恵もなく、道もなく、馬になりて年比の恩を返し、今明日、奈良まで荷物を負て、その駄賃をとりて、みな債をつくのひはたす也。とどまりてその有様を見給へといふにこそ、此僧恥かしくおそろしくて、とどまりぬ。夜あけて、かの馬を奈良までつかはしつつ、ゆふべに家にかへり、そのまま斃れたり。僧ふかく感じ、わが科を懺悔し、道心けんごにおこなひすまし侍べりと也。②

(3)『因果物語』中ノ十三「馬の物言ふ事」

　武州神奈川ニ、旅人宿ヲ取リテ、雨降リケル故、亭主ノ羽織ヲ盗ミ着テ行カントスルニ、何者ヤラン、其ハ亭主ノ羽織ナリ、何トテ着テ行クゾト云フホドニ、傍ラを見レドモ人ハナシ。聞カヌ由ニテ出デントスレバ、又右ノ如ク言フヲ聞クニ、馬ナリ。此時馬ニ向カッテ、何事ゾト問ヘバ、我ハ亭主ノ甥ナリ。伯父ノ造作ヲ受ケタリ。此恩ヲ報センタメニ馬ト為リ来ル。今少シノ債アリ。

---

　① 松田修等校注：『伽婢子』（新日本古典文学大系75），東京：岩波書店，2001年，第394-395頁。
　② 浅井了意全集刊行会編：『浅井了意全集』（仮名草子編1），東京：岩田書院，2007年，第111頁。

錢七十五文出セバ、暇明クナリト云フ。餘リ怖シク覚エテ、亭主ニ委シク語ル。其後人来リテ彼ノ馬ヲ借リ、七十五文ト取リケレバ、即チ死ス。寛永年中ノコトナリ。内藤六衛門確カニ語ルナリ。①

(4)《太平广记》卷四三六兽畜三驴之《东市人》

开成初，东市百姓丧父，骑驴市凶具。行百步，驴忽语曰："我姓白名元通，负君家力已足，勿复骑我。南市卖麸家，欠我五千四百文，我又负君钱，数亦如之，今可卖我。"其人惊异，即牵行。旋访主卖之，驴甚壮，报价只及五千。及诣麸行，乃还五千四百文，因卖之。两宿而死。出《酉阳杂俎》②

(5)《五朝小说》之《存唐人百家小说》第五卷《诺皋记》

开成初，东市百姓丧父，骑驴市凶具。行百步，驴忽曰："我姓白名元通，负君家力已足，勿复骑我。南市卖麸家，欠我五千四百，我又负君钱，数亦如之，今可卖我。"其人惊异，即牵行。旋访主卖之，驴甚壮，报价只及五千。诣麸行，乃还五千四百，因卖之。两宿而死。③

例1中（1）为《伽婢子》第十三卷《义辉公之马》全文，（2）为《堪忍记》第五卷《河内国弓削法师成马之事》全文，（3）为片假名本《因果物语》中部第十三卷《马言语之事》全文，（4）为《太平广记》第四百三十六卷《东市人》全文，（5）为《五朝小说》之《存唐人百家小说》第五卷《诺皋记》中的原文。（1）《伽婢子》第十三卷《义辉公之马》的故事出典被指为日本典籍《因果物语》④，其故事主题与《堪忍记》第五卷《河内国弓削法师成马之事》主题如出一辙，是《伽婢子》中唯一一篇与《堪忍记》中故事主题完全一致的作品。此类故事应是了意比较喜欢的故事类型，其故事主题

---

① 鈴木正三：『因果物語』，東京：富山房，1911年，第96-97頁。
② （宋）李昉等编：《太平广记》，北京：中华书局，1961年，第3549页。
③ 目前认为与浅井了意所用版本最接近的是林罗山旧藏本，现藏于日本内阁文库（索书号：371-0006），本研究所用《五朝小说》版本是明刊林罗山旧藏本。
④ 浅井了意著、江本裕校訂：『伽婢子』（東洋文庫480），東京：平凡社，1988年，第236頁。

为"马（驴）讲人语"类怪谈。江本裕认为（1）的故事出典为（3）《因果物语》。①松田修在《伽婢子》注②中指出，此种动物说话类故事在日本古典中较为常见，也认为（3）《因果物语》与（1）较为相似。但（1）的类话在汉文典籍中也有，而且《五朝小说》之《存唐人百家小说》第五卷《诺皋记》中就有"驴（马）人语"的故事。

如（1）所示，故事的内容十分短，故事情节十分简单，可概述为：两匹马突然像人一样对话，对话内容被其他人听到，第二天将军薨逝。故事中，两匹马并未语及"将军薨逝"的事情，对话的内容只是"不太如意，好难过呀""好难过呀"。简单的对话只是说难过，并未说为何难过，所以当晚听到对话的人并不知道两匹战马为何难过。第二天将军薨逝之后所有人才明白原来战马是为将军薨逝难过。文章内容也可以理解为马讲人语乃异象，异象显现则必有大事，（1）只是在简单地语怪。（2）（3）（4）（5）的主要内容都是突出化身为动物还债，即（2）（3）（4）（5）在语怪的同时，加入了生死轮回皆有果报的思想。只看一则故事很难得出结论，如果将这则孤立的故事还原到作品集中就能看出新的问题。以（5）为例，（5）出自《五朝小说》之《存唐人百家小说》第五卷《诺皋记》，林罗山旧藏本《五朝小说》之《存唐人百家小说》第五卷共收录《集异记》《诺皋记》《梦游录》《常侍言旨》4部小说集，其中《集异记》中的1则故事、《诺皋记》中的9则故事、《梦游录》中的2则故事共计12则被确认为《伽婢子》的出典。以《五朝小说》为出典的故事一共有37则，而这一部分就有12则，可见《存唐人百家小说》的不可替代性。上述12则故事中有9则出自《诺皋记》，可见《诺皋记》应是了意常用的作品之一。无论是工健康的《太平广记》出典论还是黄昭渊的《五朝小说》出典论，对了意曾广泛使用《诺皋记》这一推测是一致的。将《伽婢子》与《诺皋记》

---

① 浅井了意著、江本裕校訂：『伽婢子』（東洋文庫480），東京：平凡社，1988年，第236頁。

② 松田修等校注：『伽婢子』（新日本古典文学大系75），東京：岩波書店，2001年，第394頁。

各段故事的对应关系总结为表 4，《诺皋记》每一段落没有标题，每一段为一则故事，为方便论述笔者按段落给《诺皋记》编写了 60 个段落编号。

表 4 《伽婢子》与《诺皋记》出典关系对照表[①]

序号	伽婢子 卷	伽婢子 篇名	伽婢子 篇名	诺皋记 段	诺皋记 篇名
①	六	4	蛛の鏡	33	元和中苏湛云云
②	七	1	長鬚国	23	大足初有士人云云
③	七	5	屏風の絵の人形躍歌	30	元和初有一士人云云
④	九	4	人面瘡	59	许卑山人言云云
⑤	十	1	守宮の妖	53	太和末荆南云云
⑥	十	2	妬婦水神となる	20	临清右妒妇津云云
⑦	十	5	鎌鼬付提馬風	46	工部员张周云云
⑧	十一	6	魚膾の怪	35	和州刘录事云云
⑨	十三	1	天狗途塔中に棲	28	博士丘濡说云云
⑩	十三	8	馬人語をなす怪異	56	开成初东市云云

表 4 中①到⑨的出典对应关系是黄昭渊[②]、渡边守邦[③]等考证得出的结论，松田修在校注《伽婢子》[④]时所用的出典，也是根据上述结论。例 1 中（5）为《五朝小说》版《诺皋记》的第 56 段，了意曾根据第 59 段翻案《人面疮》，与 59 段仅有 2 段之隔的第 56 段也一定会被了意注意到。据表 4，了意在使用《诺皋记》时并未按照《诺皋记》中各段的顺序进行翻案，应是反复阅读《诺皋记》后才决

[①] 目前认为与浅井了意所用版本最接近的是林罗山旧藏本，现藏于日本内阁文库（索书号：371-0006），本研究所用《五朝小说》版本是明刊林罗山旧藏本。现藏于日本内阁文库，索书号：371-0006；本研究所用《剪灯新话句解》为新日本古典文学大系 75《伽婢子》附录。参见：松田修等校注：『伽婢子』（新日本古典文学大系 75），東京：岩波書店，2001 年，第 401-489 頁。

[②] 黄昭淵：『伽婢子』と叢書——『五朝小説』を中心に，『近世文芸』(67)，1998 年 1 月，第 1-11 頁。

[③] 渡辺守邦：『五朝小説』と『伽婢子』(四)，『実践国文学』(73)，2008 年 3 月，第 13-28 頁。

[④] 松田修等校注：『伽婢子』（新日本古典文学大系 75），東京：岩波書店，2001 年。

定选择哪段进行翻案。因此第56段即（5）这段文字，应是了意读过的。《堪忍记》中也有马说人语的怪谈故事，了意一定十分在意马说人语这类故事。

还有几个细节值得关注：第一，（5）最后的结论是（驴）"两宿而死"，整个故事的时间控制为"两宿"。（1）的时间也是控制为两宿，一宿为三月二十六日，另一宿是其前夜即三月二十五日。了意这样的设定应是受到（5）的"两宿"影响，这样的时间设定在（3）《因果物语》中则没有。第二，与（5）第56段仅相隔3段的第60段中有"遂旋马首，鬣起如植"一句，而（1）中有"身の毛よだちて"（汗毛耸立）一句，前者是马受到惊吓而做出"鬣起如植"的反映，后者是小卒想起昨夜马讲人语之事，便"汗毛耸立"。两句主语虽一马一人完全不同，但被惊吓后的表现完全一致。了意将《诺皋记》第56段与第60段各取素材翻案成为（1），第56段（5）为驴讲人语的怪谈，第60段是惊马鬣立的怪谈，二者都是关于马（驴）的怪谈，了意将关于马（驴）的两段整合一起也理所当然。从不同的典籍中择取多种素材改写转引至自己作品中的翻案手法了意自《堪忍记》时便已使用，创作《伽婢子》时则是更加成熟，此处仍用此法将相近相邻段落的语句整合到（1）中也无可厚非。第三，从驴到马。了意将（5）中的驴翻案为马的原因应是江户时代的日本没有驴，张伯伟曾考证江户时代的日本国境内本没有驴。[①]马是驴的相近动物，于庶民读者而言，马是更容易接受的动物形象。因此了意将驴改写为马，并将以驴做主人公的第56段与以马为主人公的第60段合并为关于马的怪谈也就合情合理了。

综上，本节比较分析了《五朝小说》版《诺皋记》第56段与《伽婢子》第十三卷《义辉公之马》的关系，提出《五朝小说》版《诺皋记》是《伽婢子》出典的论点，为《五朝小说》出典论再添新证。

---

① 张伯伟：域外汉籍与中国文学研究，《文学遗产》，2003年5月，第131-139页。

第三节 《伽婢子》与《燕居笔记》关系研究

本节对《燕居笔记》的版本及其在日本的流播情况进行考述，重点考辨《伽婢子》第十二卷《早梅花妖精》与《燕居笔记》中《古杭红梅记》的出典对应关系，确认《伽婢子》与《燕居笔记》的出典关系。

一、《燕居笔记》的版本考述

《燕居笔记》成书于明代，传世版本主要有三种。孙楷第《日本东京所见小说书目》共收两种，一种是明本《重刻增补燕居笔记》（十卷本），署名为"古临琴涧居士何大抡元士题"，此本应为何大抡编著本，现藏于日本内阁文库；另一种是清初刊本《增补批点图像燕居笔记》，现藏于日本宫内省图书寮。[①]《中国笔记小说纵览》一书收何大抡编《重刻增补燕居笔记》与冯犹龙编《增补批点图像燕居笔记》两种，何大抡本与孙楷第所论一致。另一版本为冯犹龙本，孙楷第则未曾言及，关于冯犹龙其人《中国笔记小说纵览》认为因冯梦龙字犹龙故此人应为冯梦龙，但此处应是假托冯梦龙之名而作。[②]陈国军《明代志怪传奇小说叙录》一书关于《燕居笔记》的版本记录最全，共收三种。一种为《新刻增补燕居笔记》也称《新刻增补全相燕居笔记》，又称《增补燕居笔记》[③]，为林近阳增编，全书共十卷。第二种为《重刻增补燕居笔记》为何大抡编，全书共十卷。第三种为《增补批点图像燕居笔记》又名《新编批点图像燕居笔记》全书共二十二卷，卷一署名"明叟冯犹龙增编，书林余公仁批补"，与《中国笔记小说纵览》一样，陈国军也认为冯犹龙的署名

[①] 孙楷第：《中国通俗小说书目》（外二种），北京：中华书局，2012年，第308-310页。
[②] 孙顺霖、陈协琹：《中国笔记小说纵览》，上海：华东师范大学出版社，2013年，第339页。
[③] 陈国军：《明代志怪传奇小说叙录》，北京：商务印书馆，2016年，第356页。

为伪托。明代伪托冯梦龙之名出书的情况非常多，陈大康认为"当冯梦龙编创通俗小说出了名后，各书坊又都纷纷拿他的大名做广告"①。目前《燕居笔记》之版本基本确定为上述三个版本。

  陈国军曾论述《燕居笔记》有可能是《万锦情林》再版时的别署，也有可能是《万锦情林》借鉴了《燕居笔记》，也有可能是《燕居笔记》根本不存在，是林近阳虚造之伪书。但是《禁里御藏书目录》的明代子系一条记述有："《剪灯余话》四册、《剪灯新话》二册、《燕居笔记》五册。"②《禁里御藏书目录》是专门记录日本京都御所收藏书籍的工具书，此书记载有《燕居笔记》而无"增补""新刻"等字样，以此推断《燕居笔记》确实存在，而且曾被日本皇室收藏并非伪书。至于其与《万锦情林》孰先孰后目前确实无法确认。上述几种《燕居笔记》均刊刻在嘉靖之后至明末期间。③明代此类小说集的大量出现也是为了方便读者阅读，增加书籍的实用性。④明代后期大量通俗文学合集的出现多为书商逐利以及与读者需求有关，书籍在内容上注重趣味性和实用性。明代万历年间，大量小说选集的出现，得益于社会思潮的日益活跃、读者层不断扩大，同时这也是书坊大力推动的结果。⑤在明代如此流行且实用性强、趣味性高的书籍，势必会吸引广泛收集中国典籍的日本人的注意，也势必会有大量的《燕居笔记》流入日本。综上，《燕居笔记》确实存在并在江户时期流入日本，关于书籍种类也与《剪灯新话》《剪灯余话》等并列被收录于明代诸子系条目下。⑥另据现在日本十数个藏书机构也有藏书，可推断《燕居笔记》不仅在江户时期就已传入日本，而且曾在日本广泛

---

① 陈大康：《明代文学史》，北京：人民文学出版社，2007年，第525页。
② 矶部彰：日本江户时期诸藩及个人文库中国烟粉小说的收藏情况，《上海师范大学学报（哲学社会科学版）》，2010年3月，第67-76页。
③ 刘天振：类书题例与明代类书体文言小说集，《明清小说研究》，2010年8月，第81-93页。
④ 王猛：明人序跋所见古代小说的几种成书形式，《编辑之友》，2011年10月，第102-104页。
⑤ 孙顺霖、陈协琹：《中国笔记小说纵览》，上海：华东师范大学出版社，2013年，第452页、第484页、第517页。
⑥ 矶部彰：日本江户时期诸藩及个人文库中国烟粉小说的收藏情况，《上海师范大学学报（哲学社会科学版）》，2010年3月，第67-76页。

流播，因此才能留存下如此多的版本。麻生矶次也曾指出在研究《伽婢子》出典时应考虑其与冯梦龙作品的关系[1]，从传入时间与流播状况上来看，《燕居笔记》具有被熟悉剪灯系作品的了意关注到的条件，熟读明代典籍的了意也应关注到署有冯梦龙名字的《燕居笔记》。

二、《伽婢子》与《燕居笔记》出典新考

《燕居笔记》三个版本各自所收小说篇目不同，以记类、传类所收小说篇目为例，林近阳本为29篇，何大抡本为26篇，冯梦龙本为52篇[2]，与《伽婢子》关系最密切的应为冯梦龙本。冯本收录的《芙蓉屏记》《滕穆醉游聚景园记》《王生渭塘奇遇记》（《渭塘奇遇记》）《绿衣人传》《爱卿传》《胡媚娘传》6部剪灯系作品同为《伽婢子》出典。由于上述作品内容与《剪灯新话》《剪灯余话》词汇表达上几乎一致，在内容上极难断定了意是否直接以《燕居笔记》为出典进行创作。但《古杭红梅记》与《夜半谈鬼而怪至》两则故事则十分特别。

《古杭红梅记》与《早梅花妖精》从故事情节、人物设定以及以诗推动故事发展等创作手法皆存在较大相似性。《早梅花妖精》是《伽婢子》第十二卷中第一个故事，描写的是"人与花妖相恋"的浪漫故事，亦是《伽婢子》68则怪谈故事中唯一一篇花妖故事，十分特殊。黄昭渊[3]、渡边守邦[4]、松田修[5]皆认为其出典是《五朝小说》之《存唐人百家小说》第一卷《龙城录》中《赵师雄醉憩梅花下》。日本古典中关于梅花的记述亦不在少数，"梅"作为"诗题""歌题"常出现于诸多作品之中。以"红梅"为例，《经国集》（827）第十一卷中就有"赐看红梅探得争字应令"一首。《续日本后纪》（869）中

---

[1] 麻生磯次：『江戸文学と支那文学：近世文学の支那的原拠と読本の研究』，東京：三省堂，1946年，第33-39頁。参见：麻生磯次：『江戸文学と中国文学』，東京：三省堂，1976年。
[2] 陈晓娇：《燕居笔记》研究，华东师范大学硕士学位论文，2012年。
[3] 黄昭淵：『伽婢子』と叢書——『五朝小説』を中心に，『近世文芸』(67)，1998年1月，第1-11頁。
[4] 渡辺守邦：『五朝小説』と『伽婢子』（四），『実践国文学』(73)，2008年3月，第13-28頁。
[5] 松田修等校注：『伽婢子』（新日本古典文学大系75），東京：岩波書店，2001年，第339頁。

承和十五年（848）正月壬午一则中有"上御仁寿殿，内宴如常。殿前红梅、便入诗题"，《枕草子》（10 世纪末）三十七中亦可见"木の花は、濃きも薄きもこうばい（红梅）"，以上各例虽可证明在日本典籍中"红梅"并不少见，但都是指"红梅"的植物本性，并未出现红梅幻化成人形或妖精或仙子的形象。《伽婢子》中的"早梅花妖精"是日本文学中，极其少见的梅花幻化为人形下凡的"梅花妖精"。现将《早梅花妖精》的故事情节整理为表 5。

表 5 《早梅花妖精》故事情节分析①

情节	情节一	情节二	情节三	情节四
主要登场人物		填科文次（文韬武略尤擅诗歌）	① 填科文次 ② 妙龄少女（实为梅花妖精，二十出头，优雅芬芳）	填科文次
故事梗概	信浓国的开善寺以"早梅"闻名。冬至前后即开，清香四溢引人称赞。	出征的文次听闻开善寺早梅花已开，夜访开善寺，吟诗一首。	夜访开善寺的文次偶遇梅花妖精，对酒当歌。文次醉卧梅花下，梦醒时分不见妙龄少女（梅花妖精）。	酒醒的文次意识到昨夜对饮之人应为梅花妖精，思念不已，咏歌离去。翌日文次战死疆场。
诗文		南枝向暖北枝寒，一种春风有两般。（出典未明）		去年今日此门中，人面桃花相映红。人面不知何处去，桃花依旧笑春风。（出典：《本事诗》之《崔护渴水》）
和歌			吟咏和歌 4 首出典如下： ①《拾遗愚草》 ②《夫木抄》 ③《夫木抄》 ④《夫木抄》	吟咏和歌 1 首出典如下： 《夫木抄》

---

① 原文为日文，本书所涉日文皆为笔者译。参见：松田修等校注：『伽婢子』（新日本古典文学大系 75），東京：岩波書店，2001 年，第 339-343 页。

通过表5不难看出《早梅花妖精》是一则叙事情节十分完整的花妖故事，清晰地交代出故事背景，细致地刻画了主人公的人物性格，如：文韬武略尤擅诗歌的文次与二十出头优雅芬芳的梅花妖精，此二人人物性格的刻画为后文对歌叙事埋下伏笔。全文共引汉诗两首，和歌五首，皆原典可查但出典不明。整篇以和歌对咏的形式推进故事情节发展，叙事形式独特，诗文与歌文结合，文章内容充实丰富，引人入胜，位于《伽婢子》全书第十二卷，应是了意翻案手法已经成熟时的作品，堪称68则翻案作品中的杰作。

如上文所述，根据《伽婢子》出典研究结论，《早梅花妖精》的出典应为《五朝小说》之《存唐人百家小说》第一卷《龙城录》之《赵师雄醉憩梅花下》，故本节所用《赵师雄醉憩梅花下》的原文皆引自《五朝小说》，具体详见表6。

表6 《赵师雄醉憩梅花下》故事分析

情节	情节一	情节二
主要登场人物	① 赵师雄 ② 淡妆素服女子 ③ 绿衣童子	赵师雄
故事全文	隋开皇中，赵师雄迁罗浮。一日天寒。日暮在醉醒间，因憩仆车于松林间酒肆傍舍，见一女子淡妆素服，出迓师雄。时已昏黑，残雪对月色微明。师雄喜之与之语，但觉芳香袭人，语言极清丽。因与之扣酒家门，得数杯相与饮。少顷，有一绿衣童来，笑歌戏舞，亦自可观，顷醉寝。	师雄亦懵然，但觉风寒相袭。久之，时东方已白，师雄起视，乃在大梅花树下，上有翠羽啾嘈，相顾月落参横，但惆怅而尔。
诗文	无	无

根据表6不难看出《赵师雄醉憩梅花下》是典型的短篇唐代传奇，故事情节简单紧凑，全文未见汉诗。并未点明故事的女主人公是否为梅花所幻化的妖精，也没有关于男女主人公人物性格的描写，文字十分简洁。在中国古代典籍中"花草精灵"类故事在唐人所作的《龙城录》、宋人李昉所编的《太平广记》、宋人刘斧的《摭遗》

中皆有记述，而大量出现并形成风潮是在明清之际。《聊斋志异》（清）、《阅微草堂笔记》（清）中皆有大量关于"花草精灵"类的故事，但"梅花妖精"尤其是红梅幻化的"梅花妖精"十分少见。据《明清小说中的花精形象研究》，明清时主要"梅花妖精"类故事共有《古杭红梅记》（明）、《梅花美人》（清）、《梅异》（清）、《罗浮幻记》（清）四则，在所统计出的明清小说中，关于花精形象的五十六则故事中"梅花妖精"类故事仅占百分之七。[①]也许是因为梅花是"梅兰竹菊"四君子之首，深受历代文人喜爱而未赋其"妖气"。因此"梅花妖精"故事或"梅花"幻化为人形的故事在中国古代文学中十分少见。而另一则被松田修指摘为类话的《古今事文类聚》后集二十八《红梅下妇人》，据《事文类聚》后集所记《红梅下妇人》出自《摭遗》，下面对其故事情节进行具体分析，详见表7。

表7 《红梅下妇人》故事分析

情节	情节一	情节二
主要登场人物	郡侯	① 两妇人 ② 守梅吏 ③ 郡侯
故事全文	蜀州有红梅数本，清香赭艳，花之殊品也。郡侯构阁，环堵以固之。梅盛芳则郡侯开宴赏之，他时则启钥，游人莫得见之。	一日，梅已芳，郡将未至，有两妇人高髻大袖，凭栏语笑。守梅吏仰视，因验扃钥如故。而上有人何耶？乃走报郡侯，侯遣人往验。既启钥不见人，惟于阁东壁有诗一首，其词曰："**南枝向暖北枝寒，一种春风有两般。凭伏高楼莫吹笛，大家留取倚阑干**"。诗意清美，字体神秀，岂神仙中人乎。
诗文	无	南枝向暖北枝寒，一种春风有两般。 凭伏高楼莫吹笛，大家留取倚阑干。

与《赵师雄醉憩梅花下》相比，登场人物数量明显增加，如两妇人、郡侯，特别是专门设置了一个守梅吏的形象。同时《红梅下

---

① 衣利巍：明清小说中的花精形象研究，哈尔滨师范大学硕士学位论文，2009年6月。

妇人》又多增加了一首七言绝句"南枝向暖北枝寒，一种春风有两般。凭伏高楼莫吹笛，大家留取倚阑干"。这首诗实为宋刘元载妻之作，诗名《早梅》。《红梅下妇人》将这首《早梅》诗以题壁诗的形式嵌入文中使全文更加灵动。以上分析了《早梅花妖精》《赵师雄醉憩梅花下》《红梅下妇人》三则故事，下面分析《燕居笔记》中的《古杭红梅记》。

《古杭红梅记》是所有"梅花妖精"故事中篇幅最长的一部，除见于《国色天香》（明）、《绣谷春容》（明）外，《新刻增补燕居笔记》（林近阳增编）[①]、《重刻增补燕居笔记》（何大抡编）[②]、《增补批点图像燕居笔记》（冯梦龙增编、余公仁批补）[③]三部《燕居笔记》（明）系小说集中均有收录。下表 8 中故事原文以冯梦龙增编本《增补批点图像燕居笔记》中《古杭红梅记》为依据。

表 8 《古杭红梅记》故事分析

情节	情节一	情节二	情节三	情节四
主要登场人物	王鹗	① 王鹗 ② 梅花妖精（笑桃）	① 王鹗 ② 梅花妖精（笑桃）	① 王鹗 ② 梅花妖精（笑桃）
故事梗概	王鹗随父赴任，红梅阁下置学馆读书。	夜会梅花妖精笑桃，把酒对歌。	二人成婚，王鹗登科。	王鹗误认为笑桃被妖精所杀。再娶，赴蜀州任。
诗文		23 首		1 首

《古杭红梅记》与表 6、表 7 中所引两则故事相比篇幅更长，在人物形象刻画、故事情节描述等方面均十分细腻清晰。全文以一首题壁诗"南枝向暖北枝寒，一种春风有两般。凭伏高楼莫吹笛，大家留取倚阑干"开篇。以"环游何幸入皇都，高阁红梅尚未枯。临

[①]（明）林近阳增编：新刻增补燕居笔记，《古本小说集成》，上海：上海古籍出版社，1990 年。

[②]（明）何大抡编：重刻增补燕居笔记，《古本小说集成》，上海：上海古籍出版社，1990 年。

[③]（明）冯梦龙增编、余公仁批点：增补批点图像燕居笔记，《古本小说集成》，上海：上海古籍出版社，1990 年。

别赠言今验记，南枝留浸向冰壶"结尾。在王鹗夜会笑桃时把酒对歌，反复吟咏汉诗竟达22首之多，诗歌能烘衬主人公才情博学。随着男女主人公对歌抒情，故事情节也不断向前推进。这种以诗言志，以诗促文的创作手法是其他梅花妖精故事所不具备的。综上，从唐传奇《赵师雄醉憩梅花下》，到宋人所作的《红梅下妇人》，再到明人创作的《古杭红梅记》，故事中所描写的人物形象逐渐丰满，故事情节不断完整，从唐人的仅有相遇分离，到宋人的题诗留疑，再到明人相遇、相识、相知、相许的一个完整的故事轨迹，到明代梅花妖精的故事才形成最完整的故事形态。下面详细比较《古杭红梅记》与《早梅花妖精》。

《早梅花妖精》可谓是了意笔下故事情节最为完整，人物形象刻画最为细致的一部梅花妖精作品，是日本文学中少见的"梅花"幻化成人，并与凡人把酒对歌的恋爱故事。《古杭红梅记》也是"梅花妖精"下凡，与凡人把酒对歌的恋爱奇谈。除故事情节十分相似之外，在以对诗歌推动故事情节发展的叙事手法上也存在较大的相似性，因此有必要将这两部作品进行细致考察，详见表9。同时为更好地进行比较，特将已被指为出典的《赵师雄醉憩梅花下》一文增列于表9中。

表9 《早梅花妖精》与《古杭红梅记》之比较

故事	早 a梅花妖精	古杭红梅记	赵师雄醉憩梅花下
主人公	①埴科文次 ②妙龄少女（花妖）	①王鹗 ②a梅花妖精笑桃	①赵师雄 ②淡妆素服女子 ③绿衣童子
故事梗概	①埴科文次夜访b开善寺，偶遇梅花妖精，对酒当歌，醉酒。 ②酒醒发现妙龄少女离去，发觉妙龄少女可能是梅花妖精。翌日，文次战死沙场。	①王鹗随父赴任，b红梅阁下治学读书。 ②夜会梅花妖精笑桃，把酒当歌，醉酒。 ③二人成婚，王鹗登科。 ④王鹗误认为c笑桃被妖精所杀，再娶后赴蜀州任。	①赵师雄迁罗浮，夜宿松林酒肆旁，后一绿衣童子笑歌戏舞，醉酒。 ②酒醒发现夜宿梅下，人皆散去，惆怅不已。

续表

故事	早a梅花妖精	古杭红梅记	赵师雄醉憩梅花下
梅花种类	红梅	红梅	大梅花树
叙事手法	①以诗开篇,以歌结尾。 ②二人对歌推动故事情节发展。	①以诗开篇,以诗结尾。 ②二人对诗推动故事情节发展。	简明叙述铺陈
诗歌	①诗文2首 例1:南枝向暖北枝寒,一种春风有两般。 例2:去年今日此门中,人面c桃花相映红。人面不知何处去,c桃花依旧c笑春风。 ②和歌4首	诗文24首 例1:南枝向暖北枝寒,一种春风有两般。 凭伏高楼莫吹笛,大家留取倚阑干。	无

根据表9不难看出《早梅花妖精》与《古杭红梅记》存在着极大的相似性,而和已经被认为是出典的《赵师雄醉憩梅花下》有着极大的不同。

第一,《早梅花妖精》这一题目赫然将"梅花"与"妖精"并用。且不说梅花成精的故事在日本文学中极为罕见,了意的这种用法十分独到,"妖精"一词的使用也可说明了意是受到中国作品的影响。如"妖""妖精"就多次出现在《古杭红梅记》中,而被认为是出典的《赵师雄醉憩梅花下》中则并未见相关词句,《红梅下妇人》一文中也未见"妖精"一词。第二,故事发生的舞台。《早梅花妖精》是在以"梅花"尤其是"早梅"闻名的开善寺,且开善寺的梅花为"红梅",《古杭红梅记》选定的是以"红梅"闻名的"红梅阁",两者设定的故事舞台皆为以"红梅"闻名的"庭院"之内,而《赵师雄醉憩梅花下》故事发生在"松林间酒肆旁"显然是一个空旷的山野丛林的设置,且只言明是"大梅花树",至于是白梅还是红梅则没有表述。《红梅下妇人》虽言明"红梅"但却不是一则爱情故事，其故事情节与《早梅花妖精》更是相去甚远。第三，在人物设定上，《早梅花妖精》与《古杭红梅记》一样，登场人物都较多。但主要人物为男女主人公两人即"文次"与"梅花妖精","王鹗"与"梅花妖精"。且这两篇作品都将女主人公设定为"梅花妖精"，男女主人公的感情主线也是一对一的爱情主线。而《赵师雄醉憩梅花下》的主要人物为三人，首先是一位"淡妆素服女子"相迎，其后是一位"绿衣童子"笑歌戏舞。这位女子与绿衣童子究竟是否是梅花所化之妖精，文中并未明确地交代。赵师雄对女主人公是否是梅花所化之妖精的判断，也并未明示。第四，在男主人公人物设定上，文次虽是一员武将但"文韬武略尤擅和歌"，与"前程未可量"的文人王鹗的性格也十分相似。而这样的主人公人物设定，也为下文反复对吟、对咏诗歌的叙事形式做好了铺垫。《赵师雄醉憩梅花下》仅表明赵师雄是官家之人，要迁罗浮，至于其性格如何则无描写。第五，在故事的叙事手法上。《早梅花妖精》是通过咏梅诗开篇，《古杭红梅记》也是通过咏梅诗开篇，开篇诗都是同一首诗，即表9例1处所示"南枝向暖北枝寒，一种春风有两般"一首。其后两篇作品也是通过男女主人公反复对吟、对咏诗歌来推进故事情节的发展。《早梅花妖精》的诗歌数量虽赶不上《古杭红梅记》多，但在《伽婢子》全篇中其诗歌数量十分可观。了意在创作《伽婢子》时虽也用了大量的汉诗但都有所修改（在第四章第二节进行详论），像《早梅花妖精》开篇诗这样完全一字不差的引用确实罕见，此点亦可说明了意十分喜欢这首咏梅诗。

故事结尾处，《早梅花妖精》中，文次在离别之前咏叹《崔护渴水》"去年今日此门中，人面桃花相映红。人面不知何处去，桃花依旧笑春风"。这首诗在《伽婢子》全篇中十分特殊，是唯一一处了意清晰指出出典的诗，这与其掩盖出典、翻案改编的一贯作法并不相符。这并不是了意突想插入，而是了意受到《古杭红梅记》女主人公"笑桃"名字的启示后，将"去年今日此门中，人面桃花相映红。人面不知何处去，桃花依旧笑春风"这一首当时家喻户晓的诗引用至《早梅花妖精》中，这一点更加能说明《早梅花妖精》与《古杭红梅记》有着特殊的关系。此外，《早梅花妖精》与《古杭红梅记》在文末男女主人公道别之时，皆用诗歌结尾。前者用"衣衫尚流红梅香"①，后者用"高阁红梅尚未枯"，虽具体表述不同，但依依不舍之情却完全相同。此种以对歌来推动故事发展的叙事手法是通篇未见一首诗的《赵师雄醉憩梅花下》所不具备的。

与《赵师雄醉憩梅花下》一则相比，《古杭红梅记》从主人公人物形象刻画，到故事情节发展以及汉文诗歌的引用等方面都与《早梅花妖精》更加接近，即《古杭红梅记》应是《早梅花妖精》的出典。凭借此一则故事断定《燕居笔记》为《伽婢子》出典，论据稍显单薄，下面再举一例作为论据。

在冯梦龙本《燕居笔记》中还收录有《夜坐谈鬼而怪至》，这则故事是《伽婢子》全书最后一则故事的出典。②了意在故事里写到，夜里讲鬼故事不能讲到百个，若讲到一百鬼怪就会来，本书至此搁笔。了意将这则故事放在全书最后显然目的明确，是精心挑选之作。值得关注的是，这则故事仅出现在《五朝小说》之《存唐人百家小说》第一卷中的《龙城录》，《说郛》《太平广记》等类书皆未收录。同时《赵师雄醉憩梅花下》也被收录在《五朝小说》之《存唐人百家小说》第一卷中的《龙城录》。《赵师雄醉憩梅花下》与《夜半谈鬼而怪至》两则出现在同一卷，且《五朝小说》之《存唐人百家小说》的第一卷中只有这两个故事被指为《伽婢子》的出典。冯本《燕居笔记》中有《芙蓉屏记》《滕穆醉游聚景园记》《王生渭塘奇遇记》(《渭塘奇遇记》)《绿衣人传》《爱卿传》《胡媚娘传》6部剪灯系作品皆为《伽婢子》出典。与《早梅花妖精》情节、写作手法、诗文羼入皆最为相似的《古杭红梅记》与

---

① 原文为日文，此处为笔者译。
② 黄昭渊：『伽婢子』と叢書——『五朝小説』を中心に，『近世文芸』(67)，1998年1月，第1-11頁；渡辺守邦：『五朝小説』と『伽婢子』(四)，『実践国文学』(73)，2008年3月，第13-28頁；松田修等校注：『伽婢子』(新日本古典文学大系75)，東京：岩波書店，2001年，第395頁。

《夜半谈鬼而怪至》，在其他类书中极少同时收录，但被同时收录在《燕居笔记》中。可进一步佐证，冯梦龙本《燕居笔记》与《伽婢子》的出典关系。

综上，本节详细考述了《燕居笔记》的版本及其在日本的流播情况，在作品细节、诗歌羼入等方面，比较分析了《伽婢子》第十二卷《早梅花妖精》与《燕居笔记》所收的《古杭红梅记》的关系，认为《早梅花妖精》与《古杭红梅记》的出典关系明确，确认了《伽婢子》与冯梦龙本《燕居笔记》即《增补批点图像燕居笔记》之间存在出典关系。

第四节 《伽婢子》与《剪灯丛话》关系研究

明代瞿佑（1347—1433）所作《剪灯新话》（1378）自刊行以来即受到历代文士的喜爱，明清两代形成一种"剪灯"热，《剪灯余话》（明·李昌祺）、《剪灯奇录》（明·邱燧）、《觅灯因话》（明·邵景瞻）、《秋灯丛话》（清·戴延年）、《秋灯丛话》（清·王椷）等仿作层出不穷，这些仿作不仅以"剪灯"或"〇灯〇话"冠作书名，在内容上亦多模仿《剪灯新话》。《剪灯丛话》正是在这样的"剪灯"热下出现的。目前关于《剪灯丛话》国家图书馆藏有明刊十二卷本《剪灯丛话》为近代著名藏书家董康赴日访书购得回流之版本，加之目前所知十卷本《剪灯丛话》现藏于日本东北大学附属图书馆，可见此书在日本曾有较为广泛的流播并对日本文学产生极大影响。《剪灯丛话》的版本大致分为两个系统，其一为《剪灯新话》（明·瞿佑）、《剪灯余话》（明·李昌祺）、《觅灯因话》（明·邵景瞻）三部书的合集，亦称"剪灯三种"本。此系统本《剪灯丛话》常见有清乾隆五十六年（1791）刊本、清咸丰元年（1851）刊本、清同治十年（1871）文盛堂刊本三个版本。清乾隆五十六年本可见于国家图书馆与日本国立国会图书馆，清咸丰元年本仅见于国家图书馆，同治十年文盛堂刊本比较多见，国家图书馆、首都图书馆以及日本东京大学图书馆、大阪大学图书馆均藏有此版本的《剪灯丛话》。另一系统与《剪灯新话》《剪灯余话》《觅灯因话》三书的合集截然不同，由汉、晋、唐、宋、明等朝代的百余篇短篇小说构成，其所收作品跨越朝代之多，涉及题材之广令人瞠目。这一系统的《剪灯丛话》又可分为十二卷本与十卷本两个子系统。另据《韩国所见中国古代小说史料》附表[①]《明代小说书目》所载，《剪灯丛话》亦曾流播至朝鲜半岛，且应在1762年之前便已传入，遗憾的是此书现已散佚，无法确定属于哪个系统，但可确定此书在朝鲜半岛曾有流播且流播广泛。

关于十二卷本与十卷本的对比研究几乎为空白，仅是陈国军[②]在其著作中提及十二卷本与十卷本，但并无详细考述。目前国内最为全面进行"剪灯"研究的著作《明代剪灯系列小说研究》一书中虽单列一节对十二卷本《剪灯丛话》的序进行了详考，但并未提及十卷本，《中国笔记小说纵览》一书也录有《剪灯丛话》一条，但仅提及十二卷本未涉及十卷本，可见此十卷本《剪灯丛话》存世之少。《中国笔记小说纵览》评述"本书早佚，稀见著录"，"书中还有一些称引自南北朝、唐五代及宋明小说之作，多源自《太平广记》《类说》《异闻录》《齐东野语》《灵怪集》《绿窗小史》《五朝小说》等。尽管如此，本书在保留古籍方面是功不可没的。传世本为董康在日本所获，现藏北京图书馆"。[③]在日本也仅见关于十卷本《剪灯丛话》的研究成果一例，可见中日两国现各藏一套《剪灯丛话》但关于此书的研究尚未真正展开，对比研究更无从开始。此书版本及文献价值应引起学界的高度重视。本节将在详细考论十二卷本《剪灯丛话》与十卷本《剪灯丛话》版本的基础上，讨论《剪灯丛话》对《伽婢子》的影响。

---

① 陈文新：《韩国所见中国古代小说史料》，武汉：武汉大学出版社，2011年，第454页。
② 陈国军：《明代志怪传奇小说叙录》，北京：商务印书馆，2016年，第229页。
③ 孙顺霖、陈协琹编著：《中国笔记小说纵览》，上海：华东师范大学出版社，2013年，第339—340页。

一、《剪灯丛话》版本考论

（一）十二卷本《剪灯丛话》

十二卷本《剪灯丛话》（以下简称"十二卷本"）仅见于国家图书馆。①该版本共十二卷，按六艺之名厘为六册，每册收两卷，全书无插图。封面左上角有题签，分别题有"剪灯丛话 礼""剪灯丛话 乐""剪灯丛话 射""剪灯丛话 御""剪灯丛话 书""剪灯丛话 数"。第一册首页首行下钤印文"北京图书馆藏""齐林玉世世子孙永宝用""国家古籍保护中心制"。据钤文"齐林玉世世子孙永宝用"可推知十二卷本为齐林玉旧藏。②此外，第一册序言页后首页首行下有钤文"毗陵董康审定""董康暨侍姬玉奴珍藏书籍记"。由此可断定国家图书馆所藏《剪灯丛话》为明末清初藏书大家齐林玉旧藏，而后被董康收藏。据董康《书舶庸谭》可知，此书是于1935年5月购于日本，而齐林玉旧藏十二卷本何时流播至日本无从考之。董康在《书舶庸谭》"剪灯丛话十二卷本"一条中评述"明刻本，未著编辑姓氏，荟萃唐以后各家小说，亦《青琐高议》《剪灯新话》之亚流也。录其详目如后。内有未见传本，殊为可贵"。③可见董康对十二卷本《剪灯丛话》的评价之高。另一方面经陈良瑞④、程毅中⑤、陈国军⑥考证，十二卷本所收的137篇作品中有61篇与《绿窗女史》（明·秦淮寓

---

① 善本书号为18220。
② 齐林玉，字国琳，明末清初人，生卒不详。戴望著《颜氏弟子录》卷十载有"齐林玉，高阳人，有雄才，垦荒河南，从学颜先生"。《颜元集》颜习斋先生年谱卷下1685年一则中亦录有"高阳齐林玉有雄才，河南垦荒，先生赴之"。王余佑撰《五公山人集》卷十二笺牍部可见"答齐林玉"一则。由此可知，齐林玉为清初硕儒颜元（1635—1704）弟子，且深受颜元赏识。参见：（清）戴望：《颜氏学记》，北京：中华书局，1958年，第257页；（清）颜元：《颜元集》，北京：中华书局，1987年，第758页；（明）王余佑：《五公山人集》，上海：华东师大出版社，2011年，第260页。
③ 董康：《书舶庸谭》（贾贵荣辑《日本藏汉籍善本书志书目集成》第二册），北京：北京图书馆出版社，2003年，第614-620页。
④ 陈良瑞：《剪灯丛话》考证，《文学遗产增刊》（18），1999年，第268-283页。
⑤ 程毅中：《剪灯丛话》补考，《程毅中文存》，北京：中华书局，2006年，第402-407页；程毅中：《剪灯丛话》补考，《文献》，1990年7月，第68-73页。
⑥ 陈国军：《明代志怪传奇小说叙录》，北京：商务印书馆，2016年，第229页。

客辑）篇目相同，与《五朝小说》《说郛》《续说郛》等小说集亦有着承继关系。笔者认为《绿窗女史》《五朝小说》《说郛》《续说郛》等书各自的版本亦十分复杂，《剪灯丛话》同上述丛书之间有何关联尚需进一步研究。

（二）十卷本《剪灯丛话》

十卷本《剪灯丛话》现藏于日本东北大学附属图书馆。[①]扉页题有"新刻名家出相剪灯丛话"，扉页左下钤文"有文堂珍藏"[②]，扉页右侧有钤文"东北帝国大学图书馆"。十卷本最大特点是序文与正文之间有插图，插图标注为图一、图二依次至图八，根据书籍装订每幅插图可分前后两页，现录插图题名如表10。

表10　十卷本《剪灯丛话》卷首插图题名

图序	前半页	后半页	图序	前半页	后半页
图一（第一页）	春苑	闲窗	图五（第五页）	殪狼	猎狐
图二（第二页）	四赚	三舟	图六（第六页）	跳屋	瞆车
图三（第三页）	千会	芙屏	图七（第七页）	遗钗	导灯
图四（第四页）	纪书	啼衫	图八（第八页）	传情	寄韵

每幅图的前后两页虽各有题名、主题，但仍可以推测出某种内在关联。如图一的"春苑"与"闲窗"突出的是"闲适"，图五的"殪狼"与"猎狐"突出的是"野兽"。此外，图三的"千会"与"芙屏"则与第三卷的《秋千会记》和《芙蓉屏记》有着某种内在关联。明人常从不同作品集中，选取作品重新汇编为新书，十卷本《剪灯丛话》中所收之插图极有可能是书商从其他作品集中抽选而来，故有些插图主题看似一致，有些插图排列则略显杂乱，关于插图研究今后有必要展开深入调查，以察知书商所用原版文献。十卷本与十二卷本相同，皆有序，序文内容完全一致，序名为《剪灯

[①] 索书号为丁B2-5，2-12。

[②] 在日本叫"有文堂"的书店很多，如创办于明治（1868—1911）中期的岐阜有文堂书店、创办于1917年的东京有文堂书店等。"有文堂珍藏"这方印并未见于其他藏书，此处"有文堂"究竟为哪个"有文堂"尚无从考证。

丛话题辞》。据乔光辉①考此序实乃盗用万历二十一年（1593）虞淳熙《剪灯丛话题辞》，而非虞淳熙为此系统《剪灯丛话》所作。另据矶部彰关于日本江户时期各藩藏书情况的考证，日本秋田藩②明德馆的藏书目录《明德馆书目》第七十一条记录有"《剪灯丛话》六，《剪灯新话》四，《秋灯丛话》八"书目信息③，明德馆的部分旧藏现被日本东北大学附属图书馆收藏，那么十卷本《剪灯丛话》极有可能是秋田藩明德馆旧藏。若一册两卷明德馆旧藏也应该为十二卷，那么现在日本东北大学附属图书馆藏十卷本《剪灯丛话》应是残卷。

（三）版面信息比较

为探究十二卷本与十卷本的版刻信息，兹先列出两版本所呈现的版面信息以见异同，两套藏本皆目验原本影印或照片。十二卷本每半叶九行，每行二十字，白口左右双边，正文共五百一十七叶。十卷本全书正文每半叶九行，每行二十字，白口左右双边，正文共四百一十四叶。从断版空白带与断口④、文字漫漶现象等判断⑤，两套藏本中大量存在同一叶同一位置皆出现字迹模糊、叶面漫漶的现象，文字笔画的缺损形态皆完全相同。两套藏本应出自同一套版片所印，因版片自身存在缺损而造成印出的不同印本在同一叶面出现相同的断裂、断口及文字漫漶或缺损现象。随着版片磨损的加剧，后印版本的缺损情况愈加严重，由此可以断定清晰度较高的十二卷本应早

---

① 乔光辉：十二卷本《剪灯丛话》虞淳熙题辞辨正，《文献》，2006 年 1 月，第 123-126 页。
② 位于今天日本秋田县。
③ 矶部彰：日本江户时期诸藩及个人文库中国烟粉小说的收藏情况，《上海师范大学学报（哲学社会科学版）》，2010 年 3 月，第 67-76 页。
④ 十二卷本第一卷《娇红记》第十一叶前半叶第一行边栏右上角有明显断口、第二十三叶前半叶第五行第一个字上方边栏有断口、第二十四叶前半叶第一行第一个字上方边栏有断口、第二十六叶第五行与第六行、第六行与第七行之间的界行有明显断口、第二十七叶后半叶至第二十八叶前半叶中间部分有一条明显白色断裂带、第三十五叶前半叶第一行与第二行顶端边栏有断口。上述现象均可见于十卷本同一叶同一位置，此种例据不胜枚举。
⑤ 十二卷本第一卷《娇红记》第三行前半叶第一行、第二行、第三行最后一字皆模糊不可见，第十四叶第八行、第九行第一个字、第二十六叶后半叶第五行最后一个字"悶"字有明显断口、第四十一叶前半叶第一行第一个字"涘"字缺少笔画"捺"。上述现象均可见于十卷本同一叶同一位置。

于十卷本印刷梓行。

（四）所收内容比较

关于《剪灯丛话》，陈良瑞[①]、程毅中[②]、乔光辉[③]对十二卷本的成书时间、所存篇目、序言等进行了考证，但未言及十卷本。日本学者小川环树[④]、秋吉久纪夫[⑤]围绕十卷本《剪灯丛话》的成书过程、梓行时间、内容出典等有所考证，但均未言及十二卷本，可见中日两国学者关于此系统本《剪灯丛话》的研究尚欠沟通。鉴于十二卷本与十卷本属于同一系统，有必要进行详细比较。为便于比较，今将两版本所收作品整理如下：

表 11　十二卷本与十卷本存目一览

	国家图书馆藏本（十二卷本）	日本东北大学附属图书馆藏本（十卷本）
第一卷	娇红记、桃帕传、玉萧传、流红记、远烟记、贾午传、崔护传（共七篇）	娇红记、桃帕传、玉萧传、远烟记、贾午传、崔护传（共六篇）
第二卷	博异志、春梦录、却要传、陶岘传、狄氏传、河间传、滁妇传、裴谌传、梁清传、王魁传（共十篇）	王魁传、春梦录、却要传、陶岘传、狄氏传、河间传、滁妇传、裴谌传、梁清传（共九篇）
第三卷	芙蓉屏记、秋千会记、联芳楼记、聚景园记、牡丹灯记、金凤钗记、绿衣人传、郁轮袍传、金缕裙记、丹青扇记、燕子楼传（共十一篇）	芙蓉屏记、秋千会记、联芳楼记、聚景园记、牡丹灯记、金凤钗记、绿衣人传、郁轮袍传、金缕裙记、丹青扇记、燕子楼传（共十一篇）

---

① 陈良瑞：《剪灯丛话》考证，《文学遗产增刊》(18)，1999年，第268-283页。
② 程毅中：《剪灯丛话》补考，《程毅中文存》，北京：中华书局，2006年，第402-407页；程毅中：《剪灯丛话》补考，《文献》，1990年7月，第68-73页。
③ 乔光辉：十二卷本《剪灯丛话》虞淳熙题辞辨正，《文献》，2006 (1)，第123-126页。
④ 小川環樹：小川環樹著作集第四卷，東京：筑摩書房，1997年，第229页。
⑤ 秋吉久紀夫：再び剪燈叢話について：萬暦期文芸思想動向の一斑，『文芸と思想』，1980年，第1-17頁。

续表

	国家图书馆藏本（十二卷本）	日本东北大学附属图书馆藏本（十卷本）
第四卷	天上玉女记、太古蚕马记、古墓斑狐记、东越祭蛇记、秦女卖枕记、楚王铸剑记、苏娥诉冤记、夜冢决赌记、泰山生令记、縻生瘗恤记、乌衣鬼军记、夏侯鬼语记、泰岳府军记、司马才仲传（共十四篇）	天上玉女记、太古蚕马记、古墓斑狐记、东越祭蛇记、秦女卖枕记、楚王铸剑记、苏娥诉冤记、夜冢决赌记、泰山生令记、縻生瘗恤记、乌衣鬼军记、夏侯鬼语记、泰岳府军记、司马才仲传、西玄青鸟记（共十五篇）
第五卷	吴女紫玉传、同昌公主传、阳羡书生传、樱桃青衣传、震泽龙女传、彭蠡小龙传、於菟夜儿传、度朔君别传、山阳死友传、华岳神女传、嵩岳嫁女记、江淮异人录（共十二篇）	韩仙传（共一篇）
第六卷	香车和雪记、西阁寄梅记、渭塘奇遇记、莲塘二姬传、桃花仕女传、红裳女子传、南楼美人传、徐氏洞箫记、独孤见梦录、王幼玉记、赵喜奴传、三女星传、织女星传、张女郎传（共十四篇）	南楼美人传、洞箫记、见梦录、王幼女记、赵喜奴传、张女郎传（共六篇）
第七卷	章台柳传、陈希夷传、扬州梦传、杜子春传、王涣之传、蒋子文传、奇男子传、墨昆仑传、聂隐娘传、董汉女传、琵琶妇传（共十一篇）	琵琶妇传、陈希、扬州梦传、杜子春传、王涣之传、蒋子文传、奇男子传、墨昆仑传、聂隐娘传、董汉女传（共十篇）
第八卷	乌将军传、中山狼传、义虎传、人虎传、小莲记、猎狐记、白蛇记、鹦哥记、才鬼记、灵鬼志、鬼国记、鬼国续记（共十二篇）	乌将军传、中山狼传、义虎传、人虎传、小莲记、猎狐记、白蛇记、鹦哥记、才鬼记、灵鬼志、鬼国记、鬼国续记（共十二篇）

续表

	国家图书馆藏本（十二卷本）	日本东北大学附属图书馆藏本（十卷本）
第九卷	太清楼宴记、保和曲宴记、延福曲宴记、广寒殿记、龙寿丹记、游仙梦记、煮茶梦记、巫山梦记、谢石拆字传、鬼灵相墓传、惠民药局记、乐平耕民传（共十二篇）	太清楼宴记、保和曲宴记、延福曲宴记、广寒殿记、龙寿丹记、游仙梦记、煮茶梦记、巫山梦记、谢石拆字传、鬼灵相墓传、惠民药局记、乐平耕民传（共十二篇）
第十卷	闽海蛊毒记、海外怪洋记、寺塔放光记、瓦缶冰花记、海市奇观记、独脚五通记、江南木客传、中雷神记、金华神记、猿王神记、五方神记、子姑神传、紫姑神传（共十三篇）	闽海蛊毒记、海外怪洋记、寺塔放光记、瓦缶冰花记、海市奇观记、独脚五通记、江南木客传、中雷神记、紫姑神传、猿王神记、五方神记（共十一篇）
第十一卷	韩仙传、邢仙传、申宗传、唐珏传、阿寄传、朱冲传、仙箕传、杜秋传、妙女传、向氏传、文捷传（共十一篇）	
第十二卷	碁待诏传、畅纯父传、方万里传、张锄柄传、何蓑衣传、王实之传、王玄之传、钱履道传、针异人传（共九篇）	
合计	一百三十六篇	九十三篇

就所收篇目数量而言，十二卷本共收各类小说计一百三十六篇，十卷本共收各类小说计九十三篇，两藏本的第三卷、第八卷、第九卷所收篇目配置完全一致。其余各卷所收篇目存在如下特点，第五卷的《同昌公主传》一则，董康在其《书舶庸谭》[①]中记述为《同昌宫主传》。但若仔细考证十二卷本之目次与正文可知，其"宫主"实

---

① 董康：《书舶庸谭》（贾贵荣辑《日本藏汉籍善本书志书目集成》第二册），北京：北京图书馆出版社，2003年，第614-620页。

为"公主",二者在词义或使用上均无交集。因此虽仅一字之差但意思则截然不同,可见董康在其《书舶庸谭》中的记述当为笔误。十卷本第四卷所收《西玄青鸟记》一则为十卷本特有,在十二卷本中未可见。《西玄青鸟记》为明茅元仪所撰,亦见于《雪窗谈异》(明·杨循吉),并非十卷本所独有,十卷本所收《西玄青鸟记》的出典尚有待探明。但由于《西玄青鸟记》为十卷本所收而十二卷本未可见,故若要还原《剪灯丛话》全貌必须将十二卷本与十卷本合并来进行考述,同时亦可推断除十二卷本与十卷本外,此系统之《剪灯丛话》还应存在其他版本,只是目前未被发现,古今论集亦鲜有提及,关于其他版本之探寻有必要引起关注并持续进行。笔者将十卷本所收《西玄青鸟记》与《稀见珍本明清传奇小说集》[①]中所录之《西玄青鸟记》进行了详细比对,故事情节等虽无较大差异,但个别用字、用词则不同,十卷本的发现为进一步研究《西玄青鸟记》提供了新的研究版本。另,十二卷本第七卷所收《陈希夷传》与十卷本第七卷所收《陈希》一则是唯一一则两书皆有收录,且正文内容完全一致的小说,但它们在两藏本目次中所录题目不同,分别为《陈希夷传》与《陈希》。

此外,《剪灯丛话》仿照《剪灯新话》《剪灯余话》冠以"剪灯〇话"之名,《剪灯丛话》中有八则故事来源于新话与余话。兹录小说篇名如下,《芙蓉屏记》(余话第四卷)、《秋千会记》(余话第四卷)、《联芳楼记》(新话第一卷)、《聚景园记》(新话第二卷)、《牡丹灯记》(新话第二卷)、《金凤钗记》(新话第一卷)、《绿衣人传》(新话第四卷)以及《渭塘奇遇记》(新话第二卷),除《渭塘奇遇记》外,以上各篇皆被收录在《剪灯丛话》的第三卷,十二卷本与十卷本的第三卷所收内容完全一致,故《剪灯丛话》的第三卷位置与意义十分特殊。

从正文内容上来看,两藏本篇名一致的以下三篇作品尤为值得

[①] 薛洪勋、王汝梅:《稀见珍本明清传奇小说集》,长春:吉林文史出版社,2007年,第255-262页。

关注。其一，第四卷《秦女卖枕记》一则在两书目次中皆可见，但十二卷本载有故事正文，而十卷本则未见故事正文。其二，第八卷《中山狼传》一则皆见于两藏本，十卷本所收《中山狼传》故事正文出现乱码现象，文章内容页码编排错误十分明显，十二卷本则准确无误。其三，第十卷《海市奇观记》一则皆见于两藏本目次，两藏本故事正文部分皆将题名改为《观海市记》。正文所载故事内容前半十二卷本与十卷本完全一致，但十卷本又增加了《杨瑀观海市记》与《潘镃观海市记》两则，这两则故事未见于十二卷本。

目前虽无法确定两藏本各卷的主题，但可确认十二卷本有如下特征：第一卷各篇为恋爱故事，第二卷各篇为人物传记，第三卷多为《剪灯新话》与《剪灯余话》之作品，且恋爱故事所占比例较大，第四卷第五卷为天上、古墓、泰山、龙宫等异界奇人传，第六卷为女子传记，第七卷为奇人传，第八卷为虎、狼、狐、蛇、鬼等精怪故事，第九卷为"宴记"与"梦记"，第十卷为奇闻与神仙传，第十一卷与第十二卷为人物传记。

二、《伽婢子》的编撰方法与《剪灯丛话》

剪灯新话系作品对《伽婢子》影响较大，对《狗张子》亦有影响，可以说了意的假名草子创作是在"剪灯"热的大环境下展开的。关于《伽婢子》的出典研究虽然已经取得了十分丰硕的成果，但关于浅井了意的《伽婢子》出典研究仍有诸多探讨的余地，需要将更多的明代小说集引入视野，同为剪灯系作品的《剪灯丛话》与《伽婢子》的关系值得深究。

根据国家图书馆的书志信息，十二卷本《剪灯丛话》的梓行时间为明末（1621—1644），但此书志信息据何得出无从知晓。程毅中[①]认为《剪灯丛话》所收内容的一部分应承继自《五朝小说》《绿窗女史》《合刻三志》《唐人说荟》《说郛》等书，但特有篇章也不少，因

---

① 程毅中：《剪灯丛话》补考，《程毅中文存》，北京：中华书局，2006年，第402-407页；程毅中：《剪灯丛话》补考，《文献》，1990年7月，第68-73页。

此无法判断《剪灯丛话》与《五朝小说》等丛书孰先孰后。董康[①]认为此《剪灯丛话》版本是明刻本，乔光辉[②]认为其序源自《虞淳熙题辞辨考》一书，由于此书成书于万历二十一年（1593）年之后，故《剪灯丛话》刊行年代也应在 1593 年之后。此外，陈国军[③]认为，《赵定宇书目》中亦著录《剪灯丛话》，赵定宇卒于万历二十四年（1596），故《剪灯丛话》应成书于 1596 年之前。综上所述可大致推断《剪灯丛话》成书时间应为明末即 1593—1596 年。另据秋吉久纪夫[④]所考，十卷本应为顺治三年（1646）年之后刊行，也就是说十卷本应为清代刊本。同时根据表 11 不难看出，十卷本受十二卷本的影响很大，因此十卷本的成书时间必晚于十二卷本，可以推断十卷本原本亦应有十二卷，现在所见十卷本或为十二卷本之残卷。已经确认中国国家图书馆所藏之十二卷本为海外回流的汉籍，而十卷本现藏于日本东北大学附属图书馆，因此有必要对此系统本《剪灯丛话》在日本的流播及影响加以考证。关于《剪灯丛话》一书，日本宝历四年（1754）梓行的宫内厅书陵部[⑤]《舶载书目》[⑥]有如下记载：

剪灯丛话、一部一套六本、但传二篇缺、辑右楚宋玉《巫山梦记》、含赵晔《楚王铸剑记》、吴张俨《太古蚕马记》、晋贾善翔《天上玉女记》、唐白居易《琵琶妇转》、宋苏子瞻《子姑神记》、元柳贯《金凤钗记》、明王世贞《塔放光记》等百四十余种十二卷。

[①] 董康：《书舶庸谭》（贾贵荣辑《日本藏汉籍善本书志书目集成》第二册），北京：北京图书馆出版社，2003 年，第 614-620 页。
[②] 乔光辉：十二卷本《剪灯丛话》虞淳熙题辞辨正，《文献》，2006 年 1 月，第 123-126 页。
[③] 陈国军：《明代志怪传奇小说叙录》，北京：商务印书馆，2016 年，第 229 页。
[④] 秋吉久紀夫：再び剪燈叢話について：萬暦期文芸思想動向の一斑，『文芸と思想』，1980 年，第 1-17 頁。
[⑤] 日本的行政机关之一。主管日本皇室相关国家事务、天皇国事行为等相关事务，负责保管日本御玺、国玺等。书陵部是隶属于宫内厅的部局之一，由原负责管理皇室图书的"图书寮"与负责皇室陵寝的"诸陵寮"合并而来，主管日本皇室的图书与陵寝。
[⑥] 大庭脩：『江戸時代における唐船持渡書の研究』，大阪：関西大学東西学術研究所刊，1929 年，第 361 頁。

秋吉久纪夫[①]认为，《舶载书目》中所记《剪灯丛话》应为《新刻名家出相剪灯丛话》即十卷本《剪灯丛话》之同一系统之书。根据上述著录信息，作品名、卷数以及"百四十余种"之数量可推知《舶载书目》所录之《剪灯丛话》应为十二卷本《剪灯丛话》，若《剪灯丛话》成书时间约在1593—1596年，则十二卷本极有可能早于宝历四年便已经传至日本。另据矶部彰[②]考位于秋田藩[③]明德馆的《明德馆书目》记有"《剪灯丛话》六"，白河藩松平家[④]的《白河文库全书分类目录》记有"《剪灯丛话》六册"，佐仓藩中川家[⑤]的藏书目录《收锦阁书目录》记有"《剪灯丛话》"，丰后佐伯藩[⑥]所藏书籍目录《佐伯侯藏书目录》记有"《剪灯丛话》"。上述各条记录为日本近世各大藩主藏书目录中的内容，从标注有书籍册数的数量来看应为十二卷本《剪灯丛话》，自本州岛北端的秋田至福岛而后到千叶再到日本国南端的大分的各个大小藩主都曾收藏《剪灯丛话》，可见《剪灯丛话》在近世日本流传之广、人气之高，如此畅销的丛书一定会受到熟读剪灯系作品的了意关注。

以十二卷本与十卷的刊行时间推测，如前文所述，十二卷本梓行时间大约在1593—1596年，《伽婢子》的刊行时间为1666年，两书的成书时间有半个多世纪的间隔，此系统本《剪灯丛话》有足够的时间在《伽婢子》成书之前就传至日本，同时在"剪灯"热的大环境下，此系统本《剪灯丛话》在日本的传播应受到广泛关注。

对中国典籍尤其对剪灯系列作品十分熟悉的浅井了意在创作《伽婢子》之前极有可能已经接触了《剪灯丛话》。另据目前的研究

---

① 秋吉久紀夫：再び剪燈叢話について：萬暦期文芸思想動向の一斑，『文芸と思想』，1980年，第1-17頁。
② 矶部彰：日本江户时期诸藩及个人文库中国烟粉小说的收藏情况，《上海师范大学学报（哲学社会科学版）》，2010年3月，第67-76页。
③ 位于今天日本秋田县。
④ 位于今天日本福岛县。
⑤ 位于今天日本千叶县，中川家旧藏现收藏于日本内阁文库。
⑥ 位于今天日本大分县。

结果①,《剪灯丛话》所收篇目来源于《剪灯新话》《剪灯余话》《五朝小说》《说郛》《古今说海》《唐人说荟》等小说集,而上述各书皆曾被认为是《伽婢子》的出典文献。十二卷本与十卷本《剪灯丛话》被考证是上述作品之"选集",因此浅井了意极有可能直接参照《剪灯丛话》的编撰方法创作了《伽婢子》。以上述各大丛书为出典参考,重新择选作品汇编为新作的这一编撰方法极有可能影响到浅井了意的创作。从具体的作品比较来分析,十二卷本《剪灯丛话》第二卷《博异志》所收的《阴隐客》《岑文本》《马侍中》,第三卷《芙蓉屏记》《聚景园记》《牡丹灯记》《金凤钗记》《绿衣人传》,第五卷《樱桃青衣传》,第六卷《渭塘奇遇记》,第七卷《墨昆仑传》所收的《李摩云》以及第八卷《才鬼记》与《灵鬼志》等皆已被确认是《伽婢子》中所收故事的出典。据此,也可以证明此系统本《剪灯丛话》的篇目择录方式与出典参考书的选用手法,直接或间接地影响了浅井了意的编撰手法。

十二卷本与十卷本《剪灯丛话》的史料记载较少,目前可见的版本仅有国家图书馆藏本与日本东北大学附属图书馆藏本,关于此系统本《剪灯丛话》的版本与流播问题尚需要做进一步研究。两藏本皆曾传至日本及朝鲜,对日本文学产生了极大的影响,尤其是对在剪灯热大背景下出现的假名草子作品,博学多闻、博览《剪灯新话》《剪灯余话》以及《金鳌新话》等剪灯系作品的了意,一定会注意到同属剪灯系列的《剪灯丛话》。关于《剪灯丛话》内容的研究以及《剪灯丛话》与浅井了意假名草子作品在内容上的关联性问题笔者将继续深入研究。

---

① 参见:宇佐美喜三八:『和歌史に関する研究』,大阪:若竹出版株式会社,1952年,第316-350頁。麻生磯次:『江戸文学と中国文学』,東京:三省堂,1976年,第39-40頁;渡辺守邦:浅井了意『伽婢子』——渡来した妖異,『国文学解釈と教材の研究』,1992年8月,第62-64頁;黄昭淵:『伽婢子』と叢書——『五朝小説』を中心に,『近世文芸』(67),1998年1月,第1-11頁;王康ートウ:『太平広記』と近世怪異小説:『伽婢子』の出典関係及び道教的要素,『芸文研究』(64),1993年,第1-19頁。

本章小结

　　本章的开头首先梳理了《伽婢子》出典的研究成果。根据现有研究，一般认为《伽婢子》的 68 则故事中，65 则的出典为剪灯系作品和《五朝小说》等汉文典籍，《伽婢子》第十三卷《义辉公之马》的出典为日本典籍《因果物语》（片假名本），剩余两则出典不明。《义辉公之马》的出典为日本典籍的结论令人生疑，《伽婢子》全书出典为汉文典籍，唯有此篇选择日本典籍，实属可疑。将《义辉公之马》与《因果物语》及《诺皋记》中的内容进行比较研究，看出《义辉公之马》的内容与《诺皋记》内容更加相似。同时，收录《诺皋记》的《五朝小说》之《存唐人百家小说》第六卷中，有 12 则故事是《伽婢子》的出典，这一卷定是了意常用之书。综合上述两点，可以推知《义辉公之马》的出典并非日本典籍《因果物语》，而是与《伽婢子》中其他故事一样，皆由《五朝小说》翻案而成。此外，《伽婢子》第十二卷《早梅花妖精》有两首直接引用的汉诗，显得十分与众不同。已有成果认为其出典是《赵师雄醉憩梅花下》，但此出典中并无诗文，故该论断实难令人信服。反而，在人物设定、故事情节、具体用词、大量羼入诗歌等方面，《早梅花妖精》与《古杭红梅记》极其相似。加之，收录有《古杭红梅记》的冯梦龙本《燕居笔记》，早已流入江户时期的日本并广泛流播。据此断定冯梦龙本《燕居笔记》应是《伽婢子》出典之一。本章最后一节，对同属剪灯系作品的《剪灯丛话》进行了考述。分藏于中日两国的《剪灯丛话》十二卷本与十卷本文献价值极高，但关注度很低。目前没有关于《伽婢子》与《剪灯丛话》的比较研究，通过分析《剪灯丛话》在日本的流播情况及所收内容，推察此系统本《剪灯丛话》在编撰方法上对《伽婢子》的影响。附录四是在整合上述研究成果的基础上，整理完成的《伽婢子》出典关系对照表。

第四章 浅井了意的翻案方法

假名草子最重要的一个特点就是采用翻案的手法进行创作，本研究中翻案的定义是假名草子作者以一部或多部作品为原典，对原作品的三要素即人物、情节、环境进行改写，置换或剔除原作品中的外国元素，大量植入日本元素的日本化的文学创作手法。在研究翻案手法时，最关键的就是要明确作者所用的典籍，第二章和第三章综合考察了《堪忍记》《伽婢子》《狗张子》所涉汉文典籍，为研究了意的翻案方法奠定了基础。本章将重点讨论了意如何将汉文典籍中的作品巧妙地翻案为假名草子。若要解析这个问题，就必须厘清了意用过哪些汉文典籍，分析这些汉文典籍之间的关系，勾勒了意使用汉文典籍过程中的变化轨迹。"诗"和"儒"是汉文学两个重要的元素，本研究所指的诗包括中国的古诗和日本文学中的汉诗。"儒"即儒家，在小说中可以体现为儒家思想、儒生形象。本研究侧重文学研究，因此主要分析浅井了意假名草子中儒生形象的塑造。综上，本章将从了意所用汉文典籍、作品中汉诗的翻案手法以及儒生形象的塑造三部分进行论述。

第一节 浅井了意所用汉文典籍

本研究的主要研究对象为《堪忍记》《伽婢子》《狗张子》。这三部作品是涉及汉文典籍最多，与汉文典籍关系最为密切的作品。本书在第二、第三两章对这三部作品的出典进行了系统地考辨，现将这三部作品所涉汉文典籍整理如下，详见表12。

表 12　了意主要作品所涉汉文典籍

了意作品		汉文典籍
劝信义谈钞	佛教典籍	《群疑论》《鹿母经》《婆沙论》《涅槃经》《奈女经》《十二游经》《楼炭经》《提谓五戒经》《中阴经》《杂宝藏经》《心地观经》《因果经》《优婆塞戒经》《华严经》《观佛经》《般若经》《止观》《维摩经》《四十二章经》《圆觉经》《仁王经》《愚秃钞》《净土见闻钞》《素问经》《楞伽经》《因果录》
	儒家典籍	《论语》《周易》《孟子》《孔子家语》《礼记》
	道教典籍	《老子》《庄子》《列子》
	其他	1. 文言小说集：《容斋随笔》《冥祥录》 2. 史书：《史记》《后汉书》 3. 诗文总集：《文选》
堪忍记	善书	《明心宝鉴》《迪吉录》
	类书	《古今事文类聚》
	其他	《列女传》《后汉书》《蒙求》
伽婢子	文言小说集	中国（明）：《剪灯新话》《剪灯余话》《五朝小说》《燕居笔记》《剪灯丛话》 朝鲜：《剪灯新话句解》《金鳌新话》
狗张子	文言小说集	中国（明）：《剪灯新话》《剪灯余话》《五朝小说》
	善书	中国：《迪吉录》 朝鲜：《三纲行实图》
	类书	《太平广记》
	其他出典①	《冥祥记》《独异志》《集仙录》《潇湘录》《博异志》《警世恒言》《稽神录》《古今奇观》

表 12 中除列举《堪忍记》《伽婢子》《狗张子》外，为更好地分析了意运用汉文典籍的规律，在表中增列了《劝信义谈钞》。《劝信

---

① 此栏内容为目前仍有争议的出典。

义谈钞》是了意生涯中第一部作品，是一部通俗佛书，书中广引儒释道三教典籍且均标有出处，表 12 中《劝信义谈钞》所用出典是根据了意自己标注的出处整理完成的。据表 12 可知《劝信义谈钞》所引各类典籍总数达 34 部之多。《劝信义谈钞》全书共六卷每卷 14 至 19 页不等，在这样一部小型佛书中，了意所使用的典籍就多达 34 部，将这么多典籍的内容巧妙地整合为一部书籍，并非容易之事。了意在创作此书时三十多岁[①]，如此年纪就能摘引各类典籍、类聚成册，说明其少壮时就已经能博闻强识、引经据典了。

一、了意所用汉文典籍的种类

了意在创作假名草子时所用的汉文典籍并不是孤立存在的，而是有着共同特征。他在选择汉文典籍作为出典时是经过深思熟虑的，下面将了意所用的汉文典籍进行分类。

第一，善书。"善书"是劝善之书，是解说劝善的书，这种劝善不是劝导儒教经典中所说的道德的实践，而是劝导被民众接受的民众道德的实践。[②]这种民众道德实践正是了意教化民众，唱导佛法所宣扬的内容。据表 12 可知，了意在创作《堪忍记》时主要使用了《明心宝鉴》与《迪吉录》两部善书。《明心宝鉴》[③]是明代范立本所编，具体成书时间尚不可考，但大致应为洪武八年（1375）至二十六年（1393）[④]间，全书共分为十大类，书籍内容旁征博引，涉及诸子语

---

① 北条秀雄：『改訂増補浅井了意』，東京：笠間書院，1972 年，第 124 頁。
② 酒井忠夫著、刘岳兵、何英莹译：《中国善书研究》（增补版），南京：江苏人民出版社，2010 年，第 14 页。
③ 关于《明心宝鉴》的作者，韩国学者认为《明心宝鉴》是高丽忠烈王的儒臣秋适所编著的汉学基本教材，韩国编撰的版本应远早于明代范立本与王衡的刊本，即《明心宝鉴》应为韩国编著并非中国旧编。但经周安邦详细考述此观点实为不妥，周安邦认为《明心宝鉴》确为明代范立本编辑无疑。参见：周安邦：《明心宝鉴》非秋适编著说考述，《逢甲社会学报》，2010 年 6 月，第 22-71 页。
④ 成海俊根据《明心宝鉴》的朝鲜清州本序言，断定成书时间应为洪武二十六年即 1393 年，但周安邦认为《明心宝鉴》具体成书时间尚有待进一步确认，主张成书时间在洪武八年（1375）至洪武二十六年（1393）年之间。参见：『明心宝鑑』が日本文学に与えた影響——ことに浅井了意の『浮世物語』を中心として，『日本文学』，1996 年 6 月，第 11-21 頁；周安邦：《明心宝鉴》研究，逢甲大学博士学位论文，2009 年。

录、家训乡约、女德女训等内容，全书使用各类典籍140余部，涵盖经史子集、儒释道三家经典以及医学典籍等。以"《景行录》云""太公曰""荀子曰""子路闻""孟子曰""《近思录》云"等形式表明所引内容出处，以此强调内容的权威性与可信性。《明心宝鉴》刊行之后便在东亚地区广泛流播，对朝鲜、日本的思想及文学等都产生了极大的影响。①若将《明心宝鉴》与《劝信义谈钞》两书进行对比，不难看出两书的内容与编撰形式极其相似。两书的编撰目的皆为开蒙启迪教化民众，两书内容皆为旁求博考而来，两书在所引内容前后皆详细标明出典。《明心宝鉴》的"明心"乃佛教用语，意为"明心见性"，"宝鉴"即"宝镜"之意，书名寓意以书为镜自我反省。②了意擅用"鉴"字，《堪忍记》中多次提及"以此为鉴"，并将《堪忍记》最后三卷命名为《女鉴》。《堪忍记》的续篇《本朝女鉴》序中引有"夫以铜为镜，可以正衣冠，以史为镜，可以知兴替"的典故。了意以书为鉴，教化民众的创作意图可见一斑，这种创作意图也正是受到《明心宝鉴》的影响。了意并不满足于《明心宝鉴》这种广收名言格言的语录类善书，将所用汉文典籍扩展至明代大型善书《迪吉录》。《迪吉录》由明代著名劝善思想家颜茂猷③编著，成书于天启二年（1622），刊刻于崇祯四年（1631），④一经出版便风靡东亚诸国，尤其对近世日本影响较大。⑤《迪吉录》的编撰目的是为更好地教化民众，与《明心宝鉴》不同，此书并非各种名句格言的汇编，而是一部故事汇编集。颜茂猷通过大量真实的历史故事阐释因果报应，以此来阐发做人为官的道理。但颜茂猷并不仅仅是讲故

---

① 『明心宝鑑』が日本文学に与えた影響——ことに浅井了意の『浮世物語』を中心として，『日本文学』，1996年6月，第11-21页。

② （明）范立本编、韩田鹿注译：《明心宝鉴》，北京：东方出版社，2014年，前言第5页。

③ 颜茂猷（1578—1637）字壮其，又字光衷心，号璧居士，福建漳州付平和县（今漳州市）人。天启四年（1624）举人，崇祯七年（1634）进士。参见：吴震：《颜茂猷思想研究——17世纪晚明劝善运动的一项个案考察》，北京：东方出版社，2015年，第51页。

④ 吴震著：《颜茂猷思想研究——17世纪晚明劝善运动的一项个案考察》，北京：东方出版社，2015年，第92页。

⑤ 吴震著：《颜茂猷思想研究——17世纪晚明劝善运动的一项个案考察》，北京：东方出版社，2015年，第371-377页。

事，他在每一则故事的最后都会加入评述，这种边写边评的写作手法特色鲜明，被了意活用到《堪忍记》中。《堪忍记》在每一个故事的前或后都引用诸子名句或佛经内容进行评述，这些评论性的文字很多都是引用自《明心宝鉴》，了意巧妙地将《明心宝鉴》的名句与《迪吉录》故事进行融合，形成新的故事。这说明在创作《堪忍记》时，了意对汉文典籍的内容就已经有了较高的理解与把控能力。

第二，文言小说集。了意所用的第二种汉文典籍类型便是文言小说集，进入到明代以后，在书坊主逐利目的与印刷业不断发展的大背景下，大量文言小说集开始出现并被不断翻刻广为流传，剪灯系小说也是在这种情况下诞生的。所谓剪灯系小说狭义上指《剪灯新话》《剪灯余话》《觅灯因话》《剪灯丛话》等明代小说集，广义上也包括日本的《伽婢子》以及朝鲜的《剪灯新话句解》《金鳌新话》等和越南的《传奇漫录》。《剪灯新话》为明代瞿佑所作，成书于洪武十一年（1378），出版后仿作不断。李昌祺模仿《剪灯新话》作《剪灯余话》，《剪灯余话》具体成书时间不详，但应在1420年左右。《剪灯新话》与《剪灯余话》都是《伽婢子》的出典。了意为何在众多文言小说集中选择这两部书作为出典，原因在于此二书内容上虽在语怪谈鬼但都有一种劝善的创作意图，并非单纯的文言小说集。瞿佑在《剪灯新话》自序中言明"今余此编，虽于世教民彝，莫之或补，而劝善惩恶，哀穷悼屈，其亦庶乎言者无罪，闻者足以戒之一义云尔"。[①]不仅瞿佑自评为"劝善惩恶，哀穷悼屈"，钱塘凌云翰为《剪灯新话》所作的序言也称"是编虽稗官之流，而劝善惩恶，动存鉴戒，不可谓无补于世"，杜衡在序言中评述"盖宗吉以褒善贬恶之学，训导之间，游其耳目于词翰之场"，《剪灯新话》通过讲述怪谈故事来进行劝善惩恶的善书性质彰明较著。李昌祺的《剪灯余话》也有其善书的性质，翰林侍讲临川王英所作的序文中就有"使人读

---

① （明）瞿佑等著、周楞伽校注：《剪灯新话》（外二种），上海：上海古籍出版社，1981年，第3页。

之，有所惩劝"，张光启所作的序文中有"其善可法、恶可戒、表节义、砺风俗，敦尚人伦之事多有之"。综上，《剪灯余话》也是一部有着善书特征的怪谈小说集。兼有劝善风格的怪谈故事集《剪灯新话》与《剪灯余话》，与了意通过故事进行劝善教化的创作意图极其吻合。此时《剪灯新话》与《剪灯余话》也正风靡日本，了意关注到此二书并据此翻案创作自然也是水到渠成之事。

第三，类书。[①]日本近世时期开始出现一种新的书店形式即"唐本屋"，唐本屋与以往的书店不同，主要经营中国出版的百科辞典性质的类书。[②]可见中国类书在日本近世时期的影响极大，在如此背景下了意也开始使用类书。已经确认其使用过的类书主要有《古今事文类聚》《五朝小说》两种，《太平广记》作为小说类书也有被了意使用的可能。《古今事文类聚》为宋代祝穆编撰，前集六十卷、后集五十卷、续集二十八卷、别集三十二卷，上述四部分皆为祝穆编撰，元代富大用模仿祝穆又补撰有新集三十六卷、外集十五卷，元代祝渊又补撰遗集。目前所传《古今事文类聚》包含上述三人所撰所有内容。酒井哲夫认为此书在元明两朝影响较大，他批评祝渊的遗集只是在祝穆编撰的基础上进行添加，颇有明人乱改原典的恶习。[③]了意似乎也察觉到此书遗集部分内容不佳，因此集中使用祝穆撰部分。此外，了意还使用小说类书《五朝小说》，具体成书时间尚不可考，但大约应在明末。全书共分存魏晋百家小说、存唐人百家小说、存宋人百家小说、存皇明百家小说四部分，因魏晋部分包含魏晋两朝，因此合称为"五朝"即魏晋唐宋明五个朝代。全书共选录传奇、志

---

① 胡道静认为类书兼具百科全书与资料汇编两种性质，是古代文献资料的渊薮。张三夕认为类书是我国古代分类的数据汇编性的工具书。王燕华认为类书具有四个根本特性：一是广集群书，二是分门别类，三是检索引证，四是述而不作。这四个最为根本的特性缺一不可，只有符合了这四个特性才能真正被称为类书。本研究中的《古今事文类聚》《五朝小说》《太平广记》三部书皆具有上述所指类书特征。参见：胡道静：《中国古代的类书》，北京：中华书局，1982年，第1页；张三夕：《中国古典文献学》，武汉：华中师范大学出版社，2003年，第45页；王燕华：《中国古代类书史视域下的隋唐类书研究》，上海：上海人民出版社，2018年，第12页。

② 長友千代治：『近世貸本屋の研究』，東京：東京堂出版，1982年，第4頁。

③ 酒井忠夫：『中国日用類書史の研究』，株式会社国書刊行会，2011年，第61-62頁。

怪及杂史笔记等五百余种。每部分刊刻时间都不同，各部又分传奇、志怪、偏录、杂传等门类，唯有皇明百家小说未分门类。《五朝小说》是一部大型的文言小说汇编类书，学术界对《五朝小说》的评价一向不高，鲁迅认为《五朝小说》是"顾复缘贾人贸利，撮拾雕镌"之作，"为欲总目烂然，见者眩惑，往往妄制篇目，改题撰人，晋唐稗传，黧剬几尽"①。程毅中认为"(《五朝小说》)一部分是裁篇别出，巧立明目"②。《五朝小说》是明末书坊竞相出版历代杂记小说中数量比较多的一套③，在明末曾经多次刊印，而后流入日本。日本现存《五朝小说》中明代刊刻版本共有六套④，其中被确认为与了意所用版本最接近的是内阁文库藏林罗山旧藏本⑤。

此外，还有一点尤其值得关注，《迪吉录》《金鳌新话》《剪灯余话》三部作品中均有描写"倭寇"的故事。《迪吉录》第八卷就有《辽东倭寇至望海埚诛死无疑》，故事讲述的是明代将军刘江"望海埚抗倭大捷"⑥的故事，此事在《明史》⑦中也有记载，是根据历史事实改编而成。故事中直接称"倭寇"为"倭奴"⑧，文末评述有"引异类攻乡里，辱中国伤坟墓，天地肯容之乎"⑨。将"倭寇"直接称为"异类"。了意曾将《迪吉录》第八卷中的 20 个故事翻案至《堪忍记》

---

① 鲁迅校录：《唐宋传奇集》（清末民初文献丛刊），上海：上海北新书局印行，1928 年，第 1 页。

② 程毅中等编：《中国古代小说百科全书》，北京：中国大百科全书出版社，2006 年，第 500 页。

③ 鲁迅校录：《唐宋传奇集》（清末民初文献丛刊），上海：上海北新书局印行，1928 年，第 1 页。

④ 分别藏于内阁文库、京都大学（两部）、国立国会图书馆、东洋文库、蓬左文库。参见：高橋隆平：『伽婢子』と『五朝小説』：『五朝小説』の諸本と流布状況に関して，『日本文芸研究』，2006 年 9 月，第 1-21 頁。

⑤ 目前认为与浅井了意所用版本最接近的是林罗山旧藏本，现藏于日本内阁文库（索书号：371-0006），本研究所用《五朝小说》版本是明刊林罗山旧藏本。林罗山旧藏本《存唐人百家小说》编者为桃源居士，《存宋人百家小说》编者为桃源溪父。

⑥ 望海埚：今辽宁省大连市金州区亮甲店街道金顶山一带。

⑦ （清）张廷玉：《明史》，北京：中华书局，1974 年，第 98 页。

⑧ 《迪吉录》第八卷公鉴四啸聚门（草泽啸聚之报）。

⑨ 《迪吉录》第八卷公鉴四啸聚门（草泽啸聚之报）。

中，在反复翻阅《迪吉录》第八卷时一定会注意到这一则与倭寇有关的故事。《金鳌新话》第一卷《万福寺樗蒲记》也有关于倭寇的描写，如"某州某地居住何氏某，窃以曩者边方失御，倭寇来侵，干戈满目，烽燧连年，焚荡室庐，掳掠民生"[①]。金时习将"干戈满目，烽燧连年，焚荡室庐"的原因归结为"倭寇来侵"，金时习对倭寇烧杀抢掠暴行的控诉与愤慨之情可见一斑。了意曾根据《金鳌新话》进行翻案，如此关键的细节了意定会察觉。

《剪灯余话》第三卷《武平灵怪录》最为特殊，《武平灵怪录》是《狗张子》第六卷《盐田平九郎见怪异》的出典。《武平灵怪录》中也描写了"倭寇"的罪恶行径，"倭夷登岸，失不以闻，被罪，死秋官狱中，家产籍没，庵田入官，僧悉散去"[②]。文中项氏家族最终落败的原因虽是"失不以闻，被罪"但究其根本是"倭夷登岸"，反映出李昌祺对倭夷之乱的控诉。了意将《武平灵怪录》翻案为《盐田平九郎见怪异》，但省略了项氏家族这个细节，直接翻案为从战乱中侥幸逃生的武士盐田平九郎，在返乡途中遇到怪事。在了意生活的江户时代，儒医、国学家松下见林所著的《异称日本传》（1693）描绘了倭寇形象图，据此图可知倭寇"半裸跣足，肩抗大刀的海上强暴之徒"形象[③]，了意对倭寇也是持批判态度。虽然所用典籍中有"倭奴""抗倭"等词汇，但了意一定清楚地知道此处所指的"倭奴"并非广大日本人，此处的抗倭也只是抗击倭寇，因此了意在选择出典时并不忌讳出现"倭奴""抗倭"等语汇的典籍。

二、了意使用汉文典籍的方法

第一，将中国故事和风化。了意第一部假名草子《堪忍记》亦称

[①] 金时习著、权锡焕、陈蒲清注译：《金鳌新话》，长沙：岳麓书社，2009年，第2页。
[②]（明）瞿佑等著、周楞伽校注：《剪灯新话》（外二种），上海：上海古籍出版社，1981年，第207页。
[③] 田中健夫著、杨翰球译：《倭寇——海上历史》，北京：社会科学文献出版社，2015年，第142页。

《和汉故事堪忍记》[①],《堪忍记》书中各章节直接在标题中使用了主人公的名字"富弼""于定国""李登""王勤政",直接保留了中国故事题目,让读者一看便知这是来自中国的故事。在内容上先以翻译为主,再逐渐进行翻案改写。《堪忍记》的前半部中大量引用《明心宝鉴》语录,大多是翻译原典,后半部多为翻案。与《堪忍记》不同,《伽婢子》中则直接采用了翻案的手法,几乎不见直接对原典内容的翻译,但在标题中仍保留"牡丹灯""花屏风""龙宫"等原典标题的主要要素。《狗张子》中则完全看不到原典的影子,如不将故事内容全部解读,就很难辨识出所用典籍。从《堪忍记》到《伽婢子》再到《狗张子》,彻底实现了"汉文典籍和风化",可以说了意将翻案做到了灵活自如。

第二,逐渐增加出典。了意在进行翻案创作时通常以一部或两部书为主要出典开始翻案,当翻案手法逐渐成熟后开始增加新的出典。以《堪忍记》为例,前三卷内容的主要出典为《明心宝鉴》和《迪吉录》,尤其是前两卷几乎完全根据《明心宝鉴》与《迪吉录》进行翻案,第三卷开始逐渐增加《事文类聚》的内容。了意在创作前两卷时多采用翻译的手法,将《明心宝鉴》的大量内容直接翻译到《堪忍记》中,随着创作手法的娴熟,翻译的内容开始减少,并加入日本典籍中的故事。无独有偶,《伽婢子》也是如此,《伽婢子》前三卷九个故事中仅有一例的出典是《五朝小说》,其余都来自剪灯系作品。尤其第一卷第一个故事《龙宫上栋》和第二个故事《黄金百两》的出典《水宫庆会录》与《三山福地志》也是《剪灯新话》第一卷中的第一和第二个故事。在第四卷中,创作方法开始转变,这一卷前两个故事出典为《剪灯新话》,第三个故事开始使用《五朝小说》,其后一直以《五朝小说》为主进行翻案。故事的篇幅也开始发生变化,《伽婢子》前五卷中故事篇幅都很长,开篇的《龙宫上栋》是全书最长的一篇。在对比分析中可以看出,前三卷故事的出典多为《剪灯新话》。《剪灯新话》的故事篇幅较长,据此翻案而成的故

---

① 岩瀬文库与成田图书馆藏元禄十四(1701)年版《堪忍记》题签写有《和汉故事堪忍记》。参见:近世文学書誌研究会編:『堪忍記』(近世文学資料類従仮名草子編2),東京:勉誠社,1972年,第290-292頁。

事篇幅也保留了这一特点。已经适应了翻案长篇故事的了意在开始使用《五朝小说》时，依然从《五朝小说》中选择长篇故事进行翻案，如《梦游录》中的《张生》与《樱桃青衣》，《灵鬼志》中的《唐晅》，《博异志》中的《岑文本》，上述作品的篇幅都很长，了意在处理这些故事时基本保留了故事主人公性格、故事梗概以及部分故事细节。以《伽婢子》第六卷为转折，了意开始选择短篇故事进行翻案，有的故事原典不过短短两三句，了意只借用故事梗概，在大的故事框架下自由发挥。宇佐美喜三八认为这些短小的故事文学价值不高[1]，但笔者认为了意从翻案长篇到翻案短篇是其创作模式的转变。了意通过长篇讲述故事，并在故事后面植入教化的内容，如在《蜂谷孙太郎成鬼之事》《牡丹灯记》《随转力量》等长篇故事中，都加入了主人公最后通过诵经念佛得以超度的内容。这与《堪忍记》中在故事前后加入评论性文字进行教化的创作手法一致，是对《堪忍记》创作手法的继承。《伽婢子》中有些故事十分短小，中国古代神怪小说一个重要的特征就是"语怪"，在翻案以"语怪"为特征的小说时，受其影响也以"语怪"为创作目的。这正是了意受到中国神怪小说影响的结果，这些短篇语怪故事也正是云樵所言的"精微之言"。[2] 这些短篇语怪故事大大增加了《伽婢子》的趣味性。一部《伽婢子》，长篇为说教，短篇为语怪。

  第三，从有形到无形。《堪忍记》《伽婢子》还能看到出典故事的痕迹，还能察觉出这是从汉文典籍翻案而来的作品。《狗张子》则很难一眼辨识出其出典，只能通过分析故事梗概与故事情节来判断。了意在做《狗张子》时已基本摆脱对出典的依赖，更加灵活自如地进行创作。

  综上，了意最初是将出典中的故事整体移植到《堪忍记》中，《伽婢子》则直接借用出典故事的框架并保留部分情节，《狗张子》在

---

[1] 宇佐美喜三八著：『和歌史に関する研究』，大阪：若竹出版株式会社，1952 年，第 316-350 頁。

[2] 云樵作《伽婢子序》。松田修等校注：『伽婢子』（新日本古典文学大系 75），東京：岩波書店，2001 年，第 11 頁。

出典故事的框架上内植入中国元素为新的故事服务。从《堪忍记》到《狗张子》，了意基本实现了化汉文典籍于无形。这也表明了意对汉文典籍的把握能力日益提高，对汉文典籍所载内容的运用愈加自如。

第二节　浅井了意假名草子中汉诗的翻案方法

　　浅井了意在故事中大量羼入诗歌的创作手法与《剪灯新话》的创作手法有着密不可分的关系。瞿佑作为诗人曾名极一时，其十四岁时诗歌才能就受到著名诗人杨维桢[①]的赞誉。瞿佑著有《归田诗话》《存斋诗集》《咏物诗》等诗集。《剪灯新话》的篇章多由四六句的骈文组成，且多见词藻华美的诗歌，这一创作风格被世人评为其炫才之举，凌云翰赞曰"造意之奇，措辞之妙，粲然自成一家"[②]，睦人桂衡评《剪灯新话》"有文、有诗、有歌、有可喜、有可悲、有可骇、有可嗤"[③]。李昌祺在创作《剪灯余话》时受到《剪灯新话》的影响极大，全书诗歌数量远超《剪灯新话》。永乐年翰林侍读学士曾棨称赞李昌祺"学博才高，文思敏赡"[④]，评《剪灯余话》"秾丽丰蔚，文采烂然"[⑤]，翰林侍讲临川王英则赞赏李昌祺"博闻广见，才识高伟，而文词制作之工且丽也"[⑥]，直接点明李昌祺诗才了得。在元明两朝都不得志的瞿佑以《剪灯新话》宣泄感情，李昌祺则是借《剪灯余话》直抒胸臆。《剪灯余话》中诗的数量过多，甚至被批

[①] 杨维桢（1296—1370）字廉夫，号铁崖、东维子，又号抱遗老人，元绍兴路诸暨州（今诸暨市人），元末明初著名诗人、书画家、戏曲家。参见：邹志方点校：《杨维桢诗集》（两浙作家文丛），杭州：浙江古籍出版社，2010年。

[②]（明）瞿佑等著、周楞伽校注：《剪灯新话》（外二种），上海：上海古籍出版社，1981年，第4页。

[③]（明）瞿佑等著、周楞伽校注：《剪灯新话》（外二种），上海：上海古籍出版社，1981年，第5页。

[④]（明）瞿佑等著、周楞伽校注：《剪灯新话》（外二种），上海：上海古籍出版社，1981年，第117页。

[⑤]（明）瞿佑等著、周楞伽校注：《剪灯新话》（外二种），上海：上海古籍出版社，1981年，第117页。

[⑥]（明）瞿佑等著、周楞伽校注：《剪灯新话》（外二种），上海：上海古籍出版社，1981年，第117页。

评诗歌数量之多意在炫耀诗才，大有喧宾夺主之嫌。此二书皆为《伽婢子》出典，故事中大量羼入诗歌的创作手法对了意有着极大的影响，《堪忍記》中仅有两则汉诗，《伽婢子》后诗歌数量突增，《狗张子》也有多首汉诗。综上，对作品中汉诗的研究十分重要，本节主要以《堪忍记》《伽婢子》《狗张子》中的汉诗为研究对象，解明了意汉文水平的同时，分析作品中汉诗的翻案方法。

一、直接引用诗文

了意作品中的诗歌多有被改写的痕迹，将汉诗直接引用到新故事中的例子并不多见，先举《堪忍记》中两例分析。

第一例是《堪忍记》第四卷《汉张允饿死之事》中的汉诗。[①]这是了意将杜甫《述古三首》中第二首诗中的一句嫁接到《汉张允饿死之事》[②]上的例子。《汉张允饿死之事》讲述的是汉代吏部侍郎张允的故事。张允腰缠万贯但十分吝啬，甚至疑其妻，每日系库房钥匙于腰间。郭威起兵后，张允为躲追兵藏于天井，身无分文的张允，最终饥饿而死。故事中的张允身为吏部侍郎是官吏贵族，了意将其作为商人故事放入商人之堪忍部稍显牵强，所以了意在这个故事前加入"市人日中集，于利竞锥刀"[③]，以市井中商人竞相追逐蝇头小利的诗，讽刺视财如命众叛亲离的张允。

第二例是《堪忍记》第八卷《卫敬瑜妻之事》中的汉诗。[④]诗文为"昔时无偶去，今年还独归。女人恩义重，不忍更双飞"[⑤]。这首

[①] 花田富二夫认为《堪忍记》中这首诗的直接出典应为《古今事文类聚》前集卷三十六《货殖家》。参见：花田富二夫：『仮名草子研究：説話とその周辺』（新典社研究叢書151），東京：新典社，2003年，第98頁。

[②] 笔者译。浅井了意全集刊行会编：『浅井了意全集』（仮名草子編1），東京：岩田書院，2007年，第98頁。

[③] （唐）杜甫著、（清）仇兆鳌注：《杜诗详注》，北京：中华书局，1979年，第1022页。

[④] 花田富二夫认为《堪忍记》中这则故事的出典是《三纲行实图》烈女部《李氏感燕》。参见：花田富二夫：『仮名草子研究：説話とその周辺』（新典社研究叢書151），東京：新典社，2003年，第96頁。

[⑤] 浅井了意全集刊行会编：『浅井了意全集』（仮名草子編1），東京：岩田書院，2007年，第170頁；浅井了意全集刊行会编『浅井了意全集』（仮名草子編2），東京：岩田書院，2011年，第163頁。

诗是原典《三纲行实图》烈女传之《李氏感燕》中的诗，此处是了意将此诗直接引用至《堪忍记》中的一例。

　　直接将原典中的诗文羼入到新作品中的例子在《伽婢子》中也有。《伽婢子》第十二卷《早梅花妖精》中有两首汉诗，一首是"南枝向暖北枝寒，一种春风有两般"，另一首是"去年今日此门中，人面桃花相映红。人面不知何处去，桃花仍旧笑春风"。关于《早梅花妖精》的出典问题已经在第三章第三节进行了详论，笔者认为《早梅花妖精》的出典应是《燕居笔记》中的《古杭红梅记》，"南枝向暖北枝寒，一种春风有两般"这句诗也是出自《古杭红梅记》。而"去年今日此门中，人面桃花相映红。人面不知何处去，桃花仍旧笑春风"，笔者认为这是了意从《古杭红梅记》中的"笑桃"人物形象得到灵感后引入这首《崔护渴水》。《崔护渴水》的原文应是"桃花依旧笑春风"了意将原文的"依"改为"仍"，"依旧"与"仍旧"二词差别不大，而且从韵律上分析，"依"与"仍"皆为平声，但了意将"依"改为"仍"意欲何为尚不可考。

二、"集句"的翻案手法

　　《伽婢子》中羼入汉诗数量最多的是第五卷的《幽灵评诸将》。《幽灵评诸将》的出典为《剪灯新话》第四卷的《龙堂灵会录》，《龙堂灵会录》中共有六首诗，分别为五言或七言的长诗，了意将上述六首诗全部改写为七言绝句。富士昭雄认为了意将出典中的长诗改写为绝句的形式是为了让汉诗更加符合《伽婢子》整体的日本化风格[①]，但关于汉诗创作手法未作讨论。《幽灵评诸将》中汉诗的诗句或诗词，是了意从其他文章中借用而来，笔者认为这样的创作模式是受到了中国"集句诗"创作手法的影响。"集句诗"摘抄不同古诗词中的诗句，将这些不同诗词中的诗句重新组合在一起，赋予其一个新的诗题，使原本毫无关系的几首诗词的句子，组成新诗。集句诗产生于晋代，盛于两宋，是中国特有的诗歌类别，对周边的日本、

---

① 富士昭雄：『伽婢子』の方法，『名古屋大学教養部紀要』，1966 年 3 月，第 1-18 页。

韩国、越南也有着极大的影响。①

现录《龙堂灵会录》故事梗概如下：元代末年，吴地有一诗人闻子述。一日，子述路过苏州龙王塘，偶遇白龙，咏古风一章。龙王大悦，遣使者请子述赴龙宫一聚，以表谢意。吴地三高之范相国（越之范蠡）、张使君（晋之张翰）、陆机士（唐之陆龟蒙）也前来赴宴。伍子胥也来赴宴，伍子胥怒斥范蠡之过，指出其三大罪状，范相国让伍子胥上座，宴会开始。席间伍子胥、张使君、陆处士、闻子述先后吟咏诗歌，最后子述咏一长短句，咏罢闻得鸡鸣钟响，众人散去。②文中子述在开篇与文末各咏一首诗，范相国、张使君、陆机士、伍子胥各咏诗歌一首，全文共有六首诗。

再录《幽灵评诸将》梗概如下：永禄七年（1564）七月十五日，鹤濑安左卫门赴盂兰盆会，见惠林寺快川和尚。在惠林寺遇到已去世武将多田淡路守（武田信玄的足轻大将）、直江山城守（上杉谦信的家老）、北条左卫门佐（北条氏康的家老）、山本勘介入道（武田信玄的军师），并就军法展开议论。北条左卫门佐认为武田信玄是智勇双全、深谋远虑之武将，并分析信玄不能统一全国的理由。其后，山本勘介入道分析了上杉谦信不能统一全国的理由。随后，直江山城守陈述北条氏康不能统一全国的理由。最后，多田淡路守分析前面三人的结论，总结信玄、谦信、氏康不能统一全国的原因在于，此三人眼界只在其领地，指出织田信长的优势并预言织田信长定能统一全国。语毕，长野信浓守（上杉宪政的家臣）来访，怒斥山本勘介入道，指出三大罪状，问罪其在川中岛合战中的失职，山本勘介入道让信浓守上座，宴会开始。席间，长野信浓守、北条左卫门佐、直江山城守、山本勘介入道、多田淡路守各吟咏诗歌一首。日出后，众人散去。③

《幽灵评诸将》一文故事梗概与出典《龙堂灵会录》大抵一致，但略有增加。在人物设置上，了意增加了一个人物，使讨论方增加至五人，并将原典中六首诗缩减为五首。由于人物身份的变化，了意将汉诗进行改写后羼入《伽婢子》，现将两则故事中的人物对应关

---

① 张明华：《文化视阈中的集句诗研究》，北京：中国社会科学出版社，2014年，第1页。
② （明）瞿佑等著、周楞伽校注：《剪灯新话》（外二种），上海：上海古籍出版社，1981年，第83-91页。
③ 松田修等校注：『伽婢子』（新日本古典文学大系75），東京：岩波書店，2001年，第131-142頁。

系归纳至表13。

表13 《龙堂灵会录》与《幽灵评诸将》人物关系对照表

	《龙堂灵会录》	咏诗	《幽灵评诸将》	咏诗
人物对应关系	闻子述（a）	2首 七言长诗① 长短句②	鹤濑安左卫门（A）	
	范相国（b）	1首长歌③	山本勘介入道（B）	1首七言绝句
	张使君（c）	1首五言长诗④	直江山城守（C）	1首七言绝句
	陆处士（d）	1首七言律诗⑤	北条左卫门佐（D）	1首七言绝句
			多田淡路守（E）	1首七言绝句
	伍子胥（f）	1首⑥	长野信浓守（F）	1首七言绝句
		共计6首		共计5首

---

① 闻子述（七言长诗）：龙王之堂龙作主，栋字青红照江渚，岁时奉事孰敢违，求晴得晴雨得雨。平生好奇无与俦，访水寻山遍吴楚，扁舟一叶过垂虹，濯足沧浪浣尘土。神龙有心慰劳苦，变化风云快观睹，鼇尾蜿蜒玉柱走，鳞甲光芒银镜舞。村中稽首翁姥，船上燃香拜商贾，共说神龙素有灵，降福除灾敢轻侮！我登龙堂龙语，至诚感格龙应许。汲挽湖波作酒浆，采撷江花当肴脯。大字淋漓写庭户，过者惊疑居者怒。世间不识谪仙人，笑别神龙指归路。参见：（明）瞿佑等著、周楞伽校注：《剪灯新话》（外二种），上海：上海古籍出版社，1981年，第83-91页。

② 闻子述（长短句）：江湖之渊，神物所居，珠宫贝阙，与世不殊。黄金作屋瓦，白玉为门枢，屏开玳瑁甲，槛植珊瑚珠。祥云瑞霭相扶舆，上通三光下八区，自非冯夷与海若，孰得于此久踌躇！高堂开宴罗宾主，礼数繁多冠冕聚，忙呼玉女捧牙签，催唤神娥调翠釜。长鲛鸣，巨蚁舞，鳖吹笙，鼍击鼓。骊颔之珠照樽俎，虾须之帘挂廊庑。八音迭奏杂仙部，宫商响切逼云霄，湘妃姊妹抚瑶瑟，秦家公主来吹箫。麻姑碎擘麒麟脯，洛妃斜拂凤凰翘，天吴紫凤颠倒而奔走，金支翠旗缥缈而动摇。胥山之神余所慕，曾谒神祠拜神墓，相国不改古衣冠，使君犹存晋风度。座中更有天随生，口食杞菊骨骼清，平生梦想不可见，岂期一旦皆相迎。主人灵圣尤难测，驱驾风云顷刻间，海游八极隧四溟，固知不是池中物。鲽生何幸得遭逢，坐今槁朽生华风！待以天厨八珍之异馔，饮以仙府九酝之深钟。唾壶缺，尘枕折，醉眼生花双耳热。不来洲畔采明珠，不去波间摸明月，但将诗句写鲛绡，留向龙宫记奇绝。参见：（明）瞿佑等著、周楞伽校注：《剪灯新话》（外二种），上海：上海古籍出版社，1981年，第83-91页。

③ 范相国（长歌）：霸越平吴，扁舟五湖，昂昂之鹤，泛泛之凫。功成身退，辞荣避位，良弓既藏，黄金曷铸？万岁千秋，魂魄来游，今夕何夕，于此淹留！吹笙去鼓，罗列樽俎，妙女娇娃，载歌载舞。有酒如何，有肉如坡，相对不乐，日月几何？金樽翠爵，为君斟酌，后会未期，且此欢谑。参见：（明）瞿佑等著、周楞伽校注：《剪灯新话》（外二种），上海：上海古籍出版社，1981年，第83-91页。

④ 张使君（五言长诗）：驱车适故国，挂席来东吴，西风旦夕起，飞尘满皇都。人生在世间，贵乎所图，向渠华亭鹤，何以松江鲈？岂意千年后，高名犹不孤。郁郁神府，济济英俊徒，华筵列玳瑁，美酝倾醍醐。妙舞蹑珠履，狂吟扣金壶。顾余复何人？亦得同歌呼。作诗记胜事，流传遍江湖。参见：（明）瞿佑等著、周楞伽校注：《剪灯新话》（外二种），上海：上海古籍出版社，1981年，第83-91页。

⑤ 陆处士（七言律诗）生计萧条具一船，笔床茶灶共周旋，但笼甫里能言鸭，不钓襄江缩项鳊。鼓瑟吹笙传盛事，倒冠落佩预华筵。何须温峤燃犀照，已被旁人作话传。参见：（明）瞿佑等著、周楞伽校注：《剪灯新话》（外二种），上海：上海古籍出版社，1981年，第83-91页。

⑥ 伍子胥（歌）：驾舻艖之长舟兮，览吴会之故都。怅馆娃之无人兮，麋鹿游于姑苏。忆吴子之骤强兮，盖得人以为任，战柏举而入楚兮，盟黄池而服晋。何用贤之不终兮，乃自坏其长城，泊甬东而乞死兮，始踽踽而哀鸣。泛鸥夷于五湖兮，驱白马于潮头，既胥山之旧庙兮，挟天风而远游。龙宫灪其嵯峨兮，水殿开而宴会。日既吉而辰良兮，接宾朋之冠佩。尊椒浆而酌桂醑兮，击金钟而戛鸣球。湘妃汉女当歌舞兮，瑞雾霭而祥烟浮。夜迢迢而未央兮，心摇摇而易醉。抚长剑而作歌兮，聊以泄千古不平之气。参见：（明）瞿佑等著、周楞伽校注：《剪灯新话》（外二种），上海：上海古籍出版社，1981年，第83-91页。

了意将《龙堂灵会录》中的多种韵文形式统一改为七言绝句，现按吟咏顺序录《幽灵评诸将》中所有汉诗及与《剪灯余话》中对应的汉诗关系如下：

（1）长野信浓守（F）
　　义重命轻如鸿毛，肌骨今销没艾蒿。
　　山宜平重渊宜塞，残魂尚誓节操高。①

出典①《剪灯余话》卷二《莺莺传》
　　山可平兮河可塞，妾怨苦兮天穷期。

出典②《剪灯余话》卷二《莺莺传》
　　蜂蚁屯聚兮豹虎嘷，心毒狠兮体腥臊。
　　烟尘绕洞兮人窜逃，寒沙暴骨兮没蓬蒿。
　　亡家遇乱兮伤吾曹，义重命轻兮如鸿毛。
　　誓捐此生兮期不远，仰天附地兮独烦劳。

出典③《剪灯余话》卷五《贾云华还魂记》
　　一身憔悴对花眠，零落残魂倍黯然。
　　人面不知何处去，悠悠生死别轻年。

出典④《剪灯新话》附《秋香亭记》
　　形销体削，食减心烦。

（2）北条左卫门佐（D）
　　泉路茫茫隔死生，落魂何索贻武名。
　　古往今来凡是梦，黄泉峙耳闻风声。②

出典①《剪灯余话》卷一《两川都辖院志》
　　泉路茫茫隔死生，江湖赢得浪游名。
　　邻家怕听妻儿哭，断尽人肠是此声。

出典②《剪灯余话》卷五《贾云华还魂记》
　　一封书寄数行啼，莫动哀吟易惨凄。

---

① 出典①与出典②是引自《伽婢子》注，出典③与出典④是笔者所考。参见：松田修等校注：『伽婢子』（新日本古典文学大系 75），東京：岩波書店，2001 年，第 141 頁。

② 出典①与出典②是引自《伽婢子》注，出典③出典④出典⑤是笔者所考。参见：松田修等校注：『伽婢子』（新日本古典文学大系 75），東京：岩波書店，2001 年，第 141 頁。

古往今来只如此，几多红粉委黄泥。
出典③《剪灯余话》卷一《两川都辖院志》
　　　生死交情不敢亏，一杯重奠泪双垂。
　　　游魂好共故人去，莫向东风怨子规。
出典④《剪灯余话》卷一《月夜弹琴记》
　　　魂归冥漠魄归泉（《三体》朱褒），
　　　却恨青娥误少年（《鼓吹》无名氏）。
出典⑤《剪灯余话》卷五《贾云华还魂记》
　　　魂归冥漠魄归泉，却恨青娥误少年。
(3) 直江山城守（C）
　　　物换星移几度秋，鸟啼花落水空流。
　　　人间何事堪惆怅，贵贱同归土一丘。①
出典①《剪灯余话》卷五《贾云华还魂记》
　　　物换星移几度秋，鸟啼花落水空流。
　　　人间何事堪惆怅，贵贱同归土一丘。
出典②《剪灯余话》卷一《月夜弹琴记》
　　　鸟啼花落人何在（《鼓吹》崔珏），
　　　节去蜂愁蝶未知（《三体》郑谷）。
出典③《剪灯余话》卷三《武平灵怪录》
　　　败砌颓垣蛩吊月，荒烟老树鸟啼秋。
(4) 山本勘介入道（B）
　　　平生智略满胸中，剑拂秋霜气吐虹。
　　　身后何谩论兴发，可怜怨魂啸深丛。②
出典①《剪灯余话》卷二《青城舞剑录》
　　　平生智略满胸中，剑拂秋霜气吐虹。
　　　耻掉苏秦三寸舌，要将事业佐英雄。

---

① 出典①与出典②是引自《伽婢子》注，出典③是笔者所考。参见：松田修等校注：『伽婢子』（新日本古典文学大系75），東京：岩波書店，2001年，第141頁。

② 出典①与出典②皆引自《伽婢子》注。松田修等校注：『伽婢子』（新日本古典文学大系75），東京：岩波書店，2001年，第141頁。

出典②《剪灯余话》卷二《青城舞剑录》

豪杰消磨叹五陵，发冲乌帽气填膺。
眼前不是无豪杰，身后何须论废兴。
当道有蛇魂已断，渡江无马谶难凭。
可怜一片中原地，虎啸龙腾几战争。

（5）多田淡路守（E）

魂归冥漠魄归泉，却恨人世名闻权。
三尺孤坟苔累累，暂会幽谷惠林边。①

出典①《剪灯余话》卷五《贾云华还魂记》

魂归冥漠魄归泉，却恨青娥误少年。
三尺孤坟何处是，每逢寒食一潸然。

出典②《剪灯余话》卷一《月夜弹琴记》

魂归冥漠魄归泉（《三体》朱褒），
却恨青娥误少年（《鼓吹》无名氏）。

出典③《剪灯余话》卷一《两川都辖院志》②

秋月春花闲妓馆，清风明月寄僧房。
欲知人世伤心事，浑似南柯梦一场。

  上述的诗歌是《幽灵评诸将》所载七言绝句与出典诗歌的对比。将《幽灵评诸将》中的汉诗，同出典《龙堂灵会录》比较，很难看出其中的相似之处，但若与《剪灯余话》中的诗相比，则可发现诸多相似点。其中实线部分为完全一致，虚线部分为类似或相近部分。了意并非仅根据一部出典进行翻案，而是将诸多典籍融为一体。新的诗文中，加入新作故事的元素，如（5）多田淡路守的七言绝句的第四句"暂会幽谷惠林边"，一个"暂"字突出相会之短，惠林正是大家见面的"惠林寺"。

  综上所述，《幽灵评诸将》中汉诗的诗句或诗词，并非了意直接

---

① 松田修等校注：『伽婢子』（新日本古典文学大系75），東京：岩波書店，2001年，第141頁。

② 出典①与出典②是引自《伽婢子》注，出典③是笔者所考。松田修等校注：『伽婢子』（新日本古典文学大系75），東京：岩波書店，2001年，第141頁。

创作，而是了意从《剪灯余话》中引用而来，这样的创作模式，应该受到中国的"集句诗"的创作手法的影响。到明代集句诗摆脱了此前的衰落状况，迅速走向复兴。①《剪灯余话》作者李昌祺擅长集句诗创作，仅《剪灯余话》第一卷《月夜弹琴记》一篇就有集句诗30首，录其中一例如下：

(6)《月夜弹琴记》(《剪灯余话》卷一)

花压栏干春昼长（《唐音》温飞卿），
清歌台曲断君肠（《唐音》沈云卿）。
云飞雨散知何处（《唐音》温飞卿），
天上人间两渺茫（《鼓吹》宋邕）。
已托焦桐传密意（《鼓吹》胡宿），
不将清瑟理霓裳（《鼓吹》宏邕）。
江南旧事休重省（《草堂诗余》李玉词），
桃叶桃根尽可伤（《诗统》宋痒）。

上述七言律诗中的每一句都来自不同的诗，将不同诗句的出典直接标注出来，也是当时文人的创作习惯，李昌祺在《剪灯余话》中也是一一标注。如第一句的出典标注为"《唐音》温飞卿"，意为此句引自《唐音》（元·杨士宏编）中的温庭筠之作。不明确标注出典的集句诗也很多，李昌祺在《剪灯余话》第五卷中的《贾云华还魂记》中的集句诗就未作标注，如七言绝句"物换星移几度秋，鸟啼花落水空流。人间何事堪惆怅，贵贱同归土一丘"，此诗也被了意直接引用到《幽灵评诸将》中，正是（3）直江山城守吟咏的那首七言绝句。但这四句诗也各有出典，如"物换星移几度秋"出典为《唐音》第十四卷中唐王勃所作《滕王阁》，"鸟啼花落水空流"出典为《三体唐诗》（宋·周弼编）第六卷中唐刘商的《送王永》，"人间何事堪惆怅"出典为《唐诗鼓吹》（元·元好问编）第四卷中唐曹唐的《张说重寄杜兰香》，"贵贱同归土一丘"的出典为《唐诗鼓吹》第二

---

① 张明华：《文化视阈中的集句诗研究》，北京：中国社会科学出版社，2014年，第12页。

卷中唐薛逢的《悼古》。现录第三句与第四句之出典如下：

《张说重寄杜兰香》(《唐诗鼓吹》第四卷　唐·曹唐)
　　碧落香销兰露秋，星河无梦夜悠悠。
　　灵妃不降三清驾，仙鹤空成万古愁。
　　皓月隔花追款别，瑞烟笼树省淹留。
　　<u>人间何事堪惆怅，海色西风十二楼</u>。

《悼古》(《唐诗鼓吹》第二卷　唐·薛逢)
　　细推今古事堪愁，<u>贵贱同归土一丘</u>。
　　汉武玉堂人岂在，石家金谷水空流。
　　光阴自旦还将暮，草木从春又到秋。
　　闲事与时俱不了，且将身暂醉乡游。

　　上述各例皆从唐诗中集句而来，但每一句都没有标明其出典，可以认为李昌祺在进行集句诗创作时，亦不明确标注各句出典。对中国古代文学谙熟于心的了意在阅读《剪灯余话》时，定会注意到标注出典的集句诗，亦自然会推测其他诗歌是否为集句诗，并尝试自己创作集句诗，尤其是会根据故事情节来进行集句，充分利用与调动剪灯系作品中的诗文，因此便有了直接引用《剪灯余话》中的诗句进行创作的例子。随着对集句创作手法的熟悉，了意开始广泛使用这一创作手法。了意已经不满足于将原诗中的一句直接拿来使用，而是开始将不同诗句中的部分词语，借用到自己的诗作。如上述（1）（2）（4）（5）几例便是如此。（5）中的第一句"魂归冥漠魄归泉"则是直接借用自《剪灯余话》，而第二句仅借用"却恨""人世"四字，第三句仅借用"三尺孤坟"四字。

　　除上面列举的《幽灵评诸将》中五首汉诗外，《伽婢子》开篇的《龙宫上栋》中亦可见集句诗，现录《龙宫上栋》中的汉诗如下：

例1
　　<u>扶桑海渊落瑶宫</u>，<u>水族骈蹟承德化</u>。

万籁唱和庆赞歌，若神河伯朝宗驾。①
出典《水宫庆会录》(《剪灯新话》卷一)
　　抛梁东，方丈蓬莱指顾中。笑看扶桑三百尺，金鸡啼罢日轮红。
　　抛梁西，弱水流沙路不迷。后夜瑶池王母降，一双青鸟向人啼。
　　抛梁南，巨浸漫漫万旅涵。要识封疆宽几许？大鹏飞尽水如蓝。
　　抛梁北，众星绚烂环辰极。遥瞻何处是中原？一发青山浮翠色。
　　抛梁上，乘龙夜去陪天仗。袖中奏里一封书，尽与苍生除祸瘴。
　　抛梁下，水族纷纶承德化。清晓频闻赞拜声，江神河伯朝灵驾。
　　伏愿上梁之后，万族归仁，百灵仰德。珠宫贝阙，上应天上的日月星辰；衮衣绣裳，具备人间的多福多寿。

　　上文所举汉诗出典实为《水宫庆会录》所收六首诗中的第六首上梁歌。上梁歌是中国古代独特的民俗文体之一，是用于建筑物上梁活动的实用性文体。②显然这是日本读者极难理解的一种文学样式，了意以《水宫庆会录》中上梁歌为原典，活用其中语句，将其翻案为一首新的七言绝句，可见翻案手法之巧妙、构思之独特。此外《伽婢子》第三卷的《滨田与兵卫梦妻》中的五言绝句也可视为集句诗，如例2。

例2
《滨田与兵卫梦妻》(《伽婢子》第三卷)
　　萤火穿白杨，悲风入荒草。疑是梦中游、愁斟一杯酒。③
出典《梦游录》之《张生》(《五朝小说·存唐人百家小说》第五卷)
　　萤火穿白杨，悲风入荒草。疑是梦中游，愁迷故园道。

　　例2中所举汉诗在其出典中可见，了意保留了前三句，仅将第四句进行了改写，将原诗的"迷故园道"改为"斟一杯酒"。"一杯

---
　　① 松田修等校注：『伽婢子』(新日本古典文学大系75)，東京：岩波书店，2001年，第12页。
　　② 王韩："上梁歌"刍议，《文教资料》，2013年11月，第35-41页。
　　③ 松田修等校注：『伽婢子』(新日本古典文学大系75)，東京：岩波书店，2001年，第65页。

酒"这样的词语在唐诗中亦不少见，如白居易《食饱》一诗中就有"浅酌一杯酒"的用法。作为出典的《梦游录》之《张生》中所录诗文的韵脚在"草"与"道"二字，都是平水韵，韵脚为上声十九"皓"字。《伽婢子》中的汉诗是五言绝句，"草"与"酒"是韵脚，"酒"字是上声二十五"有"字韵，"皓"与"有"不押同一韵。但了意还是将出典中的"故园道"改为"一杯酒"，其改写的理由是为符合新的故事情节。《滨田与兵卫梦妻》开篇就描写了宾客推杯换盏的情节，了意一方面沿用了出典中与新的故事情节相符合的诗句，另一方面又根据新的故事情节进行了翻案。

此外，浅井了意除将出典中原本有的诗进行翻案之外，还在借用出典故事情节的基础上增加汉诗，如：

例3
《菅谷九右卫门》（《伽婢子》第七卷）
　　四十年来谋战功，铁胄着尽折良弓。
　　缁衣编衫靡人识，独诵妙经询梵风。①
出典①《华亭逢故人记》（《剪灯新话》第一卷）
　　题诗曰：「铁衣着尽着僧衣」（出典中仅此一句）
出典②《华亭逢故人记》（《剪灯新话句解》第一卷）
　　三十年前山上飞，铁衣着尽着僧衣。
　　天津桥上无人问，独倚危阑看落晖。
　　四十年前马上飞，功名藏尽拥僧衣。
　　石榴园下擒生处，独自阐行独自归。

例3中《菅谷九右卫门》中的诗的出典是《华亭逢故人记》，但出典中只提到"铁衣着尽着僧衣"一句，了意在出典的基础上将一句诗增为七言绝句。这也非了意独特创新，在《华亭逢故人记》（《剪灯新话句解》第一卷）中可见例3出典②的诗句，经比较不难发现

---

① 松田修等校注：『伽婢子』（新日本古典文学大系75），東京：岩波書店，2001年，第213頁。

这三者的相似之处，因此例 3 的诗歌也应为了意用集句的手法所进行的翻案。

　　综上，《伽婢子》中汉诗基本都是了意运用集句的创作手法进行的再创作。新的汉诗与出典相比，更加符合新的故事情节。比如（4）的出典诗歌中有"耻掉苏秦三寸舌"，这句诗中用到"苏秦"与"三寸舌"两个典故。苏秦是战国时期著名的纵横家，能言善辩，曾效力燕文公，助燕赵同盟，后游说韩魏齐楚四国达成反秦同盟，兼六国宰相。"三寸舌"的出典为《史记·平原君虞卿列传》"毛先生以三寸之舌，强于百万之师"。以上两则典故在中国可谓无人不知，但对于《伽婢子》的广大读者来说则有难度，因此了意秉承一贯的改"汉风"为"和风"的手法，将这两个典故剔除，并进行了改写。

　　《伽婢子》中的汉诗多有出典可寻，但《狗张子》中的汉诗出典则无从考证。以《狗张子》第六卷《盐田平九郎见怪异》为例，《盐田平九郎见怪异》是以《剪灯余话》第三卷《武平灵怪录》为出典进行翻案的。现录《武平灵怪录》故事梗概如下：漳州齐仲和因红巾军作乱，家财尽失流浪街头，后被武平项子坚救助，子坚死后，其子在子坚墓旁修建一座庵，仲和每次路过，都会在庵中小住。后因倭乱之事，朝廷将项氏一门灭门。毫不知情的仲和再次路过此庵时，如往常一样夜宿庵内。巧遇庵内老僧以及自称项家亲戚的石子见（砚）、毛原颖（毛笔）、金兆祥（铫）、曾瓦舍（甑）、皮以礼（被）、上官盖（棺盖）、木如愚（木鱼）、清风先生（扇）等八人。这一夜，老僧与上述八人吟咏对诗，天亮后众人散去，仲和才发现夜宿空庵，察觉夜遇鬼怪。仲和到家几天后，染病而亡。《盐田平九郎见怪异》的故事梗概与《武平灵怪录》大抵一致，只是删除项氏家族的内容，增加了一些关于武田信玄、长尾谦信、北条氏康等武将的评论。了意将《武平灵怪录》中的七首律诗、两首长诗翻案为三首七言绝句。现录《盐田平九郎见怪异》七言绝句[①]如下：

[①] 浅井了意全集刊行会编：『浅井了意全集』(仮名草子編5)，東京：岩田書院，2015 年，第 390 頁。

例 4

《盐田平九郎见怪异》中的汉诗（《狗张子》第六卷）

（1）高低竖起孤轮月，扇动纵横兴凉风。
　　　弄罢委弃埋湿土，烂皮腐骨故情穷。
（2）当时得意龙吟调，一曲飞声涉碧霄。
　　　今日庭中破碎竹，方慕穿林舞谣娇。
（3）荐扫尘埃更靡遑，愁怀疲羸须鬘丧。
　　　如今憔悴荒村客，衰朽羚羳依短墙。

例 4 中的三首诗的作者分别是团扇、笛子和扫帚，了意将原典中的八个妖怪形象减少至三个。了意为三个人物作了三首诗，这三首诗的出典目前无从考证，既不是将原典中的诗文直接引用过来，也不是用集句的手法创作而成，仅能看出这三首诗是根据三个人物的形象特征所作。（1）中的"扇""兴凉风"，（2）中的"一曲飞声"，（3）中的"扫尘埃"，都可以看出吟咏人物的特征。此外，三首诗前两句都是在描述吟咏者以往的风光，后两句都是在感叹现在的悲凉，对比色彩强烈。（1）中的团扇曾经可以"兴凉风"，如今沦为"烂皮腐骨"，（2）中的笛子曾经"得意龙吟调"，如今只能沦为"破碎竹"，（3）中的扫帚曾"扫尘埃"，如今沦落至"衰朽羚羳依短墙"。通过诗歌感叹人生无常、境遇变化，并非了意独创，这与《武平灵怪录》中诗的风格完全一致。现引《武平灵怪录》毛原颖与金兆祥的诗如下：

（4）毛原颖[①]

　　早拜中书事祖龙，江淹亲向梦中逢。
　　运夸秦代蒙恬巧，近说吴兴陆颖工。
　　鸡距蘸来香雾湿，狸毫点处腻朱红。
　　于今赢得留空馆，老向禅龛作秃翁。[②]

---

　① （明）瞿佑等著、周楞伽校注：《剪灯新话》（外二种），上海：上海古籍出版社，1981 年，第 207-208 页。
　② （明）瞿佑等著、周楞伽校注：《剪灯新话》（外二种），上海：上海古籍出版社，1981 年，第 207-208 页。

(5) 金兆祥①

身残面黑眼生沙，弃置尘埃野衲家。
僧病几回将煮药，客来长是使煎茶。
无缘不复劳烹饪，有漏从教老岁华。
昔日炎炎今寂寂，莫将冷热向人夸。

(4) 和 (5) 是两首七言律诗，(4) 为毛原颖所吟咏，毛原颖是毛笔幻化而来的，如 (4) 中所言曾经"拜中书事祖龙"，而今只能"留空馆""作秃翁"，一支毛笔沦落为"秃笔"可见境遇之惨。(5) 是金兆祥的诗，金兆祥是铫的化身，铫本是炊具的一种，常用来煮水，如 (5) 所描述"僧病几回将煮药，客来长是使煎茶"。从被用来煮药煎茶到如今"身残面黑眼生沙"，被"弃置尘埃野衲家"，时乖运舛不言而喻。(1)(2)(3) 三首绝句与 (4)(5) 两首律诗相比，虽诗歌形式不同，但都是用对比的手法感叹人生无常。了意虽然没有在诗歌形式以及用词上模仿原典，但诗歌主题与原典一致，对比手法也与原典一致，因此可以推断《盐田平九郎见怪异》不仅借用了《武平灵怪录》的故事框架，在诗文创作上也模仿了《武平灵怪录》。

综合分析上述各例，不难看出了意对集句的创作手法已谙熟于心。自《伽婢子》开始，了意在创作假名草子作品时常将多个故事翻案为一则故事，如常将《甲阳军鉴评判》《甲阳军鉴》《源平盛衰记》等军记中的战乱描写作为《伽婢子》的故事背景，这样将不同的故事合并翻案为一个故事的创作手法，正是了意的集句创作手法的扩大化，这种手法后在《狗张子》中也有运用。

---

① (明) 瞿佑等著、周楞伽校注：《剪灯新话》(外二种)，上海：上海古籍出版社，1981年，第207-208页。

第三节　浅井了意假名草子中儒生形象的塑造

　　中日交流的两千多年间大量汉文典籍传入日本，汉文典籍东传对中国思想文化在日本的发展具有十分重要的作用，传到日本的汉文典籍中儒家经典占有极大比重。日本公元701年颁布《大宝律令》，在式部省下设大学寮，向皇族及贵族讲授儒家经典。江户时代在德川幕府的支持下，硕儒林罗山开办昌平学问所主讲朱子学，日本各地开办藩校讲授儒家经典。以往对儒学的学习与吸收还停留在照抄照搬的水平上，江户时代则不同，此时的日本开始形成自己的学问体系，更加注重实用性，大量民间汉学者开始致力于儒学的传播与研究，从而赋予儒学道德教化、化民成俗的功能。[①]这一时期形成了以藤原惺窝[②]和林罗山[③]为代表的朱子学派，以山鹿素行[④]和伊藤仁斋[⑤]为代表的古学派，以中江藤树为代表的阳明学派，其中对了意影响最大的是以中江藤树[⑥]为代表的阳明学派。中江藤树被誉为日

---

　　① 陈景彦、王玉强：《江户时代日本对中国儒学的吸收与改造》，北京：社会科学文献出版社，2014年，前言第2—3页。

　　② 藤原惺窝（1561—1619），日本江户前期的著名儒学家，被誉为近世儒学之祖。名肃，字敛夫，号惺窝，生于播磨国三木郡，曾师从僧人九峰，后返俗学儒。著有《寸铁录》《大学要略》等。参见：上田正昭［ほか］監修：『日本人名大辞典』，東京：講談社，2001年。

　　③ 林罗山（1583—1657），日本江户前期的著名儒学家，名信胜、忠，字子信，通称又三郎，僧号道春，别号夕颜巷、罗浮子。传世有《三德抄》《神道传授》等数十部著作。参见：上田正昭［ほか］監修：『日本人名大辞典』，東京：講談社，2001年。

　　④ 山鹿素行（1622—1685），日本江户前期的兵法家、儒学家，名高兴，字子敬，通称甚五左卫门，陆奥会津人。曾师从林罗山学习朱子学，著有《配所残笔》《武家事纪》等。参见：上田正昭［ほか］監修：『日本人名大辞典』，東京：講談社，2001年。

　　⑤ 伊藤仁斋（1627—1705），江户前期的儒学家，名维桢，字源佐、源助，通称鹤屋七右卫门。著有《论语古义》《孟子古义》等。参见：上田正昭［ほか］監修：『日本人名大辞典』，東京：講談社，2001年。

　　⑥ 中江藤树（1608—1648），名原，字惟命，通称与右卫门，号藤树，生于日本近江国高岛郡。被誉为"近江圣人"。参见：上田正昭［ほか］監修：『日本人名大辞典』，東京：講談社，2001年。

本阳明学的开山祖师,将"孝"的思想推向极致,他试图构造一个以孝道为主的道德体系。①中江藤树著有《翁问答》《孝经启蒙》《鉴草》以及《论语解》等书,中江藤树十分关注中国善书,模仿颜茂猷的《迪吉录》创作了《鉴草》。《鉴草》全书61个故事中以《迪吉录》为出典的故事多达50个。②了意在思想上受到中江藤树"孝"的思想影响,翻译朝鲜汉文典籍《三纲行实图》,并著有《孝行物语》《大倭二十四孝》等以孝为主题的假名草子,此外在《堪忍记》《伽婢子》《狗张子》中,也加入大量以"孝"为主题的故事。在中江藤树《鉴草》的影响下,了意以《迪吉录》为出典创作《堪忍记》。了意自身也熟读儒家经典,在《劝信义谈钞》中多次援引《论语》《孟子》《礼记》中的内容。《堪忍记》中也有诸多引自《论语》《孟子》《曾子》等儒家典籍的内容。了意十分推崇儒家的三纲五常论,在《堪忍记》中加入五常思想,更是在《本朝女鉴》中独设一节论述三纲五常思想。了意虽然是一位僧人,但他主张三教③一致,在作品中塑造了很多儒生形象。

本节主要考察《堪忍记》《伽婢子》《狗张子》中的儒生形象,分析了意对儒生乃至儒教的态度。④

一、《堪忍记》中儒生形象的塑造

渡边守邦认为启蒙教化类作品多引用汉文典籍,多以"唐(も

---

① 陈景彦、王玉强:《江户时代日本对中国儒学的吸收与改造》,北京:社会科学文献出版社,2014年,前言第136-137页。
② 吴震:《颜茂猷思想研究——17世纪晚明劝善运动的一项个案考察》,北京:东方出版社,2015年,第372页。
③ 儒教、佛教、神道。参见:松田修等校注:『伽婢子』(新日本古典文学大系75),東京:岩波書店,2001年,第11页。
④ 卢俊伟认为了意认同儒家的经世思想,并以其受《剪灯新话》影响的视角出发,论述了《伽婢子》中了意的经世思想。卢俊伟将《伽婢子》中以《剪灯新话》为出典的作品作为研究对象,并未过多涉及以《五朝小说》为出典的作品,亦未详细分析作品中的儒生形象。参见:卢俊伟:浅井了意《伽婢子》研究——以对《剪灯新话》中经世思想的吸收为视角,北京外国语大学博士学位论文,2015年。

ろこし）の"作为故事的开篇，这反映了近世儒学盛行的文学思潮。[①]《堪忍记》中以"唐（もろこし）の"开头的故事有23个，此外还有以"汉""晋""宋"等开头的故事。书中主人公为中国人的故事，都在篇首标明了故事发生的朝代。这说明了意在创作《堪忍记》时有意地保留了中国元素，这也是儒学盛行的文学思潮影响下的结果。《堪忍记》中登场人的物数量是了意作品中最多的，从中国的王侯将相到日本的贵族武士，既有大量儒生、医生、僧人、商人、寻常百姓等，也有佛祖和神明以及各类动物、鬼怪。《堪忍记》有大小故事近200则，与儒生直接相关的有59个，占全书故事的三分之一。这些儒生有孟子，也有孔门弟子子张、曾子、子路，其中曾子一人就出现在三个不同的故事中。有汉代"通儒"刘宽、卓茂；有以通晓《尚书》闻名天下的东汉太尉杨秉等历代硕儒；有汉代名相于定国、汉代谏臣张湛、北宋明相富弼、北宋宰相韩琦、北宋明相寇准等名儒良相；有汉代贤士范巨卿、张元伯，北宋四川文魁杨希仲等历代文人才子。《堪忍记》中的儒生形象有圣人门生也有忠臣良相，都是十分积极向上的人物形象。了意在《迪吉录》等出典中精心挑选故事，但在选择故事的时候，他不仅仅选择了上述恪守儒家道德规范的儒生，也选择了一些无德儒生的故事。

　　《堪忍记》第一卷色欲堪忍中第三则故事的主人公李登就是一个无德的儒生。现录故事梗概如下：李登十八岁中举，但五十岁时仍不得官职。李登不解，便问感业寺的法师。法师告诉他，他本应十八岁中举、十九岁任官，五十二岁便能官至翰林学士太子傅。但由于他觊觎邻家女子张燕姬，诬告张父入狱，被推迟十年为官，又因霸占哥哥土地，被推迟十年为官，再因侮辱良家妇女，被推迟十年为官。李登听罢追悔莫及。李登本能中状元做大官，但由于其常做不道德之事，惹得天怒人怨，最后五十岁时仍无一

---

① 渡辺守邦：仮名草子における典拠の問題——『悔草』を中心に，『国文学研究資料館紀要』(04)，1978年3月，第161-198頁。

官半职,这是典型的儒生无德,后遭报应的故事,故事的主题是强调因果报应。在这个故事中,儒生李登是一个不遵守道德规范的典型,是被批判的对象。再举一例,《堪忍记》第四卷商人之堪忍第四则故事的主人公张允是汉代吏部侍郎。张允腰缠万贯但十分吝啬,甚至疑其妻,每日系库房钥匙于腰间。郭威起兵后,张允为躲追兵藏于天井,身无分文的张允,最终饥饿而死。故事中的张允作为吏部侍郎,掌管百官诸儒,理应品行端正心胸豁达。但张允却极度吝啬随意猜忌,这与儒家正人君子形象完全不符。最后也只能落得腰缠万贯,但饥寒而亡的下场。故事的主题也强调因果报应,张允不信任妻子,大祸临头时妻子独自逃走,张允却饥寒而死。这则故事也在告诫读者,做人不能为利益而失去家人。上述两故事的主人公都是儒生,但并不是名儒贤才而是无德之人。

综上《堪忍记》中既有通晓儒家经典的名儒良臣,也有不遵守儒家道德规范的无德儒生。《堪忍记》每则故事中儒生的性格、命运、相关典故都与出典大抵一致,了意并未做过多改编。但在选择故事时,了意有自己标准。比如孔子门生、硕儒名臣,这些人正因为能够严守儒家道德规范,才得以名垂青史,加官晋爵,在了意看来这是一种因果报应,做善事得善果。作为对比,无德儒生也多为历史名人,但因为不能恪守儒家道德规范,最后名誉扫地、众叛亲离,这里了意强调的是做恶事得恶果的因果报应观。了意笔下的名儒名士的逸事也好,无德儒生的故事也罢,都是论述因果报应时的论据,之所以选择这些中国历史名人,也是为了增强故事的说服力,为了更好地进行"劝善"。

二、《伽婢子》中儒生形象的塑造

《伽婢子》中的儒生形象与《堪忍记》完全不同,《堪忍记》中的儒生都是中国人,但《伽婢子》中的儒生多为日本人。出现中国儒生形象的仅有两例①，第一例是《伽婢子》第九卷中提到了《游仙窟》的主人公②"张文潜"，③第二例是《伽婢子》第十二卷中提到了唐代诗人崔护④。无论是儒生张文潜还是诗人崔护，在文中仅一语带过。前者是了意将《游仙窟》男女主人公玩双六的情节直接嵌入新的故事中，对整个故事而言是一个可有可无的举例。关于后者，了意只是将崔护的诗引入《早梅花妖精》中，崔护并非故事的主人公，也不是故事主要情节的一部分，只是用了崔护的名字和崔护的名句，在故事中"崔护"只是一个符号。上述张文潜与崔护虽然都是儒生，但综合整个故事来看，了意在意的并不是此二人的儒生身份，而是他们的逸事和诗作。

在研究《伽婢子》中的儒生形象时，关注点应是日本儒生。如：《蜂谷孙太郎成鬼之事》⑤中的蜂谷孙太郎，《浅原新之丞与阎魔王对决之事》⑥中的浅原新之丞，《永谷兵部恋爱物语之事》⑦中的永谷兵部。了意在文中介绍这三人物时，并未直接使用"儒生"一词，只是说他们学习儒学。下文将详细分析这三则故事中儒生形象的塑造。

---

①《伽婢子》中有中国人名出现的故事一共四则，除此处论述的两则故事外，还有第六卷《蜘蛛镜》。《蜘蛛镜》中提到"中国有杨贵妃的明王镜与汴州张琦的神怪镜"，杨贵妃的明王镜出典是谣曲，而汴州张琦的神怪镜出典不详。此外还有第七卷《菅谷九右卫门》中诸葛长民叹刘毅被杀的故事。参见：松田修等校注：『伽婢子』(新日本古典文学大系 75)，東京：岩波書店，2001年，第177頁；『伽婢子』(新日本古典文学大系75)，東京：岩波書店，2001年，第210頁；(唐)张文成撰，李时人、詹绪左校注：《游仙窟》，北京：中华书局，2005年。

②《游仙窟》作者张鷟，字文成。故事以自叙体形式撰写，故男主人公即张文成，了意所提"张文潜"或为谬误。且《游仙窟》女主人公应是"崔十娘"而并非了意所写的"十郎娘"。参见：松田修等校注：『伽婢子』(新日本古典文学大系75)，東京：岩波書店，2001年，第257頁；(唐)张文成撰，李时人、詹绪左校注：《游仙窟》，北京：中华书局，2005年。

③『伽婢子』第九卷「狐偽て人にちぎる」。参见：松田修等校注：『伽婢子』(新日本古典文学大系75)，東京：岩波書店，2001年，第257頁。

④『伽婢子』第十二卷「早梅花妖精」。参见：松田修等校注：『伽婢子』(新日本古典文学大系75)，東京：岩波書店，2001年，第342頁。

⑤松田修等校注：『伽婢子』(新日本古典文学大系75)，東京：岩波書店，2001年，第65—76頁。

⑥松田修等校注：『伽婢子』(新日本古典文学大系75)，東京：岩波書店，2001年，第97—106頁。

⑦松田修等校注：『伽婢子』(新日本古典文学大系75)，東京：岩波書店，2001年，第234—244頁。

先分析《蜂谷孙太郎成鬼之事》①,《蜂谷孙太郎成鬼之事》的出典是《剪灯新话》第四卷《太虚司法传》②。《太虚司法传》中的"狂士"冯大异不信鬼神,一天在外出途中被鬼追,落入鬼谷,受到鬼王百般凌辱,变成鬼的模样后,含恨而亡。他死后,魂魄到天庭控诉鬼的恶行,诉讼得胜之后,杀掉群鬼灭了鬼谷。天庭肯定大异的正直,封大异为太虚殿司法。首先,冯大异的性格"不信鬼神",这一点符合儒家所倡导的"子不语怪力乱神"。其次,冯大异死后并未直接到鬼谷复仇,而是到天庭讨公道,说明冯大异对"朝廷"尚存信心。最后,他被封为"太虚殿司法"后开始异界的仕途生涯,持有儒家信念的冯大异即便到了异界也一直秉承儒家的"入世观",坚持入"朝"为官。冯大异不信鬼神的秉性,坚持入世的信念,皆符合儒生的人生观。再看《蜂谷孙太郎成鬼之事》,主人公蜂谷孙太郎专修儒学,不信鬼神,经常诽谤佛法,不信善恶因果与三世流传,嘲笑地狱、天堂、娑婆、净土之说,孤傲的性格使他遭到朋友的嫌弃。一天日落后他被鬼追赶跌到鬼谷,被群鬼戏耍变为鬼的模样,含恨而死。死后,蜂谷孙太郎变为幽灵经常出现在他家附近,他的家人为他营造法事后方才退散。儒生蜂谷孙太郎诽谤佛法让他在世时没有朋友,不信鬼神导致他最后也变成鬼,最终依靠法事才得以度化。这也是一则宣扬"因果报应"之说的故事,在故事中了意用佛法度化了一个生前诽谤佛法不信善恶因果之说的人。

再来分析《浅原新之丞与阎魔王对决之事》③,出典是《剪灯新话》第二卷《令狐生冥梦录》④。《令狐生冥梦录》中的令狐生是一

---

① 松田修等校注:『伽婢子』(新日本古典文学大系75),東京:岩波書店,2001年,第65-76頁。

②(明)瞿佑等著、周楞伽校注:《剪灯新话》(外二种),上海:上海古籍出版社,1981年,第91-94页。

③ 松田修等校注:『伽婢子』(新日本古典文学大系75),東京:岩波書店,2001年,第97-106頁。

④(明)瞿佑等著、周楞伽校注:《剪灯新话》(外二种),上海:上海古籍出版社,1981年,第34-37页。

个刚直之士，不信神灵不信因果，^①他听说邻居乌老死而复生，其原因是家人广为佛事，焚烧纸币贿赂冥官。^②令狐生写诗讽刺，当晚被两鬼抓至地府。令狐生以极佳的辩才获胜，地府将乌老追回。得胜的令狐生参观地狱后回到人间，第二天他才发现原来都是一场梦，梦醒后听说乌老昨夜已经死了。故事情节并不复杂，但令狐生与地府王者的对话十分有趣，如：地府王者斥令狐生"既读儒书，不知自检，敢为狂辞，诬我官府！合付犁舌狱"^③，令狐生对曰"人间儒士，无罪受刑，皇天有知，乞赐昭鉴"^④。地府王者认为一个儒生不知自检，口出狂言诬蔑官府，应下犁舌狱。而令狐生说自己是人间的儒士，不受地府之刑，令狐生回答体现出他"刚直之士"的性格。地府是主宰冥界的朝廷，令狐生能写诗讽刺，看得出他作为一个儒生对朝廷仍抱有信心，他与地府王者的对话更能突显他儒士的刚直品格。故事塑造了令狐生追求公平正义的儒生形象。了意对《令狐生冥梦录》的故事情节几乎没有做修改，只是在人物性格的塑造上做了改变。了意将浅原新之丞描写为专修儒学，不信佛法，诽谤冥途流转因果报应，不敬僧人及佛门信众的人。浅原新之丞与阎魔王辩论时，更是反复强调自己在人间专修儒学不信佛法，与原典相比显然了意极度放大了主人公不信佛法的性格。此外在故事结尾上，了意做了较大的修改，令狐生在参观地府之后回到人间，他的生活没有发生改变，而浅原新之丞参观冥界之后回到人间，放弃儒学，入建长寺学习佛法，最终成为佛门弟子。了意在故事的开篇处就做好铺垫，将主人公设置为不信佛法、诽谤佛法、不敬僧侣的儒生，

---

① 原文："刚直之士也，生而不信神灵，傲诞自得。有言及鬼神变化幽冥果报之事，必大言折之。"参见：(明)瞿佑等著、周楞伽校注：《剪灯新话》(外二种)，上海：上海古籍出版社，1981年，第34-37页。

② 原文："家人广为佛事，多焚楮币，冥官喜之，因是得还。"参见：(明)瞿佑等著、周楞伽校注：《剪灯新话》(外二种)，上海：上海古籍出版社，1981年，第34-37页。

③ (明)瞿佑等著、周楞伽校注：《剪灯新话》(外二种)，上海：上海古籍出版社，1981年，第34-37页。

④ (明)瞿佑等著、周楞伽校注：《剪灯新话》(外二种)，上海：上海古籍出版社，1981年，第34-37页。

放大了其不信佛法的特点，篇末了意让如此不信佛法之人，主动抛弃儒学，皈依佛门。这样的设定是了意对不信因果报应之人的一种警告。

《伽婢子》第八卷《永谷兵部恋爱物语之事》的主人公也是一个儒生。《永谷兵部恋爱物语之事》讲述了永谷兵部与神祇官女儿牧子互相对歌传情的悲剧爱情故事。[①]故事的出典是《金鳌新话》第二卷《李生窥墙传》，《李生窥墙传》中的李生"尝诣国学[②]，读诗路傍（旁）"，是典型的儒生形象，金时习赋予李生经常读诗的性格特点，为男女主人公互相对诗的故事情节做好铺垫。了意在翻案时也注意到这个细节，将兵部省三等官永谷兵部塑造为才智过人的美男子，他勤奋好学，师从北畠昌雪法印学习儒学。如此一来永谷兵部就有了兵部官吏与儒生的双重身份，为下文男女主人公吟咏和歌表达爱意、传达情谊做好了铺垫。两篇故事的情节基本一致，都是描写男女主人公相聚别离，最后女主人公在战乱中为了守节以身殉情。故事的结局，原典的李生葬好崔小姐后忧伤过度染病而亡，但永谷兵部则是选择入东寺为僧，皈依佛门。

上述三例原典中主人公皆是儒生，了意也保留了主人公儒生这一身份特征。前两例中的儒生皆是专修儒学，不信佛法之人，常口出狂言诽谤佛法，而且不相信因果报应之说。对于这样的儒生，了意持批判态度，让这样儒生最后皈依佛门。第三例中的儒生形象与前两例截然不同，了意将儒生永谷兵部塑造成一个翩翩美少年，足见其对这个人物的喜爱。了意让永谷兵部皈依佛门，实则是为安抚永谷兵部忧伤的心。

综上，《伽婢子》中儒生最后都由不信佛法变为笃信佛法，皈依佛门。但这不能说明了意否定儒学，《伽婢子》自序的开篇第一句便

---

① 参见：松田修等校注：『伽婢子』（新日本古典文学大系75），東京：岩波書店，2001年，第234-244頁。

② 国学即国子监，又称成均馆，朝鲜的最高学府。参见：金时习著、权锡焕、陈蒲清注译：《金鳌新话》，长沙：岳麓书社，2009年，第27页；早川智美：『金鰲新話：訳注と研究』，大阪：和泉書院，2009年，第68頁。

有"圣人说常教道，施德整身，明理修心"①，句中圣人是儒家圣贤，其中的"常""德""理"应是儒家的五常、道德与思想。可见了意对儒学并不持批判的态度，《堪忍记》《本朝女鉴》中大量征引儒家名句的事实也可以印证这一点，了意批判的是不能自检的儒生，是口出诳语诽谤佛法的儒生，了意所批判的是蜂谷孙太郎与浅原新之丞这样的儒生个例，而不是批判儒生群体。

三、《狗张子》中儒生形象的塑造

《狗张子》中出现的中国人物有管仲、范蠡、张良等，管仲是法家代表，范蠡被誉为商圣也不是儒生，张良精通黄老之道更不是儒生。而且他们并不是故事的主要人物，《狗张子》中也都只是涉及他们的一个典故，因此不属于本节的研究对象。在《狗张子》中真正的儒生形象只有一个，就是第七卷《鼠妖怪》中的井村澄玄。《鼠妖怪》的儒生为了意增加的人物，因此本节只分析《鼠妖怪》故事本身。现将《鼠妖怪》的故事梗概整理如下：主人公巨商德田某为躲避战乱逃出京城，在乡下买了一处老宅子。一日亲戚朋友前来赴宴，夜晚大摆酒宴之时，忽然有很多人来敲门，开门一看，是一支有两三百人的迎亲队伍。其中一位老者告诉德田某"我原本是这宅子的主人，今天儿子成亲，我新家又小又脏只能借老宅一用"。德田某还未应答，一群人已经蜂拥而入，推杯换盏好不热闹。但突然之间这群人又都不见了踪影，德田某张灯细看，所有家具都被磕坏，只有墙上挂着的画轴完好如初，画上画有一只在牡丹花下睡觉的猫。众人惊讶之时，有一个叫村井澄玄的老儒说："这本是一群鼠妖，见了猫当然四散而逃。自古以来一物降一物。蛇吞青蛙，蜈蚣吃蛇，蜘蛛吃蜈蚣，今日这群鼠妖怕猫也是如此"。解释之后又告诉德田某如何灭鼠，自此之后再无鼠患。全篇故事没有十分复杂的人物设定，只有巨商德田某与老儒井村澄玄，在这个故事中儒生的形象是积极

---

① 笔者译。参见：松田修等校注：『伽婢子』（新日本古典文学大系75），東京：岩波書店，2001年，第9页。

正面的，了意对老儒的直接描写只有"博学洽闻"四个字，但通过他的话语刻画了其博学多才受人尊重的形象，这个老儒的博学与巨商等人的毫不知情形成鲜明对比，最后老儒教德田某灭鼠，更能看出其智慧。

在《狗张子》中了意塑造了一个博学多才的日本老儒形象，这与《伽婢子》中恃才傲物、诽谤佛法的儒生不同，与《堪忍记》中大量的中国儒生形象也不相同。依此分析，了意不但不批判儒学，还很赞赏学识渊博的儒者。

本章小结

首先，基于第二章与第三章的研究成果，本章将浅井了意所使用的汉文典籍进行了分类。从所用典籍的种类、活用典籍的方法两个方面，分析了了意使用汉文典籍的特点。随着创作手法的娴熟，了意对汉文典籍的依赖逐渐减弱，显现出较高的把握汉文典籍的能力。从创作《堪忍记》时摘抄、翻译出典内容，到创作《狗张子》时化汉文典籍于无形，可见了意已经将翻案手法运用得灵活自如。其次，本章分析了作品中汉诗的翻案方法。《堪忍记》中所见汉诗并非了意独立创作，而《伽婢子》与《狗张子》的汉诗却大多为了意自己所作。但这些汉诗中的诗句、诗词，亦非了意凭空想象，而是来自剪灯系作品中的不同篇章。了意的这种翻案手法应是受到中国"集句诗"创作模式的影响，《伽婢子》中汉诗多为了意从剪灯系作品各篇章中集句而成，但《狗张子》中的汉诗却只借鉴了诗题，未借用诗词、诗句。从直接引用诗文羼入，到借用诗词、诗句集句，再到只借用诗题的创作方法，说明晚年的了意能更加自如地活用汉文典籍内容。最后，本章分析了作品中儒生形象的塑造方法。《堪忍记》中的儒生是一个群像，这些儒生都是中国人形象，在这个群体中既有名儒良相也有无德儒生。《伽婢子》中塑造的是儒生个体，这些儒生有的恃才傲物诽谤佛法，有的才智过人，最终了意都让他们皈依佛门。《狗张子》中只有一位日本儒生，而且是一位"博学洽闻"的老儒，这个儒生更像是一个符号，是能够解答各类问题的"活的百科全书"。了意在塑造儒生形象时，先塑造了一个群像，又塑造了一个一个儒生个体，最后将儒生符号化融入整个作品中。了意在作品中虽然有对儒生的批判，但也有对儒生的赞赏，因此了意在作品中的立场并不是与儒学对立，而是对儒生的不当言论进行批驳。综上，本章从浅井了意所用汉文典籍的特点与方法、了意作品中汉诗的翻案方法以及作品中儒生形象的塑造三个方面分析了浅井了意的翻案方法。

终　章

一、浅井了意的生平与著述

　　浅井了意是日本文学史上最传奇的作家之一，了意一生著述丰富流播甚广，但文献中关于他的记录却寥寥可数，了意生平的研究更是凤毛麟角。浅井了意生年不详，卒年为元禄四年（1691）元旦。父姓"西川"，浅井是了意母亲的姓氏。据《东本愿寺家臣名簿》记载，了意出生在摄津国三岛江本照寺，父亲是寺院的住持，受叔父被放逐的祸事牵连，家族被驱逐出本照寺。了意大约三岁时，一夜之间从住持之子沦为流浪者，开始了困苦不堪的流浪生活。了意一生陆沉潦倒，在《法林樵谈》自序中感慨"余久顷俯仰于萧芝之间，岁云没矣，隔知彬彬过为陈迹，芸芸化为尘谣。兹甘零沦潜穷贱而适情幽居之暇"。他将这样"穷贱"的生活自嘲为"适情幽居"，可见其生活虽困苦潦倒，但依然保持着乐观向上的精神。

　　全面研究浅井了意有助于深入剖析其作品、勾勒其创作轨迹。根据《可笑记评判》等作品可推知了意"寓居京都"时的"陆沉""潦倒"，通过对"羊岐斋""松云""瓢水子"等了意自号的剖析，可探知壮年时期的了意筚路蓝缕以启山林。本研究汇聚整合了《东本愿寺家臣名簿》《见闻予觉集》《京都坊目志》《枚方市史》《鹦鹉笼中记》《申物之日记》等典籍文献中关于了意的记述，将其生涯分为寓居京都时期和住持本性寺时期两个阶段，还原了意的生平轨迹与家族关系。从《改正两部神道口诀钞》中解明了意与容膝的师承关系以及了意与其作者源庆安的师徒关系，根据此书中常以"了意记""了意讲谈曰""了意讲谈谓""释了意自记"等形式解释佛法教义、儒教五常、太极变化、阴阳理论、天文地理、地球运转理论等内容的写作模式，足以见得了意在近世儒释神三教中的影响力以及源庆安对了意的推崇。本研究还在了意作品的序文和跋文中抽丝剥茧，探察出了意穷极一生勤奋著述，全为"拟劝信倡导之资""诱愚谕蒙"的创作意图，明析了意"吾志于学，怀于唱导"的人生抱负。根据了意百年后梓行的《诗歌因缘英华故事》序文，析出了意在后世僧人中德高望重的地位。在上述研究成果的基础上，分析了意的创作轨迹，将新资料《尾张圣德寺资料》运用到了意研究中，首次绘制完成了浅井了意人物关系图谱。第一次将《赤栴檀阿弥陀像缘起》《七宝缘起》两篇缘起文列入浅井了意著作年表，完善了对浅井了意著作的统计。

二、浅井了意假名草子的出典

作品出典考辨是研究作品与汉文典籍关系的基础。本研究在出典考据方面，所用时间最多，投入最大，为保证出典内容准确无误，所有汉文典籍版本皆目验原本或照片。从日本文学发展的角度看，假名草子对中世文学有着较好的继承，对其后出现的浮世草子又影响极大，在日本文学史上占具着承上启下的关键位置。假名草子的创作手法灵活多变，从直接对汉文典籍、日本典籍等进行翻译，发展到多用"翻案"的创作手法。确认假名草子的出典是深入研究作品创作手法的前提与核心问题，出典确认对于研究作者的翻案手法与翻案意图来说举足轻重。《堪忍记》《狗张子》两部作品的出典研究成果虽较为丰富，但仍有较大的研究余地。《堪忍记》出典研究仍有诸多疏漏之处，本研究在对先行研究的不足之处进行勘误，对《堪忍记》的出典进行了重新系统考辨的基础上，发现了《堪忍记》中19处新的出典，校勘完成了《堪忍记》出典关系对照表。同时，剖析《狗张子》出典研究结论，将先行研究成果中的作品出典，与《五朝小说》进行比较分析，得出《五朝小说》是《狗张子》出典之一的结论。最后，本研究对《狗张子》第四卷《不孝之子沦为犬》的出典进行辨疑，解明《狗张子》与《迪吉录》的出典关系。在整合上述研究成果的基础上，整理完成了《狗张子》出典关系对照表。

上述论点的提出，打开了《堪忍记》《狗张子》出典研究的新视野，补足了先行研究中的疏漏之处。

已有研究成果认为《伽婢子》的 68 则故事中，65 则的出典来自剪灯系作品和《五朝小说》等汉文典籍，《伽婢子》第十三卷《义辉公之马》的出典为日本典籍《因果物语》（片假名本），剩余两则出典不明。但《义辉公之马》的出典为日本典籍的结论不足以令人信服，《伽婢子》全书出典为汉文典籍，唯有此篇选择日本典籍进行翻案实属可疑。将《义辉公之马》与《因果物语》《诺皋记》两作品中的内容进行比较研究，发现《义辉公之马》的内容与《诺皋记》内容更加相似。同时笔者发现，收录《诺皋记》的《五朝小说》之《存唐人百家小说》第六卷中，有 12 则故事是《伽婢子》的出典，此卷应是了意常用之书。综合上述两点，可以断定《义辉公之马》的出典并非日本典籍《因果物语》，而是与《伽婢子》中其他故事一样，皆翻案自《五朝小说》。此外，《伽婢子》第十二卷《早梅花妖精》因有两首直接引用的汉诗，显得与众不同。已有成果认为其出典是《五朝小说》中所收的《赵师雄醉憩梅花下》，但该出典中并无一首诗，因此十分可疑。反而，在人物设定、故事情节、具体用词、大量羼入诗歌等方面，《早梅花妖精》与《古杭红梅记》极其相似。加之，收录有《古杭红梅记》的冯梦龙本《燕居笔记》，早已流入江户日本并广泛流播。据此可断定冯梦龙本《燕居笔记》应是《伽婢子》的出典之一。接下来笔者对同属剪灯系作品的《剪灯丛话》进行了考述。分别藏于中日两国的《剪灯丛话》十二卷本与十卷本文献价值极高，但关注度很低。目前尚无关于《剪灯丛话》与《伽婢子》的比较研究，通过分析《剪灯丛话》在日本的流播情况以及所收篇章内容，可以推察此系统本《剪灯丛话》在编撰方法上对《伽婢子》具有较大的影响。

三、浅井了意假名草子的翻案方法

假名草子最重要的一个特点就是采用翻案的手法进行创作，本研究中翻案的定义是假名草子作者以一部或多部作品为原典，对原作品的三要素即人物、情节、环境进行改写，置换或剔除原作品中的外国元素，大量植入日本元素的日本化文学创作手法。若要解析这个问题，就必须厘清了意用过哪些汉文典籍，明确这些汉文典籍之间的关系，勾勒了意使用汉文典籍过程中所用手法的变化轨迹，将浅井了意所使用的汉文典籍进行分类。

  首先，本研究从所用典籍的种类、活用典籍的方法两个方面，分析了意使用汉文典籍的特点。随着创作手法的娴熟，了意对汉文典籍的依赖逐渐减弱，显现出较高的汉文典籍把握能力。从创作《堪忍记》时摘抄、翻译出典内容，到创作《狗张子》时化汉文典籍于无形，可见了意已经将翻案手法运用得炉火纯青。

  其次，本研究分析了作品中汉诗的翻案方法。《堪忍记》中所见汉诗并非了意独立创作，而《伽婢子》与《狗张子》的汉诗却大多为了意自己所作。但这些汉诗中的诗句、诗词，亦非了意凭空想象，而是来自剪灯系作品中的不同篇章。了意的这种翻案手法应是受到中国"集句诗"创作模式的影响。《伽婢子》中汉诗多为了意从剪灯系作品各篇章的诗歌集句而成，但《狗张子》中的汉诗却只借鉴了诗题，未借用诗词、诗句。从直接引用诗文羼入，到借用诗词、诗句集句，再到只借用诗题的创作方法，说明晚年的了意能更加自如地活用汉文典籍内容。

  最后，本研究分析了了意作品中儒生形象的塑造方法。《堪忍记》中的儒生是一个群像，这些儒生都是中国人形象，在这个群体中既有名儒良相也有无德儒生。《伽婢子》中塑造的是儒生个体，这些儒生有的恃才傲物诽谤佛法，有的才智过人，最后了意都让他们皈依佛门。《狗张子》中只有一位日本儒生，而且是一位"博学洽闻"的老儒，这个儒生更像是一个符号，是能够解答各类问题的"活的百科全书"。了意在塑造儒生形象时，先塑造了一个群像，又塑造了一个一个儒生个体，最后将儒生符号化融入整个作品中。了意在作品中虽然有对儒生的批判，但也有对儒生的赞赏，因此了意在作品中的立场并不是与儒学对立，而是对儒生的不当言论进行批驳。

  综上，本研究从浅井了意所用汉文典籍的特点与方法、了意作品中汉诗的翻案方法以及作品中儒生形象的塑造三个方面分析了浅井了意的翻案方法。

四、今后的课题

　　了意一生著述丰富，传世作品 50 余部，仅假名草子作品就有 30 余部。在撰写本书时，笔者虽通读了大部分作品，但精读的也不过《堪忍记》《伽婢子》《狗张子》三部。了意作品内容丰富，用典较多，需反复揣摩。解读作品时，必须将作品放入了意的作品群中分析，不断品读才有新的发现。了意作品所涉汉文典籍卷帙浩繁，仅《五朝小说》一部就有 96 册，笔者曾多次赴日本内阁书库查阅此书，从头至尾翻阅一遍就需整整一日，好在了意所使用的卷本集中在《存唐人百家小说》与《存宋人百家小说》。此外，笔者用 6 个多月的时间整理《堪忍记》出典，将《迪吉录》全书数百个故事与《堪忍记》中近 200 则故事一一比对，同时将《明心宝鉴》中 600 余条格言与《堪忍记》内容逐字比对，实非易事。比较分析剪灯系作品与《伽婢子》《狗张子》中的故事时，亦不敢错漏一处文字，不敢轻易放过一个相似点。浅井了意研究是一个综合性的课题，需要长时间关注，需要耐心、恒心、信心。

　　本研究还有很多不完善的地方。比如，未能从更多的角度探讨了意的翻案方法，对了意可能接触到的汉文典籍搜集还不够全面，对了意的佛书以及了意的思想研究还不够深入。在今后的研究中笔者将围绕上述课题逐步深入，力争事无巨细地搜集了意作品所涉的汉文典籍，根据新发现的资料逐步完善了意作品的出典研究结论，进一步分析了意的翻案方法。系统解读了意的佛书作品，研究浅井了意的思想。重新考辨《新语园》与汉文典籍的关系，进一步探察了意使用汉文典籍的方法与编撰意图。系统分析《大倭二十四孝》《本朝女鉴》等突出"本朝意识"的作品与汉文典籍的关系，进一步辨明了意对汉文典籍的态度。深入研究《伊势物语抒海》《源氏物语云隐抄》《因果物语（平假名本）》等作品与日本典籍的关系，比较了意使用汉文典籍与日本典籍在手法上的异同。

附录一 浅井了意著作年表

署名	假名草子	成书或梓行时间①	佛书	署名
		1649	劝信义谈钞	释了意
洛下羊岐斋松云处士	伊势物语抒海	1655		
	甲阳军鉴评判奥仪抄			
	堪忍记②	1659		
	东海道名所记	1659		
瓢水子	可笑记评判	1660		
	孝行物语			
	武藏镫	1661		
	本朝女鉴			
	浮世物语			
	安倍晴明物语	1662		
	三井寺物语			
	葛城物语			
	要石			
	江户名所记			

① 本表所举时间以书籍梓行时间为主，梓行时间不详者则按照学界推定的成书时间标注。根据论述需要，正文所举时间早于本表中时间者为成书时间。

② 《堪忍记》为了意最早的假名草子作品。参见：参见；北条秀雄：『浅井了意』，東京：三省堂，1944年；北条秀雄：『改訂増補浅井了意』，東京：笠間書院，1972年北条秀雄：『新修浅井了意』，東京：笠間書院，1974年；弥吉光長：『弥吉光長著作集』（第3卷江戸時代の出版と人），東京：日外アソシエーツ，1980年，第82頁；柳牧也：『堪忍記』についての疑義——その構成と内容のこと，『近世初期文芸』(21)，2004年12月，第24-37頁。

续表

署名	假名草子	成书或梓行时间	佛书	署名
洛下野父瓢水子	杨贵妃物语	1663		
	鬼利至端破却论传			
	将军记	1664		
	戒杀物语（放生物语）			
	京雀	1665		
	大倭二十四孝			
瓢水子松云处士	天草四郎	1666	善恶因果经直解	洛阳本性寺昭仪坊释了意
	伽婢子			
瓢水子	新撰御雏形			
洛下松云子了意	あかうそ（月见之友追加）	1667		
		1668	阿弥陀经鼓吹	
	本朝武家根元	1670前		
	百人一首头书			
	和译三纲行实图			
	法华利益物语			
		1670	无量寿佛经鼓吹	

续表

署名	假名草子	成书或梓行时间	佛书	署名
瓢水子松云处士	狂歌咄	1672		
		1674	观无量寿佛经鼓吹	洛本性寺昭仪坊释了意
	北条九代记	1675		
	镰仓九代记			
	出来斋京土产	1677		
	源氏物语云隐抄			
		1678	盂兰盆经疏新记直讲	洛之本性寺昭仪坊释了意
			大原谈义句解	洛之本性寺昭仪坊释了意
			圣德太子传历备讲	洛本性寺昭仪坊佛子释了意
洛之本性寺昭仪坊桑门释了意	新语园	1681		
		1682	往生拾因直谈	洛本性寺昭仪坊释了意
			佛说十王经直谈	洛之本性寺昭仪坊释了意

续表

署名	假名草子	成书或梓行时间	佛书	署名
		1686	法林樵谈	洛之本性寺昭仪坊释了意
洛阳本性寺昭仪坊沙门释了意	赏华吟	1688	劝信念佛集	沙门了意
			父母恩重经话谈抄	洛阳本性寺昭仪坊沙门释了意
		1689	三国因缘净土劝化往生传	
元禄四年（1691）年元旦了意示寂				
		1691	觉如上人愿愿钞注	昭仪坊释了意
	平假名因果物语	1692前	法语鼓吹	洛下隐伦昭仪坊释了意
			蓬户笔谈钞	
			证事类篇	
			愚迷发心集直谈	
洛本性寺昭仪坊沙门了意	狗张子	1692		
医书		灵宝药性能集		

续表

署名	假名草子	成书或梓行时间	佛书	署名
钟铭文（具体数量不详）	1.延宝七年（1679）二月为纪州西弘寺（位于今三重县松阪市）钟铭，了意具体署名形式未见记录。① 2.贞享元年（1684）年近江光元寺钟铭署有"洛之本性寺昭仪坊沙门了意铭志"。② 3.贞享元年（1684）年为加贺西照寺（位于今石川县小市大川町）钟铭署名为"洛之昭仪坊沙门释了意铭志"。③			
缘起文（具体数量不详）	1.《赤栴檀阿弥陀像缘起》（1669） 2.《七宝缘起》（完成时间不详）			
绘本绘卷文（具体数量不详）④	1.美国哈佛大学艺术博物馆藏《鸡鼠物语》二轴 2.日本古代出云历史博物馆藏《大黑舞》两轴 3.日本上野学园日本音乐资料室藏《琵琶的由来》一轴 4.切斯特·比替图书馆藏《义经地域破》			

---

① 据西弘寺寺院记录所载了意于延宝七年（1679）二月为纪州西弘寺（位于今三重县松阪市）写有一篇钟铭，愿主为西弘寺四世住持乘云与五世住持慈誓二位，了意具体署名形式未见记录。参见：北条秀雄：『新修浅井了意』，東京：笠間書院，1974 年，第 93-94 頁。

② 浅井了意曾于贞享元年（1684）年三月应近江光元寺住持祐雪之求为光元寺（位于今滋贺县坂田郡近江町）写钟铭文一篇，署有"洛之本性寺昭仪坊沙门了意铭志"。参见：北条秀雄：『新修浅井了意』，東京：笠間書院，1974 年，第 92 頁。

③ 贞享元年（1684）浅井了意应连歌师越前屋七郎右卫门之邀为加贺西照寺（位于今石川县小市大川町）撰写钟铭文，署名为"洛之昭仪坊沙门释了意铭志"。越前屋七郎右卫门是近世著名连歌师能顺的弟子，其他信息不详。参见：北条秀雄：『新修浅井了意』，東京：笠間書院，1974 年，第 87 頁。

④ 石川透：奈良絵本・絵卷の諸問題，『芸文研究』(91)，2006 年 12 月，第 110-124 頁。

附录二　《堪忍记》出典关系[①]对照表[②]

《堪忍记》篇章名	出典（先行研究）	出典（笔者考据）
堪忍记卷第一		
忍の字の評第一　付心の沙汰の事	《明心宝鉴》省心篇第十一（成）	
堪忍すべき子細第二		《明心宝鉴》戒性篇第八
一、孔子の弟子に忍の字をしめし給ふ事	《明心宝鉴》戒性篇第八（小）	
忍の字に二つの元あり第三		
瞋恚をとどむる堪忍第四		《明心宝鉴》戒性篇第八

[①] 表中的（小）为小川武彦考证结论。参见：小川武彦：『堪忍記』の出典上の 1——中国種の説話を中心に，『近世文芸研究と評論』(10)，1976 年 5 月，第 52-68 頁；小川武彦：『堪忍記』の出典上の 2——中国種の説話を中心に，『近世文芸研究と評論』(13)，1977 年 6 月，第 1-12 頁。表中的（成）为成海俊考证结论。参见：成海俊：『明心宝鑑』の伝承と影響：各国における研究史とその問題点（共同研究「日本思想史と朝鮮」研究報告），『米沢史学』(13)，1997 年 6 月，第 39-51 頁；成海俊：貝原益軒の勧善思想——『明心宝鑑』と関連づけて（特集 韓国の日本研究），『季刊日本思想史』(56)，2000 年，第 20-32 頁；成海俊：『堪忍記』の思想——『明心宝鑑』からの引用を中心に，『日本思想史研究』(33)，2001 年，第 56-69 頁。表中的（花）为花田富二夫考据的结论，花田富二夫考据结论中标题混乱部分已做订正。参见：花田富二夫：『堪忍記』周辺考：和・漢堪忍説話の視角を中心に，『大妻国文』(28)，1997 年 3 月，第 79-96 頁；花田富二夫著：『仮名草子研究：説話とその周辺』（新典社研究叢書 151），東京：新典社，2003 年，第 90-122 頁。

[②] 表中所用《迪吉录》版本为崇祯四年（1631）本，系红叶山文库旧藏本，现藏于日本内阁文库，索书号：子 077-0009。《明心宝鉴》版本为景泰 5 年（1454）本，筑波大学附属图书馆藏，索书号：口 880-119。《事文类聚》版本为泰定三年（1276）本，日本内阁文库藏本，索书号：別 061-0001。

续表

《堪忍记》篇章名	出典（先行研究）	出典（笔者考据）
一、宋の富弼と云人子孫にをしへられし事	《迪吉录》第七卷公鉴三忍辱门《富弼骂如闻卒为宰》（小）	
二、忍辱波羅蜜といふ事		
三、空也上人忍辱の行の事	《明心宝鉴》正己篇第五（成）	《四十二章经》第八章尘唾自污
四、忍辱第一の羅睺羅尊者といふ事		
五、劉寛饒といふ人牛をつかはせし事	《迪吉录》第七卷公鉴三忍辱门《刘宽诬牛不挍官至侯封》（小）	
六、卓茂と云人馬をあたへられける事	《迪吉录》第七卷公鉴三忍辱门《卓茂诬马不挍封侯拜相》（小）	
怒りをとどめて忍をおこなふ第五		1.《事文类聚》后集卷四十二羽虫部《鹤》 2.《事文类聚》后集卷四十七羽虫部《鸭 鳧附》
一、実方中将行成卿といさかひの事	1.『十訓抄』八の一（花） 2.『古事談』二（花） 3.『源平盛衰記』七（花）	
貪欲をとどむる堪忍第六	《明心宝鉴》存心篇第七	《事文类聚》别集卷十七性行部《有三不惑》
一、酒をいさしむる事		《明心宝鉴》省心篇第十一
二、長老莎伽陀尊者の事付波斯匿王飲酒戒をゆるされ給ふ事	『野槌』一七五（花）	

续表

《堪忍记》篇章名	出典（先行研究）	出典（笔者考据）
三、後漢の于定国の事		
色欲をとどむべき堪忍第七		
一、目連尊者の妻をいましめられし事		
二、僧正遍昭発心の事付滝口入道横笛が事	1.『大和物語』一六八（花） 2.『十訓抄』六の八（花） 3.『平家物語』卷十「横笛」（花）	
三、宋の李登が色欲の事	《迪吉录》第五卷公鉴一宣淫门《李登以淫妇女及横取罪恶削其贵籍》（小）	
四、王勤政が女を殺してむくひける事	1.《迪吉录》第五卷公鉴一宣淫门《王勤政诱奔妇不果为鬼所随》（小） 2.《明心宝鉴》天理篇第二（成） 3.《明心宝鉴》省心篇第十一（成）	
五、名を偽りて女を犯し殺されし事		
六、楊希仲と云人色にかたふかざる事	《迪吉录》第五卷公鉴一不淫门《杨希仲拒调戏之妾即魁多士》（小）	
七、程彥賓と云人虜の女をかへしける事	《迪吉录》第五卷公鉴一不淫门《程彦宾不染虏掠之女百寿无疾》（小）	

附录二 《堪忍记》出典关系对照表 | 175

续表

《堪忍记》篇章名	出典（先行研究）	出典（笔者考据）
堪忍記卷第二		
財欲の堪忍第八		《孟子》尽心下
一、狐輪縄にかかる事付猩猩をとる事	《事文类聚》后集卷三十七《猩猩铭》（花）	
二、楊震四知の事	《迪吉录》第四卷官鉴四廉洁门《杨震还金公卿累也》（小）	
三、買郁と云人梨をうけざる事		1.《事文类聚》外集卷十四县官部《辞遗新果》 2.《事文类聚》外集卷十路官部《画像自戒》
四、身のほとをしれといふ事		
五、金をにぎるものは人しらずと云事		
六、欲深人は銭の癖ある事付樊光と云人雷にうたれし事	1.《迪吉录》第四卷管鉴四黩货门《虞侯樊光鬻狱雷震死》（小） 2.《明心宝鉴》正己篇第五（成）	
七、蟷螂の蝉をとる事	《事文类聚》后集卷四十五《黄雀》（花）	《明心宝鉴》省心篇第十一
主君の堪忍第九		
一、楚の荘王臣下の冠の緒を切らせられし事	1.《蒙求》三七六《楚庄绝缨》（花） 2.『蒙求和歌』第五（花）	
二、項羽の軍忠を賞ぜざりし事		
三、陶渊明被官を我子に送られし事	《事文类聚》后集卷十七奴仆《遣力助劳》（花）	

续表

《堪忍记》篇章名	出典（先行研究）	出典（笔者考据）
四、宋の馬翁公被官をめぐみし事	《迪吉录》第五卷公鉴一宽下门《马翁不以爱子戕其婢再生子贵显》（小）	
五、韓琦と云人の被官をあはれみし事	《迪吉录》第五卷公鉴一宽下门《韩琦德量过人鼎盛无比》（小）	
六、後漢の劉寬か事	《迪吉录》第四卷官鉴四吏治门《刘宽仁洽三郡官至上公》（小）	
七、梁の杜嶷妾を殺してむくひける事	《迪吉录》第五卷公鉴一家政门《梁杜嶷枉杀其妾夜见之而死》（小）	
八、唐の範略が妻耳鼻なき子を産し事	1.《太平广记》一二九《范略婢》（花） 2.《明心宝鉴》治家篇第十四（成）	
九、普代被官の物をはぎとりおいだす事		
主君につかうまつる堪忍第十	《明心宝鉴》治政篇第十三（小）	
一、唐の太宗三の鑑の事	《迪吉录》第一卷官鉴一奏疏门《魏征劝行仁义既效两代传芳》（小）	
二、漢の高祖の将軍曹無傷が事付玄宗皇帝の臣下哥舒翰が事	《迪吉录》第二卷官鉴二不忠门《曹无伤忠敌人立斩哥叔翰颂圣胡虏终归一死》（小）	

续表

《堪忍记》篇章名	出典（先行研究）	出典（笔者考据）
三、光武皇帝の臣下張湛が事	1.《蒙求》八三《张湛白马》（花） 2.『蒙求和歌』第八（花）	1.《事文类聚》新集卷二十一诸院部《张湛白马》 2.《事文类聚》后集卷三十八毛虫部《白马生谏》
四、舅犯といふ人わが宽を君に挙せし事	《事文类聚》前集卷三十推举《舅犯举虚子羔》（花）	
五、漢文帝の臣下慎夫人を諫し事	1.《蒙求》八三《袁盎却坐》（花） 2.『蒙求和歌』第三（花）	
傍輩中の堪忍第十一		
一、東北の謡ゆへに傍輩切合て死せし事		
二、傍輩の中軽薄表裡有まじき事		
三、藺相如廉頗将軍か事	《迪吉录》第一卷管鉴一和衷门《藺相如屈廉颇而功名益著》（小）	
四、剛の者は仁義をしる事	《明心宝鉴》省心篇第十一（小）	
五、周勃陳平高祖にこたえし事	1.《明心宝鉴》训子篇第十（小） 2.《史记》五十六《陈丞相世家》（花）	

附录二 《堪忍记》出典关系对照表 | 179

续表

《堪忍记》篇章名	出典（先行研究）	出典（笔者考据）
六、馬援といふ人讒をうけし事付射工虫の事	1.《蒙求》五三八《马援薏苡》（花） 2.『蒙求和歌』第十四（花） 3.《事文类聚》别集卷二十一谗毁《薏苡致谤》（花） 4.《事文类聚》后集卷四十九蝇《青蝇刺谤》（花）	
七、宋の祝期生舌腫て死せし事	《迪吉录》第六卷公鉴二口业门《祝期生性好短毁舌创岁余而死》（小）	
八、聶崇儀首をはねられし事	《迪吉录》第六卷公鉴二口业门《聂崇仪好谗谤诋毁窜死道傍》（小）	
九、張献若石にあたりて死せし事	《迪吉录》第六卷公鉴二口业门《張瓛若好评议人舌出数寸死》（小）	
堪忍記卷第三		
子を生立る堪忍第十二		
一、司馬温公のこと葉の事	《明心宝鉴》训子篇第十（小）	
二、下主の子を黍団子にとへし事付蛙の科斗を生みて竜の子也と思ふ事	《明心宝鉴》训子篇第十（成）	
三、寇莱公の学文をつとめし事	《事文类聚》后集卷六教子《秤槌投足》（花）	
四、唐の劉賛学文をいたせし事	《事文类聚》后集卷六教子《己肉子蔬》（花）	
五、親の子をそだてて愛たてなき事		

续表

《堪忍记》篇章名	出典（先行研究）	出典（笔者考据）
六、許公わが子どもの心をためされける事	1.《迪吉录》第五卷公鉴一宽下门《吕公著不治碎玉婢遂定台弼》（小） 2.《明心宝鉴》治家篇第十四（成）	
父母につかうる堪忍第十三		
一、孝不孝の評判の事		
二、曾子の孝行並花元が孝行品ある事	《事文类聚后集》卷三父母《曾子养志》（花）	
三、親に孝あるべき躰の事	1.《事文类聚后集》卷三父母《群书要语》（花） 2.《明心宝鉴》孝行篇第四（成） 3.《明心宝鉴》天理篇第二（成）	《明心宝鉴》孝行篇第四
四、趙居先孝行をつくし仙人に成たる事	《迪吉录》第五卷公鉴一孝弟门《赵居先诚孝格天身证仙果》（小）	
五、孝行なる貧者虎に逢て金を得し事	《迪吉录》第五卷公鉴一孝弟门《建德孝农遇虎虎弭驯去》（花）	
六、薛包といふ人孝行をなしける事	《迪吉录》第五卷公鉴一孝弟门《薛包孝友笃行加赐榖》（小）	
七、程悪子が不孝ゆへに自害せし事	《迪吉录》第五卷公鉴一不孝门《程恶子以怜儿逗凶反刃而死》（小）	
八、張悪子が不孝故に樹に挟殺されし事	《迪吉录》第五卷公鉴一不孝门《张恶子以匿金憾母雷震夹树》（小）	

续表

《堪忍记》篇章名	出典（先行研究）	出典（笔者考据）
九、まづしき子をば親あはれむ事		
十、羅旬喩飢死ける事		
十一、母に不孝にして家を燒て貧に成たる事	《父母恩重经和谈抄》卷二（花）	
十二、孝行ぶりを剃事付哥の事		
十三、老たる親をにくみける非道の事付親をころさんとして狂乱しける事		
堪忍記卷第四		
職人の堪忍第十四		
一、狐の妖やうを稽古する事	《事文类聚》后集卷三十七狐《妖狐化人》（花）	
二、茶磑六を一人して碾る事付人形に堆磑をふまする操の事		
三、養由柳の葉を射る事付斎君謨虱を射とをす事	1.《蒙求》一〇八《养由号猿》（花）	
	2.『蒙求和歌』第十四（花）	
	3.《事文类聚》前集卷四十二射《由基穿杨》（花）	
	4.《蒙求》一七九《纪昌贯虱》（花）	
	5.《事文类聚》前集卷四十二射《甘蝇贯虱》（花）	
	6.《事文类聚》后集卷四十九虱《学射贯虱》（花）	

续表

《堪忍记》篇章名	出典（先行研究）	出典（笔者考据）
四、荀息卵を十重ねたる事付判官知康が十五の手だまの事		
五、猫鼠に芸をさする事付枕かへしの鍛錬の事		
六、鄒燕篳篥を吹し事　付玄宗皇帝羯鼓をうち給へば花咲し事	《事文类聚》前集卷六春《羯鼓催花》（花）	
七、隋の宋子賢が術の奇特の事	《迪吉录》第三卷官鉴三全活门《汉御史王贺纵活万人累世奇贵》（小）	
八、盗人ども剣の刃を壓呪ける事		
九、我が道の職にはをこたる事		
十、石の上にも三年斧を針にとぐ事付鄒の国の傘張の事		
商人の堪忍第十五	《事文类聚》前集三十八医者《卖药避名》（花）	
一、斗尺権にいつはりをいたす者の事		
二、梁の商人雷にうたれし事付二门口月八三といふ事	《法华经直谈抄》卷十（花）	
三、周茂才が妻の賢なる事	《迪吉录》第五卷公鉴一益衍门《周妇以廉直悟其亲子登科第》（小）	
四、漢の張允餓死ける事	《事文类聚》前集卷三十六货殖家《诗句》（花）	
五、酒甕をふみ破たる事	《事文类聚》前集卷三十六货殖家《瓮算》（花）	

续表

《堪忍记》篇章名	出典（先行研究）	出典（笔者考据）
六、鐺子売の事付燧石売駒千代が事		
七、唐の劉伯芻が事	《事文类聚》前集卷三十六货殖家《与钱辍歌》（花）	
八、価を下直にいはれて悪口する商人の事付鯉を売て損をしたる事		
九、米商人の事		
医者の堪忍第十六		
一、悲田院施薬院の事付代薬の事		
二、妙薬医者の事付金英草とて人を消毒の事		
三、蜂に刺されたる事蜘蛛の事		
四、河豚並木菌に酔たる時の薬の事		
五、物しらぬ医師の剃の事		《事文类聚》前集卷三十八技艺部《医者药附》
六、神農の事付附子の高直なる事	《事文类聚》前集卷三十八医者《神农尝药》（花）	
七、聶従志といふ医師賢なる事	《迪吉录》第五卷公鉴一不淫门《聂从志力却奔妇延寿三纪科名三世》（小）	
堪忍记卷第五		
法師の堪忍第十七		《迪吉录》第七卷公鉴三取财门《长兴民王某霸占财产转生为牛呼子偿债》

续表

《堪忍记》篇章名	出典（先行研究）	出典（笔者考据）
一、今の世にはよき名馬なき事付照月上人の事		
二、河内国弓削の法師馬に成たる事		
三、笠置の解脱上人の事		
四、学徳大悲なきものは僧法師にあらずといふ事		
五、学徳ある人は因果撥無に落る事		
友だち交はりの堪忍第十八	《礼记》卮言抄（花）	
一、宋弘が詞の事付晏平仲が交はりの事	《明心宝鉴》交友篇第十九（小）	
二、范巨卿と張元伯がまじはりの事	1.《蒙求》一〇六《范张鸡黍》（花） 2.『蒙求和歌』第十（花） 3.《事文类聚》前集卷二十三交友《如期而至》（花）	
三、荀巨伯と云人友だちの病を看病せし事	《迪吉录》第六卷公鉴二交情门《荀巨伯以身卫友化盗全城》（小）	
四、祢衡と孔融と糸汝の交はりをいたせし事	《史记评林》卷三殷本纪《帝王世纪》（花）	
五、人の心と面とは似たるはなしと云事	《明心宝鉴》存信篇第十七（小）	
大義を思ひたつ堪忍第十九		1.《事文类聚》前集卷二十七仕进部《特科晚成附》 2.《道德经》下篇

续表

《堪忍记》篇章名	出典（先行研究）	出典（笔者考据）
一、樟の事付梅の木並潜竜の事		
二、周の文王の事		《事文类聚》后集卷四人伦部《烹子遗羹》
三、頼朝わが子を殺されて堪忍ありし事	『曽我物語』卷二	
四、韓信市に出て人の胯を潜りし事	1.《蒙求》三二三（花） 2.『蒙求和歌』第二（花） 3.《史记评林》卷九十二《淮阴侯列传》（花）	《事文类聚》别集卷三十一人事部《报漂母恩》
五、千鈞の弩といふ事	『太平記』卷二十「義貞自害事」（花）	
六、司馬相如が昇仙橋に書付しける事	1.《蒙求》四〇一《相如题柱》（花） 2.《事文类聚》续集卷十桥《题桥乘驷》（花）	
七、後漢の陳蕃が事	1.《蒙求》四九二《陈蕃下榻》（花） 2.《事文类聚》别集卷十六志气《不扫一室》（花）	1.《事文类聚》别集卷十六性行部《不扫一室》 2.《事文类聚》续集卷六居处部《不事一室》
八、江大夫判官自害せし事		
九、追腹きりける初めの事付秦の繆公の事	《史记评林》卷五《秦本纪》（花）	
十、秦の始皇を驪山に葬し事	《史记评林》卷六《秦始皇本纪》（花）	
十一、追腹きる事忠義に似て忠義にあらざる事		
十二、分際なきもの大機なるは僻事なりといふ事	《新刻前贤切要明心宝鉴》	《事林广记》前集卷之九

续表

《堪忍记》篇章名	出典（先行研究）	出典（笔者考据）
堪忍記卷第六		
女鑑上		
婦人の評第二十		
一、唐の史堂が妻並壓勝の法といふ事	1.《迪吉录》第五卷公鉴一离婚门《堂貴而薄其妻夭折其寿》（小） 2.《事文类聚》后集十四卷夫妇《太行路》（花）	
二、唐の嚴武琵琶の絃にて妻を縊死事	《迪吉录》第五卷公鉴一情冤门《严武诱奔怜女命尽鬼祟》（小）	
三、栄啓期が三楽の事	《事文类聚》后集卷三十二致仕《三乐自足》（花）	
四、昭陽人が事	1.『唐物語』二十四（花） 2.『女訓抄』上の二（花）	
五、女を去に七つ並去らざるに三つ有事	1.『女訓抄』上の二（花） 2.『女訓抄』五の八（花）	
六、五障三従の事	1.『女訓抄』上の二（花） 2.《明心宝鉴》妇行篇第二十（成）	
七、夫にしたがふ道の事	『女訓抄』上	
八、臼季と云人冀缺と云人を文公に進めし事	1.《新续列女传》卷上《晋却缺妻》（花） 2.《事文类聚》后集卷十四夫妇《相敬如宾》（花）	
九、漢の鮑宣が妻の賢なる事	《事文类聚》后集卷十三婚姻《奇其清苦》（花）	
十、大伴卿めしつかふ侍に妻をさらせられし事		

续表

《堪忍记》篇章名	出典（先行研究）	出典（笔者考据）
姑につかふる堪忍第廿一		
一、開封の翁が新婦の賢なる事	《迪吉录》第八卷公鉴四女鉴门《开封长妇幼妇生死巧换》（小）	
二、滑州の狗頭新婦が事	《迪吉录》第八卷公鉴四女鉴门《酸枣妇雷换狗头》（小）	
三、あしき新婦の心だての事		
四、孝行なる新婦財の米嚢を得たる事	《迪吉录》第八卷公鉴四女鉴门《田妇养食天谷》（花）	
五、三人の新婦不孝故に畜生に成たる事	《迪吉录》第八卷公鉴四女鉴门《杜妇逆变异类》（花）	
六、姜詩が妻の姑の孝行なる事	《迪吉录》第八卷公鉴四女鉴门《姜诗妻事姑感鲤》（小）	
七、宋の季迵が妻を去たる事	《事文类聚》后集卷十五出妻《违姑去妻》（花）	
堪忍記卷第七		
女鑑中		
憐姬のおもひある堪忍第廿二		
一、りんきする女の心の心得の事		
二、後妻をねたまず哥よみける事	『大和物語』一五八（花）	
三、吝姬ゆへに子孫たえたる事	《事文类聚》后集卷十五妒妻《疑夫私乳母》（花）	

续表

《堪忍记》篇章名	出典（先行研究）	出典（笔者考据）
四、螽といふ虫には物ねたみなきゆへに子孫おほき事付謝太傅が妻の事	《事文类聚》后集卷十五妒妻《同姥当无此》（花）	
五、物ねたみ故に死して鶏と成し事	《迪吉录》第八卷公鉴四女鉴门《胡泰母虐转世为鸡》（小）	
六、被官の女を殺してむくひける事	《迪吉录》第八卷公鉴四女鉴门《胡亮妻烙妾眼眼亦双枯》（小）	
七、韋安石が娘妾をころさせて家ほろび死せし事	《迪吉录》第八卷公鉴四女鉴门《韦女以疑毙妾卒与妾俱死》（小）	
八、妾をうちころし我身腫物出て死せし事	《太平广记》一二九《梁仁裕婢》（花）	《迪吉录》第八卷公鉴四女鉴门《梁仁裕妻捶婢脑亦创溃》
九、物ねたみ故に死して火車にとられし事並亡霊になりて来りし事		
十、夫の妾を殺し我身生ながら地ごくに行ける事		
十一、鮑蘇が妻物ねたみなき賢人なる事	1.《新续列女传》上卷十一《鲍宣之妻》（小） 2.《后汉书》卷六《鲍宣妻传》（小） 3.『三綱行実図』烈女「女宗知礼」（花）	
十二、妾の子を狗のごとくいたして我身狗の真似して死ける事	《迪吉录》第八卷公鉴四女鉴门《歙县商妇作地狗》（小）	
継子をそだつ堪忍第廿三		

续表

《堪忍记》篇章名	出典（先行研究）	出典（笔者考据）
一、継母の継子をにくむ子細の事	《事文类聚》后集卷五后母《后母偏爱》（花）	
二、まま子を責ころしければ幽霊になりて継母が生ける子につきたる事	《迪吉录》第八卷公鉴四女鉴门《徐妻杀前儿而己儿继死》（小）	
三、五人の継子を我が産みける三人の子よりいたはりそだてし事	《迪吉录》第八卷公鉴四女鉴门《魏母慈前子而己子并贵》（小）	《列女传》第一卷《魏芒慈母》
四、殷の孝己を継母讒して殺しける事付尹吉甫が後の妻継子を殺し事	《事文类聚》后集卷五后母《后母逐子》（花）	
五、燕の継母前の雌の産ける子を殺せし事		
六、曽子継母をむかへざる事	《事文类聚》后集卷十五出妻《蒸梨出妻》（花）	
七、王駿と云人後の妻をむかへざる事		
堪忍记卷第八		
女鑑下		
孀になりたる堪忍第廿四		
一、鰥の字魚篇に書たる事付白氏文集の詞の事	《事文类聚》后集卷十五寡妻《妇人苦》（花）	
二、娥皇女英の事付紫竹の事	《列女传》卷一《母仪传》（小）	
三、松浦佐夜姫が事	1.『古今著聞集』卷五の一九八、一八〇（花） 2.『十訓抄』六の二二（花）	

续表

《堪忍记》篇章名	出典（先行研究）	出典（笔者考据）
四、衛敬瑜が妻の事付燕の事	1.『三綱行実図』烈女「李氏感燕」（花） 2.《新续列女传》之《卫敬瑜妻》（花） 3.《事文类聚》后集卷四十五《燕女坟》（花）	
五、王蠋が語の事	1.《明心宝鉴》立教篇第十二（小） 2.《明心宝鉴》顺命篇第三（成）	
六、鄭議亮が妻死せし夫に殺されて事	《迪吉录》第八卷公鉴四女鉴门《郑妇背夫改适末几辄死》（小）	
七、大和の国弥太郎が妻物語の事		
八、欧陽修が母の事	《迪吉录》第八卷公鉴四女鉴门《郑夫人节而义自为显相》（小）	
九、魏の房湛か娘貞節ありし事	《迪吉录》第八卷公鉴四女鉴门《魏溥妻断耳守节生子太守》（小）	
十、後家の身もち見ぐるしき事	《明心宝鉴》正己篇第五（成）	
陰徳をおこなふべき事廿五	《明心宝鉴》继善篇第一（成）	
一、孫叔敖両面頭の蛇をうづみし事	1.《列女传》卷三《任智传》（小） 2.《蒙求》一八八《叔敖阴德》（花） 3.『蒙求和歌』第十（花）	

续表

《堪忍记》篇章名	出典（先行研究）	出典（笔者考据）
二、馬援が語付楊宝雀をたすけたる事	1.《迪吉录》第八卷公鉴四放生门《杨宝庇衔环》（小） 2.《明心宝鉴》继善篇第一（小）	
三、曾子が語付王荊公青苗の法の事	《迪吉录》第八卷公鉴三救济门《朱轼代纳青苗钱三子皆贵》（小）	
四、東岳聖帝の垂訓付陰徳の躰の事	《明心宝鉴》继善篇第一（小）	
五、毛宝亀をはなちて命たすかりし事	《迪吉录》第八卷公鉴四放生门《毛宝赎灶堕水得救》（小）	
六、楊序魚の卵を沈めて命をのべし事	《迪吉录》第八卷公鉴四放生门《杨序活亿物寿命得延》（小）	
七、劉子嶼鯉をたすけて金を得たる事	《迪吉录》第八卷公鉴四放生门《刘子屿感鲤放生锄地得金》（小）	
八、唐の余干商人の遺金をかへし金を得たる事	《迪吉录》第七卷公鉴三廉财门《余干舵师还商遗金旋干丹下得金》（小）	
堪忍記奥書		

附录三 《狗张子》出典关系对照表①
（划线部分为笔者考据）

狗張子		故事梗概出典	类话
卷一	1. 三保の仙境	『本朝神社考』五「三保」（富士）	『丙申紀行』（江本）
	2. 足柄山	1.《太平广记》十七"裴谌"（麻生） **2.《玄怪录》之《裴谌》**	1.《太平广记》二十七《司命君》、二十三《张李二公》（富士） 2.《剪灯新话》卷四《鉴湖夜泛记》（富士） **3.《仙传拾遗失》之《司命君》** **4.《广异记》之《张李二公》**

---

① 表中（山口）指山口剛观点。参见：山口剛：『怪談名作集』（日本名著全集），東京：日本名著全集刊行会，1927 年，第 65-95 頁；山口剛：『山口剛著作集第 2 卷』（江戸文学篇 2），東京：中央公論社，1972 年，第 27-283 頁。表中（麻生）指麻生磯次观点。参见：麻生磯次：『江戸文学と中国文学』，東京：三省堂，1976 年，第 31-60 頁。表中（富士）指富士昭雄观点。参见：富士昭雄：浅井了意の方法——『狗張子』の典拠を中心に，『名古屋大学教養部紀要 A 人文科学·社会科学』（11），1967 年，第 30-47 頁；富士昭雄：伽婢子と狗張子（近世小説——方法と表現技巧），『国語と国文学』，1971 年 10 月，第 25-36 頁。表中（江本）指江本裕观点。江本裕：『狗張子』注釈（一），『大妻女子大学紀要』（文系 31），1999 年 3 月，第 107-122 頁；江本裕：『狗張子』注釈（二），『大妻女子大学紀要』（文系 32），2000 年 3 月，第 71-97 頁；江本裕：『狗張子』注釈（三），『大妻女子大学紀要』（文系 33），2001 年 3 月，第 107-122 頁；江本裕：『狗張子』注釈（四），『大妻女子大学紀要』（文系 37），2005 年 3 月，第 115-138 頁；江本裕：『狗張子』注釈（五），『大妻女子大学紀要』（文系 38），2006 年 3 月，第 59-99 頁。

续表

狗張子		故事梗概出典	类话
卷一	3. 富士垢離	1.『本朝故事因縁集』巻一「常陸房海尊成仙人」（富士） 2.『本朝神社考』六「都良香」（富士） 3.『会津風土記』「実相寺」（富士）	1.『伽婢子』巻二「十津川の仙境」（富士） 2.『西鶴諸国はなし』巻一「雲中の腕押」（富士）
	4. 守江の海中の亡魂	1.『本朝故事因縁集』巻一「豊後守江海上亡魂」（江本） 2.『太平記』「越中守護自害事附怨霊事」（江本） 3.『惟新公関原合戦記』江本 4.『黒田家譜』十三（江本） 5.『関ヶ原戦記』（江本）	
	5. 嶋村蟹	『本朝故事因縁集』巻二「平家蟹」（富士）	
	6. 北条甚五郎出家		1. 挿絵『往生要集』（富士） 2.『可笑記』巻二（富士） 3.『可笑評判記』巻四（第二十八段）（富士） 4.『太平記』二十「結城入道随地獄事」（富士） 5.《剪灯余话》巻一《何思明游丰都录》（富士） 6.《太平广记》三七七《赵泰》（富士） 7.『伽婢子』巻四「地獄をみて蘇」（富士） 8.『狗張子』巻四「田上の雪地蔵付明阿僧都、冥土に趣くこと」（富士） 9.**《冥祥记》之《赵泰》**

续表

	狗張子	故事梗概出典	类话
卷二	1. 交野忠次郎発心	1.『二人比丘尼』(富士) 2.『沙石集』卷十「悪を縁として発心したる事」(富士)	
	2. 死して二人となる	1.《太平广记》三三九"李则"(麻生)(山口) **2.《独异志》之《李则》**	『曾呂利物語り』三十二「離魂といふ病気のこと」(富士)
	3. 武庫山の女仙	1.『元亨釈書』十八「如意尼」(富士) 2.《太平广记》六四"杨正见"(富士) **3.《集仙录》之《杨正见》**	『伽婢子』卷三「梅花屏風」(江本)
	4. 原隼人の佐謫仙	1.『善悪因果経鼓吹』十三「塚中児飲母乳」(富士) 2.『甲陽軍鑑』品三十、四十三(富士)	1.『伽婢子』卷五「原隼人の佐」鬼胎(富士) 2.『奇異雑談集』四「国阿上人発心由来の事」(富士)
	5. 形見の山吹	1.《剪灯新话》卷二《牡丹灯记》(江本) 2.『太平記』十五「賀茂神社主改補事」(江本)	『伽婢子』卷八「哥を媒として契る」(富士)

续表

	狗張子	故事梗概出典	类话
卷三	1. 伊原新三郎虵酒を飲	《太平广记》三七二《卢涵》（江本）	
	2. 猪熊の神子		
	3. 甲府の亡霊	1.《太平广记》三四八《沈恭礼》（富士）	
	4. 隅田宮内卿家の怪異	《搜神记》十七《倪彦记》（麻生）	
	5. 大内義隆の歌	1.『武者物語』下（江本） 2.『御伽比丘尼』卷二「恨に消し露の命付葎のべの女鬼」（江本） 3.『醒睡笑』五（江本）	『曾呂利物語』卷五「信玄せいきよのいはれの事」（富士）
	6. 深川左近亡霊	1.《太平广记》三四五《郭翥》（富士） **2.《宣室志》之《郭翥》**	
	7. 蜷川親当逢亡魂	『武者物語之抄』四（江本）	
卷四	1. 味方原軍	『甲陽軍鑑』品三九（富士）	
	2. 甲上の雪地蔵	1.前半『地蔵菩薩霊験記』六「童子戯造地蔵霊験」（富士） 2.後半『地蔵菩薩霊験記』六「論議房冥土物語事」（富士） 3.『沙石集』二「地蔵菩薩種々利益事」（富士）	《剪灯余话》卷一《何思明游丰都录》（富士）

续表

狗張子		故事梗概出典	类话
卷四	3. 柿崎和泉守亡魂	1.『武者物語』上（第二十三条）（江本） 2.『武者物語抄』二（第二十二条）（江本）	『善悪報はなし』巻三「無益の殺生の事并霊来て敵を取事」（富士）
	4. 死骸舞をどる	1.《酉阳杂俎》十三《处士郑宝于》（富士） 2.《太平广记》三六四《河北村正》（富士）	
	5. 非道に人を殺す報	『本朝故事因縁集』五ノ「墓火通」（富士）	
	6. 塚中の契り		1.《太平广记》三一六《韩重》（麻生） 2.《剪灯新话》卷二《牡丹灯记》（山口） 3.『伽婢子』巻三「牡丹燈籠」（山口）
	7. 霞谷の妖物		1.《太平广记》三七〇《王屋薪者》（富士） 2.《潇湘录》之《王屋薪者》
	8. 木嶋加伯	『本朝故事因縁集』二「長門国木嶋加伯利欲因果」（富士）	
	9. 母に不孝狗となる	『本朝故事因縁集』五「洛外人為犬」（富士）	1.『鑑草』一（富士） 2.《迪吉录》第八卷公鉴四女鉴门《酸枣妇雷换狗头》 3.《迪吉录》第八卷公鉴四女鉴门《姜诗妻事姑感鲤》
	10. 不孝の子の雷にうたる		『新語園』五（富士）

续表

狗張子		故事梗概出典	类话
卷五	1. 今川氏真付三浦右衛門最後	1.『甲陽軍鑑』品十一、三十四（富士） 2.『鎌倉公方九代記』（松田）	《王氏见闻录》之《王传承休》（富士）
	2. 常田合戦甲州軍兵幽霊	『甲陽軍鑑』品四、品三十（富士）	1.《玄怪录》之《岑顺》（富士） 2.《潇湘录》之《瀚海神》（富士） **3.《太平广记》三六九《岑顺》** **4.《太平广记》二九七《瀚海神》**
	3. 男郎花		
	4. 掃部新五郎遁世		
	5. 蝟虫祟りをなす		
	6. 杉谷源次付男色之弁	『新語園』二（江本）	
卷六	1. 塩田平九郎怪異を見る	1.《剪灯余话》卷三《武平灵怪录》（麻生） 2.《剪灯新话》卷四《龙堂灵会录》（麻生）	『伽婢子』五「幽霊評諸将」（江本）
	2. 天狗にとられ後に帰りて物がたり	1.『太平記』二十七「田楽事付長講見物事」（富士） 2.『本朝神社考』六「僧正ヶ谷」（富士）	1.『伽婢子』十三「天狗途塔中に棲」（富士） 2.《诸皋记》之《博士丘濡》（富士）
	3. 板垣信形逢天狗		
	4. 亡魂を八幡に鎮祭る	『本朝故事因縁集』五（富士）	
	5. 杉田彦左衛門天狗に殺さる	『奇異雑談集』四（富士）	『因果物語』片仮名本下卷十一、平仮名本二（江本）

续表

狗張子		故事梗概出典	类话
卷七	1. 細工の唐船	1.『拾遺録』「淋池」（富士） 2.『富士御覧日記』（富士）	
	2. 蜘蛛塚	1.『太平記』二十三「大森彦七事」（江本） 2.『曾呂利物語』卷二「足高蜘の変化の事」（江本） 3.《博异志》之《木师古》（江本） 4.**《五朝小说·存唐人百家小说》卷六《博异志》之《木师古》**	
	3. 飯森が（陰徳の報）	1.《警世恒言》之《李汉公穷邱遇侠客》（麻生） 2.《古今奇观》之《李汉公穷邱遇侠客》（麻生）	
	4. 五条の天神		1.『太平記』三十五「北野通夜物語」（富士） 2.『京童』（富士）
	5. 鼠の妖怪	1.《稽神录》之《田达诚》（富士） 2.**《五朝小说·存唐人百家小说》卷二十《稽神录》之《田达诚》**	
	6. 死後の烈女	《续玄怪录》"唐俭"（富士）	

附录四 《伽婢子》出典关系对照表[①]

（划线部分为笔者考据）

伽婢子		出典	
卷	篇名	卷	篇名
一	1 竜宮の上棟[②]	新话卷一之1	水宫庆会录
		金鳌新话五	水宫赴宴录
	2 黄金百両	新话卷一之2	三山福地志
二	1 十津の仙境	新话卷二之2	天台访隐录
	2 真紅擊帯	新话卷一之4	金凤钗记
	3 狐の妖恠	余话卷三之5	胡媚娘传
三	1 妻の夢を夫面にみる	唐百卷五《梦游录》	张生（平·说）
	2 鬼谷に落て鬼と為る	新话卷四之2	太虚司法传
	3 牡丹灯籠	新话卷二之4	牡丹灯记
	4 梅花屏風	余话卷四之4	芙蓉屏记

[①] 目前认为与浅井了意所用版本最接近的是林罗山旧藏本，现藏于日本内阁文库（索书号：371-0006），本研究所用《五朝小说》版本是明刊林罗山旧藏本。现藏于日本内阁文库，索书号：371-0006；本研究所用《剪灯新话句解》为新日本古典文学大系75《伽婢子》后附录。参见：松田修等校注：『伽婢子』（新日本古典文学大系75），東京：岩波書店，2001年，第401-489頁。

[②] 松田修在其校注的《伽婢子》（新日本古典文学大系75）中指出，《伽婢子》第一卷第一个故事《龙宫上棟》同时参照了《剪灯新话》的《水宫庆会录》与《金鳌新话》的《水宫赴宴录》。参见：松田修等校注：『伽婢子』（新日本古典文学大系75），東京：岩波書店，2001年。

续表

伽婢子			出典	
卷	篇名	卷	篇名
四	1 地獄を見て蘇	新话卷二之1	令狐生冥梦录
	2 夢のちぎり	新话卷二之5	渭塘奇遇记
	3 一睡卅年の夢	唐百卷五《梦游录》	樱桃青衣（平·说）
	4 入棺之尸甦㤴	唐百卷六《集异记》	晋武帝咸宁二年二月云云（平·说）
	5 幽霊逢夫語	唐百卷二十四《灵鬼志》	唐晅（平）
五	1 和銅錢	唐百卷二十六《博异志》	岑文本（平·说）
	2 幽霊評諸将	新话卷四之1	龙堂灵会录
	3 焼亡有定限	唐百卷六《集异记》	汉末糜竺云云（说）
	4 原隼人佐鬼胎	唐百卷二《中朝故事》	代说郑畋（说）
六	1 伊勢兵庫仙境に到る	唐百卷三《杜阳杂编》	处士元藏几自言云云（平·说）
	2 長生の道士	唐百卷三《杜阳杂编》	罗浮先生云云（平·说）
	3 遊女宮木野	新话卷三之4	爱卿传
	4 蛛の鏡	唐百卷五《诸皋记》	元和中苏湛云云（平·说）
	5 白骨の妖怪	宋百卷十七《睽车志》	刘先生者云云（说）
	6 死難先兆	唐百卷六《集异记》	北齐尔朱世隆云（说）
七	1 絵馬之妬	唐百卷二十四《灵鬼志》	胜儿（平）
	2 廉直頭人死司官職	唐百卷二十四《灵鬼志》	苏韶（平）
	3 飛加藤	唐百卷九《剑侠传》	昆仑奴（平·说）
	4 中有魂形化契	唐百卷二十四《灵鬼志》	王元之（平）
	5 死亦契	唐百卷二十四《灵鬼志》	柳参军（平）
	6 菅谷九右衛門	新话卷一之3	华亭逢故人录
	7 雪白明神	唐百卷六《博异志》	马侍中（平·说）
八	1 長鬚国	唐百卷五《诸皋记》	大足初有士人云（平·说）
	2 邪神を責殺	新话卷三之2	永州野庙记
	3 歌を媒として契る	金鳌新话卷二	李生窥墙传
	4 幽霊出て僧にまみゆ		
	5 屏風の絵の人形躍歌	唐百卷五《诸皋记》	元和初一士人云云（说）

续表

伽婢子		出典	
卷	篇　名	卷	篇　名
九	1　狐偽て人に契る	唐百卷二十四《灵鬼志》	崔书生（平）
九	2　下界の仙境	唐百卷六《博异志》	阴隐客（平·说）
九	3　金閣寺の幽霊に契る	新话卷二之3	滕穆醉游聚景园记
九	4　人面瘡	唐百卷五《诺皋记》	许卑山人言云云（平·说）
九	5　人鬼	宋百卷五《谈渊》	太原王仁裕家远祖母云云（说）
十	1　守宮の妖	唐百卷五《诺皋记》	太和末荆南云云（平·说）
十	2　妬婦水神となる	唐百卷五《诺皋记》	妒妇津相传言云云（平·说）
十	3　祈て幽霊に契る	唐百卷二十三《才鬼记》	曾季衡（平）
十	4　窃の術	唐百卷九《剑侠传》	田彭郎（平·说）
十	5　鎌鼬付提馬風	唐百卷五《诺皋记》	工部员张周云云（说）
十	6　了仙貧窮付天狗道	新话卷四之3	修文舍人传
十一	1　隠里	新话卷三之2	申阳洞记
十一	2　土佐の国狗神付金蚕	宋百卷五《铁围山谈丛》	金蚕毒始蜀中云云（说）
十一	3　易レ生契	新话卷四之5	绿衣人传
十一	4　七歩蛇の妖	宋百卷五《铁围山谈丛》	刘器之安世云云（说）
十一	5　魂蛻吟	唐百卷五《集异记》	裴珙（平·说）
十一	6　魚膾の怪	唐百卷五《诺皋记》	和州刘录事云云（平·说）

续表

伽婢子		出典	
卷	篇名	卷	篇名
十二	1 早梅花妖精	1. 唐百卷一《龙城录》 2.《燕居笔记》之《古杭红梅记》	赵师雄醉憩云云（说）
	2 幽霊書を夫母につかはす	新话卷三之5	翠翠传
	3 厚狭応報	宋百卷十七《睽车志》	绍兴初福建云云（说）
	4 邪淫の罪立身せず	宋百卷十七《睽车志》	龙舒人刘观云云（说）
	5 盲女を憐て報を得	宋百卷二《茅亭客话》	庚子岁天兵云云（说）
	6 大石相戦	唐百卷六《集异记》	后赵季石云云（说）
十三	1 天狗途塔中に棲	唐百卷五《诺皋记》	博士丘濡说云云（平·说）
	2 幽鬼嬰児に乳す	宋百卷五《铁围山谈丛》	河中有姚氏云云（说）
	3 蛇瘻の中より出	唐百卷十五《异疾志》	安康伶人云云（平）
	4 伝尸禳去	唐百卷十五《异疾志》	徐明府（平）
	5 随転力量	唐百卷十九《墨昆仑传》	李摩云（平·说）
	6 蟲瘤	唐百卷十五《异疾志》	蟲瘤
	7 山中の鬼魅		
	8 義輝公之馬言事（馬人語をなす怪異）	唐百卷五《诺皋记》	开成初云云（平·说）
	9 怪を語れば怪至る	1.唐百卷一《龙城录》 2.《燕居笔记》之《夜坐谈鬼而怪至》	夜坐谈鬼而怪至云云

参考文献

日文论文：

1. 白倉一由：浅井了意——謎に包まれた人物（近世小説の作者たち〈特集〉；仮名草子の作者），『国文学解釈と鑑賞』，1994 年 8 月，第 25-29 頁。

2. 坂巻甲太：近世初期における作者・書肆・読者の位相——作者浅井了意・書肆河野道清を軸に（作者というメディア〈特集〉），『日本文学』，1994 年 10 月，第 1-9 頁。

3. 坂巻甲太：近世怪異小説の虚構——翻案を基軸として（虚構・近世的なるもの〈特集〉），『日本文学』，1986 年 8 月，第 20-30 頁。

4. 坂巻甲太：浅井了意『賞華吟』とその改題本，『参考書誌研究』(21)，1980 年，第 1-9 頁。

5. 坂巻甲太：浅井了意ノート-1-の上——鈴木正三とのかかわりをめぐって，『国文学研究』(52)，1974 年 2 月，第 16-27 頁。

6. 坂巻甲太：浅井了意ノート-1-の下——鈴木正三とのかかわりをめぐって，『国文学研究』(53)，1974 年 6 月，第 43-51 頁。

7. 坂巻甲太：浅井了意の江戸下りについて——了意ノート（三），『国文学研究』，1975 年 10 月，第 10-20 頁。

8. 坂巻甲太：浅井了意関係新資料『やうきひ物語』について，『近世文藝』(25)，1976 年，第 26-34 頁。

9. 浜田啓介：『本朝女鑑』の虚構-上-，『国語国文』55 (7)，1986 年 7 月，第 1-16 頁。

10. 浜田啓介：『本朝女鑑』の虚構-下-，『国語国文』55 (8)，

1986年8月，第16-26頁。

11. 濱田泰三：近世怪異小説の祖——沙門了意，『狗張子』(浅井了意著、神郡周校注)，東京：現代思潮社，1980年，第247-261頁。

12. 常吉幸子：『伽婢子』試論：〈作者〉によるひそかな画策と勝利について，『活水論文集』(日本文学科編)，1991年3月，第1-16頁。

13. 成海俊：『堪忍記』の思想——『明心宝鑑』からの引用を中心に，『日本思想史研究』(33)，2001年，第56-69頁。

14. 成海俊：『明心宝鑑』が日本文学に与えた影響——ことに浅井了意の『浮世物語』を中心として，『日本文学』，1996年6月，第11-21頁。

15. 成海俊：『明心宝鑑』の伝承と影響：各国における研究史とその問題点（共同研究「日本思想史と朝鮮」研究報告），『米沢史学』(13)，1997年6月，第39-51頁。

16. 成海俊：貝原益軒の勧善思想——『明心宝鑑』と関連づけて（特集 韓国の日本研究），『季刊日本思想史』(56)，2000年，第20-32頁。

17. 成沢勝：『剪灯新話』と『金鰲新話』——『万福寺樗蒲記』の構成を中心に，『中国文学研究』，1979年12月，第76-88頁。

18. 渡辺守邦、江本裕：仮名草子の基底，『文学』，1988年10月，第110-116頁。

19. 渡辺守邦：『五朝小説』と『伽婢子』(一)，『実践国文学』(70)，2006年10月，第10-47頁。

20. 渡辺守邦：『五朝小説』と『伽婢子』(二)，『実践国文学』(71)，2007年3月，第32-60頁。

21. 渡辺守邦：『五朝小説』と『伽婢子』(三)，『実践国文学』(72)，2007年10月，第9-38頁。

22. 渡辺守邦：『五朝小説』と『伽婢子』(四)，『実践国文学』(73)，2008年3月，第13-28頁。

23. 渡辺守邦：備後鞆の浦の『伽婢子』，『実践国文学』，2010

年 10 月，第 1-18 頁。

24. 渡辺守邦：仮名草子における典拠の問題——『悔草』を中心に,『国文学研究資料館紀要』(04), 1978 年 3 月, 第 161-198 頁。

25. 渡辺守邦：浅井了意『伽婢子』——渡来した妖異,『国文学解釈と教材の研究』, 1992 年 8 月, 第 62-64 頁。

26. 冨士昭雄：『伽婢子』の方法,『名古屋大学教養部紀要』, 1966 年 3 月, 第 1-18 頁。

27. 冨士昭雄：『伽婢子』——怪異と超現実へ（叛乱と遁走——近世初期文学の諸相〈特集〉；模索する文体・仮名草子）,『国文学解釈と鑑賞』, 1980 年 9 月, 第 29-35 頁。

28. 冨士昭雄：伽婢子と狗張子（近世小説——方法と表現技巧）,『国語と国文学』, 1971 年 10 月, 第 25-36 頁。

29. 冨士昭雄：浅井了意の方法——『狗張子』の典拠を中心に,『名古屋大学教養部紀要 A 人文科学・社会科学』(11), 1967 年, 第 30-47 頁。

30. 冨澤慎人：時代を超えて生き続ける怪異——『伽婢子』,『アジア遊学』, 2009 年 8 月, 第 97-101 頁。

31. 岡田三津子：浅井了意筆『源平盛衰紀』と無刊記整版本,『軍記と語り物』, 2003 年 3 月, 第 73-84 頁。

32. 岡田三津子：浅井了意筆『源平盛衰記』の本文——写本判定基準を活用して,『神女大国文』, 2003 年 3 月, 第 57-69 頁。

33. 高橋隆平：『伽婢子』と『五朝小説』：『五朝小説』の諸本と流布状況に関して,『日本文藝研究』, 2006 年 9 月, 第 1-21 頁。

34. 高橋隆平：浅井了意の常套句について,『日本文芸研究』, 2012 年 3 月, 第 21-33 頁。

35. 高橋文博：『鑑草』再考（特集中江藤樹）,『季刊日本思想史』, 1999 年 7 月, 第 52-82 頁。

36. 高野昌彦：『伽婢子』論：怪異小説の生成,『同志社国文学』, 2003 年 3 月, 第 34-44 頁。

37. 高野昌彦：浅井了意をめぐる正願寺新出資料について,

『同志社国文学』，2002 年 12 月，第 46-59 頁。

38. 谷脇理史：『浮世物語』とカムフラ-ジュ，『早稲田大学大学院文学研究科紀要』(文学・芸術学編 40)，1994 年，第 3-20 頁。

39. 関山和夫：唱導家浅井了意，『東海学園国語国文』(11)，1977 年 3 月，第 41-47 頁。

40. 和田恭幸：『安倍晴明物語』の世界（特集=陰陽師・安倍晴明とその周縁）――（文学・伝説世界の安倍晴明），『国文学解釈と鑑賞』67 (6)，2002 年 6 月，第 99-104 頁。

41. 和田恭幸：『法林樵談』の人名索引と典拠，『藝能文化史』，2001 年 8 月，第 12-19 頁。

42. 和田恭幸：『堪忍記』の性格，『近世文芸』(55)，1992 年 2 月，第 1-8 頁。

43. 和田恭幸：『善悪因果経直解』諸版考（近世板本板元の総合的研究），『佛教文化研究所紀要』，2005 年 11 月，第 272-288 頁。

44. 和田恭幸：仮名草子の文体――怪異描写の文体（特集 江戸の文体その生成と文彩），『江戸文学』(37)，2007 年 10 月，第 73-79 頁。

45. 和田恭幸：鼓吹物と近世怪異小説，『伝承文学研究』(47)，1998 年 6 月，第 10-24 頁。

46. 和田恭幸：和刻本漢籍の調査・収集，『調査研究報告』，2005 年，第 17-27 頁。

47. 和田恭幸：浅井了意の仮名草子における古典の引用，『国文学：解釈と鑑賞』，2010 年 8 月，第 14-19 頁

48. 和田恭幸：浅井了意の仏書とその周辺 (1)，『国文学研究資料館紀要』(22)，1996 年 3 月，第 263-282 頁。

49. 和田恭幸：浅井了意の仏書とその周辺 (2)，『国文学研究資料館紀要』(24)，1998 年 3 月，第 277-297 頁。

50. 和田恭幸：浅井了意の仏書とその周辺 (3)，『国文学研究資料館紀要』(26)，2000 年 3 月，第 253-277 頁。

51. 和田恭幸：浅井了意の仏書とその周辺 (4)，『国文学研究

資料館紀要』（27），2001 年 3 月，第 229-258 頁。

52. 花田富二夫：『伽婢子』考——五朝小説の諸版と構想の一端に関して，『芸能文化史』（22），2005 年 7 月，第 17-33 頁。

53. 花田富二夫：『堪忍記』周辺考：和・漢堪忍説話の視角を中心に，『大妻国文』（28），1997 年 3 月，第 79-96 頁。

54. 花田富二夫：『新語園』と類書——了意読了漢籍への示唆，『近世文芸』（34），1981 年 5 月，第 13-38 頁。

55. 黄昭淵：『伽婢子』と叢書——『五朝小説』を中心に，『近世文芸』（67），1998 年 1 月，第 1-11 頁。

56. 吉江久弥：『堪忍記』と西鶴-1-，『仏教大学研究紀要』（62），1978 年 3 月，第 57-83 頁。

57. 吉江久弥：『堪忍記』と西鶴-2-，『人文学論集』（12），1978 年，第 29-56 頁。

58. 吉江久弥：『堪忍記』と西鶴-3-，『人文学論集』（17），1983 年，第 29-35 頁。

59. 吉丸雄哉：近世における「忍者」の成立と系譜（近世特集），『京都語文』，2012 年 11 月，第 104-121 頁。

60. 加藤良輔：『伽婢子』論：乱世を語る方法，『日本文學誌要』，1993 年 7 月 1 日，第 52-62 頁。

61. 江本裕：『狗張子』注釈（一），『大妻女子大学紀要』（文系 31），1999 年 3 月，第 107-122 頁。

62. 江本裕：『狗張子』注釈（二），『大妻女子大学紀要』（文系 32），2000 年 3 月，第 71-97 頁。

63. 江本裕：『狗張子』注釈（三），『大妻女子大学紀要』（文系 33），2001 年 3 月，第 107-122 頁。

64. 江本裕：『狗張子』注釈（四），『大妻女子大学紀要』（文系 37），2005 年 3 月，第 115-138 頁。

65. 江本裕：『狗張子』注釈（五），『大妻女子大学紀要』（文系 38），2006 年 3 月，第 59-99 頁。

66. 江本裕：浅井了意——了意の感懐と存疑作序説，『国文学

解釈と鑑賞』，2001 年 9 月，第 49-55 頁。

　　67. 金永昊：『剪灯新話』の翻案とアジア漢字文化圏怪異小説の成立：地獄譚「令狐生冥夢録」の翻案を中心に，『二松：大学院紀要』(22)，2008 年，第 274-306 頁。

　　68. 金永昊：アジア漢字文化圏の中の『伽婢子』——「遊女宮木野」の翻案の特質を中心に，『人間社会環境研究』，2009 年 9 月，第 37-46 頁。

　　69. 金永昊：浅井了意の『三綱行実図』翻訳——和刻本・和訳本の底本と了意，『近世文芸』，2010 年 1 月，第 16-29 頁。

　　70. 金子由里恵：江戸後期心学書における『堪忍記』享受の一例，『國文學論叢』(62)，2017 年 2 月，第 189-205 頁。

　　71. 井上泰至：『北条九代記』論 平成十三年度国文学会冬季大会発表要旨（平成十四年一月十二日），『上智大学国文学論集』，2003 年 1 月，第 99 頁。

　　72. 久保田篤：『東海道名所記』の文章の特色，『茨城大学人文学部紀要』，1992 年 3 月，第 1-17 頁。

　　73. 柳牧也：『堪忍記』についての疑義——その構成と内容のこと，『近世初期文芸』(21)，2004 年 12 月，第 24-37 頁。

　　74. 末松昌子：『可笑記評判』考——『可笑記』に対する批評の視座，『国文学攷』，2008 年 6 月，第 1-15 頁。

　　75. 末松昌子：浅井了意『可笑記評判』と仏書の顔淵像，『国文学攷』，2011 年 9 月，第 31-48 頁。

　　76. 木村迪子：『安倍晴明物語』構成の手法——法道仙人譚と道満伝承を軸に，『国文』(113)，2010 年 7 月，第 11-19 頁。

　　77. 木越治：怪談の倫理——鏡像としての『伽婢子』・『雨月物語』，『文学』，2014 年 7 月，第 52-70 頁。

　　78. 前田金五郎：『浮世物語』雑考，『国語国文』，1965 年 7 月，第 29-45 頁。

　　79. 前田金五郎：資料方々録（一）『見聞予覚集』，『専修大学人文科学研究所月報』(60)，1978 年，第 9-13 頁。

80. 前田一郎，浅井了意の思想——「勧信の論理」と仮名草子（含 浅井了意著作年表），『真宗研究』(34)，1990 年，第 101-123 頁。

81. 前芝憲一：『伽婢子』論序説，『日本文芸学』，1980 年 11 月，第 43-53 頁。

82. 橋本直紀：『大倭二十四孝』の単行板——『二の宮花満』について（資料紹介），『国文学』，1982 年 12 日，第 33-37 頁。

83. 青山忠一：『本朝女鑑』論，『二松学舎大学論集』，1972 年 3 月，第 59-84 頁。

84. 秋吉久紀夫：再び剪燈叢話について：萬暦期文芸思想動向の一斑，『文芸と思想』，1980 年，第 1-17 頁。

85. 入口敦志：『伊勢物語抒海』の位置——段の大意を中心にして，『語文研究』(64)，1987 年 12 月，第 54-64 頁。

86. 若尾政希：『浮世物語』から時代を読む——近世人の思想形成と書物（特集/文芸作品から読み解く民衆世界），『歴史評論』，2008 年 2 月，第 14-24 頁。

87. 山田篤朗：「翻案」という発想——『剪燈新話』から『伽婢子』へ，『アジア遊学』，2009 年 8 月，第 102-105 頁。

88. 深沢秋男：『可笑記評判』の成立時期，『文学研究』(63)，1986 年 6 月，第 10-20 頁。

89. 神谷勝広：近世における中国故事の伝播——浅井了意編『新語園』を通じて，『江戸文学』(14)，1995 年，第 105-115 頁。

90. 石川透：奈良絵本・絵巻の制作の環境（〈特集〉中世文学を生み出す環境），『日本文学』，2009 年，第 49-55 頁。

91. 石川透：奈良絵本・絵巻の諸問題，『藝文研究』，2006 年 12 月，第 110-124 頁。

92. 石川透：浅井了意筆『難波物語』等について，『藝文研究』(84)，2003 年，第 1-17 頁。

93. 石川透：浅井了意自筆版下『密厳上人行状記』補遺，『三田國文』(56)，2012 年 12 月，第 68-70 頁。

94. 石川透：浅井了意自筆資料をめぐって,『近世文芸』(76),2002年7月,第1-13頁。

95. 市古夏生：『伽婢子』における場の設定,『国文白百合』,1983年3月,第31-39頁。

96. 水野稔：近世文学における作者と読者,『季刊文学・語学』,1965年6月,第15-20頁。

97. 松本健：『浮世物語』における〈話材〉の独立と浮世観,『日本語と日本文学』,2005年2月,第28-41頁。

98. 松本健：『浮世物語』における主人公の機能と巻第二の断層,『文学研究論集』,2005年3月31日,第46-62頁。

99. 松田修：変身浅井了意,『国語国文』,1953年4月,第274-296頁

100. 太刀川清：『太平百物語』と『古今百物語』——『伽婢子』系怪談小説のゆくえ,『国語国文研究』,1974年11月,第36-45頁

101. 藤實久美子：近世出版事業の隆盛と和紙需要,『水の文化』(41),2012年7月,第30-35頁。

102. 土屋順子：『狗張子』の和歌,『大妻女子大學大學院文學研究科論集』(9),1999年3月,第30-52頁。

103. 王健康：『伽婢子』に見られる浅井了意の中国道教の受容「伊勢兵庫仙境に到る」をめぐって,『日本語日本文学』(創価大学日本語日本文学会)(四),1994年,第66-67頁。

104. 王健康：『太平廣記』と近世怪異小説：『伽婢子』の出典関係及び道教的要素,『藝文研究』(64),1993年,第1-19頁。

105. 小池正胤：近世読者論——黒本・青本の読者から洒落本の読者へ（読者論・読書論のかなたへ；読者の心理),『国文学：解釈と鑑賞』,1980年10月,第44-47頁。

106. 小川武彦：『堪忍記』の出典上の1——中国種の説話を中心に,『近世文芸研究と評論』(10),1976年5月,第52-68頁。

107. 小川武彦：『堪忍記』の出典上の2——中国種の説話を中

心に,『近世文芸研究と評論』(13), 1977 年 6 月, 第 1-12 頁。

108. 小島恵昭等: 共同研究——尾張聖徳寺資料の研究,『同朋学園佛教文化研究紀要』(14), 第 97-234 頁。

109. 小日向麻衣:「枕草子」「香炉峰の雪」「二月つごもり」の受容史:『女郎花物語』『本朝女鑑』の役割と教育への影響（自由研究発表）,『全国大学国語教育学会発表要旨集』, 2010 年 5 月 29 日, 第 207-210 頁。

110. 小山邦夫: 仮名草子の方法——了意と西鶴をめぐる,『國學院雜誌』, 1958 年 7 月, 第 32-42 頁。

111. 楊曦: 浅井了意の仏書に見られる民衆教化思想:『浄土三部経鼓吹』を中心にして, 大阪大学博士論文, 2015 年 9 月。

112. 楊永良:『伽婢子』の長生術——道教の辟穀・服餌術,『二松学舎大学人文論叢』, 1994 年 10 月, 第 128-146 頁。

113. 野間光辰: 了意追跡,『改訂増補浅井了意』(北条秀雄著), 東京: 笠間書院, 1972 年, 第 234 頁。

114. 野口文子:『北條九代記』の研究——諸本及び回国使をめぐって,『国文』(98), 2002 年 12 月, 第 11-22 頁。

115. 野田寿雄: 仮名草子の世界,『国語国文学』(279), 1947 年 7 月。

116. 鄭〔キ〕鎬:『金鰲新話』と『伽婢子』における受容の様態,『朝鮮学報』, 1973 年 7 月, 第 185-220 頁。

117. 中村幸彦: 近世の読者,『大阪府立図書館紀要』, 1973 年 3 月, 第 80-98 頁。

118. 中嶋隆:『浮世物語』の構成と「浮世房」の変身,『国文学研究』(79), 1983 年 3 月, 第 143-152 頁。谷脇理史:「浮世物語」とカムフラージュ,『早稲田大学大学院文学研究科紀要』(文学・芸術学) (40), 1994 年, 第 3-20 頁。

119. 中嶋隆:『浮世物語』の構成と「浮世房」の変身,『国文学研究』, 1983 年 3 月, 第 143-152 頁。

120. 塚野晶子:『伽婢子』と『狗張子』:「天狗」譚を中心に,

『文学・語学』，2014 年 8 月，第 1-13 頁。

121. 塚野晶子：『伽婢子』と『狗張子』——神仙譚を中心に，『早稲田大学大学院教育学研究科紀要別冊』（16-2），2008 年，第 1-12 頁。

122. 塚野晶子：『狗張子』論——卷六ノ三「板垣信形逢天狗」を中心に，『早稲田大学大学院教育学研究科紀要別冊』（15-1），2007 年，第 13-24 頁。

中文论文：

1. 陈良瑞：《剪灯丛话》考证，《文学遗产增刊》（18），1999 年，第 268-283 页。

2. 陈晓娇：《燕居笔记》研究，华东师范大学硕士学位论文，2012 年。

3. 程毅中：《剪灯丛话》补考，《程毅中文存》，北京：中华书局，2006 年，第 402-407 页。

4. 程毅中：《剪灯丛话》补考，《文献》，1990 年 7 月，第 68-73 页。

5. 高文汉：日本古代汉文学的发展轨迹与特征，《解放军外国语学院学报》，2005 年 7 月，第 97-101 页。

6. 勾艳军：日本近世小说怪异性溯源——以与中国文学的关联为中心，《解放军外国语学院学报》，2009 年 9 月，第 90-112 页。

7. 矶部彰：日本江户时期诸藩及个人文库中国烟粉小说的收藏情况，《上海师范大学学报（哲学社会科学版）》，2010 年 3 月，第 67-76 页。

8. 蒋金珅：唐代寺观钟铭书写及其文学政治意蕴，《齐鲁学刊》（244），2015 年，第 127-132 页。

9. 蒋云斗：《伽婢子》的原典利用问题，《边疆经济与文化》（12），2009 年 12 月，第 86-87 页。

10. 蒋云斗：《伽婢子》中佛教主题的深化，《现代语文》（学术综合版）（11），2013 年 11 月，第 54-57 页。

11. 蒋云斗：《伽婢子》中浅井了意佛教思想初探，《宁夏大学学报》(社会科学版)(4), 2016 年 8 月, 第 151-155 页。

12. 解亚瑾:《牡丹灯记》《牡丹灯笼》《吉备津之釜》的比较研究, 北京林业大学硕士学位论文, 2015 年。

13. 康贵礼:《剪灯新话》与《金鳌新话》的比较研究, 山西大学硕士学位论文, 2013 年 6 月。

14. 李佳:《剪灯新话》的价值与传播研究, 天津师范大学硕士学位论文, 2007 年 3 月。

15. 李铭敬: 日本说话文学对中国古典文献的引用和翻译,《中国社会科学报》, 2017 年 3 月 7 日。

16. 李树果: 从《英草子》看江户时代的改编小说,《日语学习与研究》, 1987 年第 3 期, 第 45-51 页。

17. 刘成国: 论王安石的翻案文学,《浙江学刊》, 2014 年第 2 期, 第 105-113 页。

18. 刘天振: 类书题例与明代类书体文言小说集,《明清小说研究》, 2010 年 8 月, 第 81-93 页。

19. 柳京学: 朝鲜"汉文学"琐谈,《解放军外语学院学报》, 1991 年 1 月, 第 83-86 页。

20. 卢俊伟: 浅井了意《伽婢子》研究——以对《剪灯新话》中经世思想的吸收为视角, 北京外国语大学博士学位论文, 2015 年。

21. 吕元明: 井原西鹤创作简论——日本江户一代历史的伟大描绘者,《日本研究》, 1985 年第 2 期, 第 58-66 页。

22. 马晓光:《剪灯新话》和《伽婢子》的比较研究——以主题更变为中心, 吉林大学硕士学位论文, 2007 年 4 月。

23. 马晓光: 翻案文学中主题变更现象——以《剪灯新话》和《伽婢子》的比较为例,《作家》, 2015 年 2 月, 第 154-157 页。

24. 马兴国: 唐传奇小说与日本江户文学,《日本研究》, 1991 年第 4 期, 第 76-80 页。

25. 潘文东: 从译介学的角度看日本的"翻案文学",《苏州大学学报(哲学社会科学版)》, 2008 年 7 月, 第 94-97 页。

26. 乔光辉:《传奇漫录》与《剪灯新话》的互文性解读,《东方论坛（青岛大学学报）》，2006 年 6 月，第 47-52 页。

27. 乔光辉：《剪灯新话》的版本流变考述，《中国典籍与文化》，2006 年 3 月，第 41-46 页。

28. 乔光辉：《剪灯新话》在日本的流传与接受，《东方丛刊》，2006 年 12 月，第 68-81 页。

29. 乔光辉：十二卷本《剪灯丛话》虞淳熙题辞辨正，《文献》，2006 年 1 月，第 123-126 页。

30. 司志武：日本近世怪异小说与《剪灯新话》——以《金凤钗记》的日本翻案为例，《明清小说研究》，2013 年 5 月，第 238-249 页。

31. 司志武：志怪之胤：论日本近世怪异小说家浅井了意的跨文化翻案，《苏州教育学院学报》（1），2016 年 2 月，第 64-68 页。

32. 谭红梅、马金科：《金鳌新话》与《剪灯新话》幽魂世界之比较——论金时习的独创性，《辽东学院学报（社会科学版）》，2010 年 8 月，第 146-151 页。

33. 王韩："上梁歌"刍议，《文教资料》，2013 年 11 月，第 35-41 页。

34. 王坷：《事林广记》版本考略，《南京师范大学文学院学报》，2016 年 6 月，第 167-175 页。

35. 王猛：明人序跋所见古代小说的几种成书形式，《编辑之友》，2011 年 10 月，第 102-104 页。

36. 王晓平：汉文学的文化蕴含，《天津师范大学学报》，1998 年 2 月，第 82-90 页。

37. 王勇：东亚视域中的"汉文学"，《东方论坛》，2013 年 5 月，第 58-71 页。

38. 吴艳：中国志怪传奇在日本近世怪异文学中的形变——以《伽婢子》为例，《河北大学学报（哲学社会科学版）》，2012 年 11 月，第 25-31 页。

39. 徐朔方、铃木阳一：瞿佑的《剪灯新话》及其在近邻韩越和日本的回音，《中国文化》，1995 年 2 月，第 147-153 页。

40. 薛洪勋、王汝梅：《稀见珍本明清传奇小说集》，长春：吉林文史出版社，2007 年，第 255-262 页。

41. 闫艳、齐佳垚：和刻本《事林广记》整理札记，《东方论坛》，2018 年 7 月，第 63-67 页。

42. 严珊：关于浅井了意道教思想受容的研究，西安外国语大学硕士学位论文，2013 年。

43. 严绍璗：明代俗语文学的东渐和日本江户时代小说的繁荣，《北京大学学报》（哲学社会科学版），1985 年第 3 期，第 5-16 页。

44. 衣利巍：明清小说中的花精形象研究，哈尔滨师范大学硕士学位论文，2009 年 6 月。

45. 张伯伟：域外汉籍与中国文学研究，《文学遗产》，2003 年 5 月，第 131-139 页。

46. 张龙妹：《剪灯新话》在东亚各国的不同接受——以"冥婚"为例，《日语学习与研究》（2），2009 年 4 月，第 65-71 页。

47. 周安邦：《明心宝鉴》非秋适编著说考述，《逢甲社会学报》，2010 年 6 月，第 22-71 页。

48. 周安邦：《明心宝鉴》研究，逢甲大学博士学位论文，2009 年。

日文著述：

1. 岸得蔵：『仮名草子と西鶴』，東京：成文堂，1974 年。

2. 岸上操編：『作文自在』，東京：博文館，1896 年。

3. 坂巻甲太、黒木喬編：『むさしあぶみ校注と研究』，東京：桜楓社，1988 年。

4. 坂巻甲太：『仮名草子新攷』（笠間叢書 94），東京：笠間書院，1978 年。

5. 坂巻甲太：『浅井了意怪異小説の研究』（新典社研究叢書 35），東京：新典社，1990 年。

6. 浜田啓介：『近世小説・営為と様式に関する私見』，京都：京都大学学術出版会，1993 年。

7. 濱田泰三：近世怪異小説の祖——沙門了意，『狗張子』（浅井了意著、神郡周校注），東京：現代思潮社，1980 年，第 249-263。

8. 北条秀雄：『浅井了意』，東京：三省堂，1944 年。

9. 北条秀雄：『改訂増補浅井了意』，東京：笠間書院，1972 年。

10. 北条秀雄：『新修浅井了意』，東京：笠間書院，1974 年。

11. 倉島節尚編：『やうきひものがたり』（古典文庫 478），東京：古典文庫，1986 年。

12. 長友千代治：『近世貸本屋の研究』，東京：東京堂出版，1982 年。

13. 朝倉無声：『日本小説年表』，東京：金尾文淵堂，1906 年。

14. 朝倉無声：『新修日本小説年表』，東京：春陽堂，1926 年。

15. 朝倉治彦校注，『東海道名所記』（東洋文庫 346、361），東京：平凡社，1979 年。

16. 大槻文彦編：『言海』，東京：印刷局，1889—1891 年。

17. 大庭脩：『江戸時代における唐船持渡書の研究』，大阪：関西大学東西学術研究所刊，1929 年。

18. 島津久基：『国文学の新考察』，東京：至文堂，1941 年。

19. 島津木公：『作文法』，東京：大華堂，1891 年。

20. 東北帝国大学附属図書館編：『東北帝国大学附属図書館和漢書別置本目録』，仙台：東北帝国大学附属図書館，1936 年。

21. 芳賀矢一：『国文学歴代選』，東京：文会堂，1908 年。

22. 冨士昭雄：『西鶴と仮名草子』，東京：笠間書院，2011 年。

23. 岡雅彦編：『法花経利益物語』（古典文庫 554、557），東京：古典文庫，1993 年。

24. 高田衛編：『見えない世界の文学誌：江戸文学考究』，東京：ぺりかん社，1994 年。

25. 宮崎来城：『作文独習自在』，東京：大学館，1904 年。

26. 谷脇理史編著：『日本古典文学全集』（37），東京：小学館，1971 年。

27. 暉峻康隆：『岩波講座日本文学史』（第七巻近世），東京：岩波書店，1958 年。

28. 花田富二夫等編：『仮名草子集成』第 40 巻，東京：東京堂出版，2007 年。

29. 花田富二夫：『仮名草子研究：説話とその周辺』（新典社研究叢書 151），東京：新典社，2003 年。

30. 吉田幸一編：『新語園』（古典文庫 419、420），東京：古典文庫，1981 年。

31. 江本裕：『近世前期小説の研究』（近世文学研究叢書 12），東京：若草書房，2000 年。

32. 江久弥：『西鶴文学とその周辺』（新典社研究叢書 33），東京：新典社，1990 年。

33. 近世文学書誌研究会編，『堪忍記』（近世文学資料類従仮名草子編 1、2），東京：勉誠社，1972 年。

34. 近世文学書誌研究会編：『本朝女鑑』（近世文学資料類従仮名草子編 6、7），東京：勉誠社，1972 年。

35. 酒井忠夫：『中国日用類書史の研究』，東京：株式会社国書刊行会，2011 年。

36. 鈴木敏也：『近世日本小説史・前編』，東京：内外出版，1926 年。

37. 鈴木正三：『因果物語』，東京：富山房，1911 年。

38. 麻生磯次：『近世生活と国文学』（国文学研究叢書第 2 編），東京：至文堂，1925 年。

39. 麻生磯次：『江戸文学と支那文学：近世文学の支那的原拠と読本の研究』，東京：三省堂，1946 年。

40. 麻生磯次：『江戸文学と中国文学』，東京：三省堂，1976 年。

41. 枚方市史編纂委員会：『枚方市史』（第九巻），大阪：ナニワ印刷株式会社，1974 年。

42. 弥吉光長：『弥吉光長著作集』（第 3 巻江戸時代の出版と人），東京：日外アソシエーツ，1980 年。

43. 坪内逍遥：『逍遥選集』（第 2 巻），東京：春陽堂，1926 年。

44. 坪内逍遥：『小説神髄』，東京：松月堂，1885 年。

45. 前田金五郎、森田武校注：『日本古典文学大系』(90)，東京：岩波書店，1965年。

46. 浅井了意全集刊行会編：『浅井了意全集』(仮名草子編1)，東京：岩田書院，2007年。

47. 浅井了意全集刊行会編：『浅井了意全集』(仮名草子編2)，東京：岩田書院，2011年。

48. 浅井了意全集刊行会編：『浅井了意全集』(仮名草子編3)，東京：岩田書院，2011年。

49. 浅井了意全集刊行会編：『浅井了意全集』(仮名草子編4)，東京：岩田書院，2013年。

50. 浅井了意全集刊行会編：『浅井了意全集』(仮名草子編5)，東京：岩田書院，2015年。

51. 浅井了意全集刊行会編：『浅井了意全集』(仏書編1)，東京：岩田書院，2009年。

52. 浅井了意全集刊行会編：『浅井了意全集』(仏書編2)，東京：岩田書院，2009年。

53. 浅井了意全集刊行会編：『浅井了意全集』(仏書編3)，東京：岩田書院，2010年。

54. 浅井了意著、江本裕校訂：『伽婢子』(東洋文庫475)，東京：平凡社，1987年。

55. 浅井了意著、江本裕校訂：『伽婢子』(東洋文庫480)，東京：平凡社，1988年。

56. 浅井了意著、坂巻甲太校訂：『堪忍記』(叢書江戸文庫29)，東京：株式会社国書刊行会，1993年。

57. 浅井了意著、朝倉治彦校注：『東海道名所記』(東洋文庫346、361)，東京：平凡社，1979年。

58. 浅井了意著、青山忠一等校注：『浮世物語』(日本古典文学全集37)，東京：小学館，1971年。

59. 浅井了意著、深沢秋男校訂：『可笑記評判』，東京：近世初期文芸研究会，1970年。

60. 浅井了意著、神郡周校注：『狗張子』，東京：現代思潮社，1980 年。

61. 浅井了意著、松田修等校注：『伽婢子』（新日本古典文学大系 75），東京：岩波書店，2001 年。

62. 浅井了意著、土田衛編：『かなめいし』（愛媛大学古典叢刊 8），松山：愛媛大学古典叢刊刊行会，1971 年。

63. 浅井了意著、小池章太郎編：『東海道名所記』（古典資料 13、14），東京：すみや書房，1970 年。

64. 日本古典文学大辞典編集委員会：『日本古典文学大辞典』，東京：岩波書店，1986 年。

65. 日本国語大辞典第二版編集委員会、小学館国語辞典編集部：『日本国語大辞典』第三巻，東京：小学館，2001 年。

66. 日本国語大辞典第二版編集委員会、小学館国語辞典編集部：『日本国語大辞典』第八巻，東京：小学館，2001 年。

67. 三浦邦夫：『仮名草子についての研究』，東京：おうふう，1996 年。

68. 山口剛：『怪談名作集』（日本名著全集），東京：日本名著全集刊行会，1927 年。

69. 山口剛：『山口剛著作集第 2 巻』（江戸文学篇 2），東京：中央公論社，1972 年。

70. 名古屋市教育委員会編：『名古屋叢書続編：校訂復刻』（第十一巻），名古屋：愛知県郷土資料刊行会，1983 年。

71. 山崎麓：『小説史』，東京：雄山閣，1946 年。

72. 上田正昭 [ほか]監修：『日本人名大辞典』，東京：講談社，2001 年。

73. 深沢秋男、菊池真一編：『仮名草子研究叢書』（1-8 巻），東京：クレス出版，2006 年。

74. 深沢秋男、菊地真一：『仮名草子研究文献目録』，東京：和泉書院，2004 年。

75. 神保五彌、長谷川強等校注：『仮名草子集・浮世草子集』

(日本古典文学全集 37)，東京：小学館，1971 年。

　　76. 神宮司庁編：『古事類苑』(45)，東京：古事類苑刊行会，1908—1930 年。

　　77. 神宮司庁編：『古事類苑』(50)，東京：古事類苑刊行会，1908—1930 年。

　　78. 神谷勝広：『近世文学と和製類書』(近世文学研究叢書 11)，東京：若草書房，1999 年。

　　79. 石川透：『入門奈良絵本・絵巻』，東京：思文閣出版，2010 年。

　　80. 石川巌：『変態文献叢書』(追加第 2 巻)，東京：文芸資料研究会，1928 年。

　　81. 石川正作：『東洋女訓叢書』(第一編)，東京：東洋社，1899 年。

　　82. 水谷不倒撰、坪内逍遥閲：『近世列伝体小説史』，東京：春陽堂，1897 年。

　　83. 水谷弓彦編：『仮名草紙上下巻』，東京：太洋社，1925 年。

　　84. 水谷弓彦編：『仮名草子』，東京：太洋社，1919 年。

　　85. 水田潤：『仮名草子の世界：未分化の系譜』，東京：桜楓社，1981 年。

　　86. 松本健：『仮名草子の〈物語〉』，神奈川：青山社，2009 年。

　　87. 藤村作：『日本文学史概説』，東京：中興社，1926 年。

　　88. 藤岡作太郎：『近代小説史』(東圃遺稿巻 4)，東京：大倉書店，1917 年。

　　89. 藤岡作太郎：『日本文学史教科書』，東京：開成館，1901 年。

　　90. 藤井乙男：『江戸文学研究』，京都：内外出版株式会社，1921 年。

　　91. 田中伸：『仮名草子の研究』，東京：桜楓社，1974 年。

　　92. 尾崎久弥：『軟派謾筆』，東京：春陽堂，1926 年。

　　93. 西田耕三等：『仮名草子話型分類索引』，東京：若草書房，2000 年。

94. 稀書複製会編：『稀書解題：諸家珍蔵』，東京：米山堂，1919 年。

95. 小川環樹：小川環樹著作集第四巻，東京：筑摩書房，1997 年。

96. 小野清秀：『両部神道論』，東京：大興社，1925 年。

97. 須和文孝：『詩格類聚考』，鳥取：須和文孝出版，1885 年。

98. 岩城準太郎：『新講日本文学史』，東京：目黒書店，1926 年。

99. 野間光辰：『近世作家伝攷』，東京：中央公論社，1985 年。

100. 野間光辰編：『新修京都叢書』(1)，京都：臨川書店，1967 年。

101. 野田寿雄：『日本近世小説史』（仮名草子編），東京：勉誠社，1986 年。

102. 頴原退蔵：『頴原退蔵全集』(17 巻)，東京：中央公論社，1975 年。

103. 宇佐美喜三八：『和歌史に関する研究』，大阪：若竹出版株式会社，1952 年。

104. 源光行著、章剣校注：『「蒙求和歌」校注』，広島：溪水社，2012 年。

105. 早川智美：『金鰲新話：訳注と研究』，大阪：和泉書院，2009 年。

106. 中村幸彦：『近世小説史の研究』，東京：桜楓社出版，1961 年。

107. 足立栗園：『近世神仏習合弁』，東京：警醒社，1901 年。

108. 佐々政一：『近世国文学史』，東京：聚精堂，1911 年。

中文著作：

1. （明）范立本编、韩田鹿注译：《明心宝鉴》，北京：东方出版社，2014 年。

2. （明）冯梦龙增编、余公仁批点：增补批点图像燕居笔记，《古本小说集成》，上海：上海古籍出版社，1990 年。

3.（明）何大抡编：重刻增补燕居笔记,《古本小说集成》, 上海：上海古籍出版社, 1990 年。

4.（明）林近阳增编：新刻增补燕居笔记,《古本小说集成》, 上海：上海古籍出版社, 1990 年。

5.（明）瞿佑等著、周楞伽校注：《剪灯新话》（外二种）, 上海：上海古籍出版社, 1981 年。

6.（明）瞿佑著、乔光辉校注：《瞿佑全集校注》, 杭州：浙江古籍出版社, 2010 年。

7.（明）王余佑：《五公山人集》, 上海：华东师大出版社, 2011 年。

8.（南朝宋）范晔撰、（唐）李贤等注：《后汉书》, 北京：中华书局, 1965 年。

9.（清）戴望：《颜氏学记》, 北京：中华书局, 1958 年。

10.（清）颜元：《颜元集》, 北京：中华书局, 1987 年。

11.（清）张廷玉：《明史》, 北京：中华书局, 1974 年。

12.（宋）李昉等编：《太平广记》, 北京：中华书局, 1961 年。

13.（唐）杜甫著、（清）仇兆鳌注：《杜诗详注》, 北京：中华书局, 1979 年。

14.（唐）李太白著、（清）王琦注：《李太白全集》, 北京：中华书局, 1977 年。

15.（唐）李延寿撰：《南史》, 北京：中华书局, 1975 年。

16.（唐）唐临撰, 方诗铭辑校：《冥报记》, 北京：中华书局, 1992 年。

17.（唐）张文成撰, 李时人、詹绪左校注：《游仙窟》, 北京：中华书局, 2005 年。

18. 陈大康：《明代小说史》, 北京：人民文学出版社, 2007 年。

19. 陈福康：《日本汉文学史》, 上海：上海外语教育出版社, 2011 年。

20. 陈国军：《明代志怪传奇小说叙录》, 北京：商务印书馆, 2016 年。

21. 陈景彦、王玉强：《江户时代日本对中国儒学的吸收与改造》，北京：社会科学文献出版社，2014年。
22. 陈文新：《韩国所见中国古代小说史料》，武汉：武汉大学出版社，2011年。
23. 陈晓芬、徐儒宗译注：《论语·大学·中庸》，北京：中华书局，2017年。
24. 陈益源：《剪灯新话与传奇漫录之比较研究》，台北：台湾学生书局，1990年。
25. 程毅中：《明代小说丛稿》，北京：人民文学出版社，2006年。
26. 程毅中等编：《中国古代小说百科全书》，北京：中国大百科全书出版社，2006年。
27. 丁莉：《永远的"唐土"：日本平安朝物语文学的中国叙述》，北京：北京大学出版社，2016年。
28. 董康：《书舶庸谭》（贾贵荣辑《日本藏汉籍善本书志书目集成》第二册），北京：北京图书馆出版社，2003年。
29. 方勇译注：《孟子》，北京：中华书局，2010年。
30. 高文汉、韩梅：《东亚汉文学关系研究》，北京：中国社会科学出版社，2010年。
31. 胡道静：《中国古代的类书》，北京：中华书局，1982年。
32. 金时习著、权锡焕、陈蒲清注译：《金鳌新话》，长沙：岳麓书社，2009年。
33. 酒井忠夫著、刘岳兵、何英莹译：《中国善书研究》（增补版），南京：江苏人民出版社，2010年。
34. 冷玉龙、韦一心主编：《中华字海》，北京：中华书局，1994年。
35. 李朝全点校：《明心宝鉴附新刻前贤切要明心宝鉴》，北京：华艺出版社，2007年。
36. 李卓等：《日本近世史》，北京：昆仑出版社，2016年。
37. 鲁迅校录：《唐宋传奇集》（清末民初文献丛刊），上海：上海北新书局印行，1928年。

38. 罗宗强:《明代文学思想史》,北京:中华书局,2013年。
39. 吕华明等:《李太白年谱补正》,北京:中华书局,2012年。
40. 乔光辉:《明代剪灯系列小说研究》,北京:中国社会科学出版社,2006年。
41. 乔天一译注:《蒙求》,北京:中华书局,2014年。
42. 全佛编辑部编:《佛教的动物》,北京:中国社会科学出版社,2003年。
43. 任小波:《〈善恶因果经〉对勘与研究》,北京:中国藏学出版社,2016年。
44. 尚荣译著:《四十二章经》,北京:中华书局,2013年。
45. 四库全书存目丛书编纂委员会编:《四库全书存目丛书·子部》(150),济南:齐鲁书社,1995年。
46. 孙楷第:《中国通俗小说书目》(外二种),北京:中华书局,2012年。
47. 孙顺霖、陈协琹:《中国笔记小说纵览》,上海:华东师范大学出版社,2013年。
48. 孙一珍:《明代小说的艺术流变》,成都:四川文艺出版社,1996年。
49. 田中健夫著、杨翰球译:《倭寇——海上历史》,北京:社会科学文献出版社,2015年。
50. 王文锦译解:《礼记译解上》,北京:中华书局,2016年。
51. 王燕华:《中国古代类书史视域下的隋唐类书研究》,上海:上海人民出版社,2018年。
52. 吴震:《颜茂猷思想研究——17世纪晚明劝善运动的一项个案考察》,北京:东方出版社,2015年。
53. 杨伯峻:《列子集释》,北京:中华书局,1979年。
54. 叶渭渠、唐月梅:《日本文学史》(近古卷),北京:昆仑出版社,2004年。
55. 张龙妹编:《日本古典文学大辞典》,北京:人民文学出版社,2005年。

56. 张明华：《文化视阈中的集句诗研究》，北京：中国社会科学出版社，2014年。

57. 张三夕：《中国古典文献学》，武汉：华中师范大学出版社，2003年。

58. 张哲俊：《东亚比较文学导论》，北京：北京大学出版社，2007年。

59. 王志松编著：《文化移植与方法：东亚的训读翻案翻译》，桂林：广西师范大学出版社，2013年。

60. 朱谦之撰：《老子校释》，北京：中华书局，1984年。

61. 邹志方点校：《杨维桢诗集》（两浙作家文丛），杭州：浙江古籍出版社，2010年。

后 记

浅井了意号"松云",日语读音是"しょううん",我名字的日语读音是"しょううんと"。我常说此生注定与浅井了意有缘,从名字上看就是。浅井了意博闻强识,熟读汉文典籍,一生著述颇丰。在研究了意作品的过程中,我常常感叹自己才疏学浅,读过的书远不及了意多。

这本小书是在博士论文基础上修订而成的,回想在人大读书的点点滴滴,感慨颇多。感谢恩师李铭敬先生,蒙先生不弃,使我能够忝列门墙。在先生的悉心指导下,在人大的五年成为我学术成长最快的时期。先生对待学术的专注、对待学问的严谨、对待学生的耐心,都是我要不断学习的。感谢小峯和明先生,先生每次回人大都为我们带来丰富的研究资料,每次上课都会讲最新的研究课题,帮助我们打开研究思路。先生一直关心我的研究进展,为我的博士研究提出了很多宝贵意见。感谢我硕士时期的恩师泽崎久和先生,先生领我走上了日本文学研究的道路,是先生让一个当年只会说日语的毛头小子,学会如何用日语进行研究。

感谢我的家人,怀念我的爷爷。爷爷教会我说日语,我一直坚持读书而后教书,爷爷对我的影响是最大的。感恩我的父母,父母从未要求我什么,感谢父母的理解,感恩父母的支持,有你们真好。

感谢每一位关心和帮助过我的师友,也感谢我的学生们。未来研究之路,举步维艰,但我仍将奋力前行。

文稿完成前后虽进行多次修订,但因个人学养有限,恐仍有纰缪之处,敬请各位批评指正。

2022 年 3 月